萊 布 尼 茨

世界哲學家叢書

齋智　著
修德
陳段

1994

東大圖書公司印行

國立中央圖書館出版品預行編目資料

萊布尼茨/陳修齋　段德智著.--初
版.--臺北市：東大發行：三民總
經銷，民83
　　　面；　　公分.--(世界哲學家叢書)
參考書目：面
含索引
ISBN 957-19-1694-3 (精裝)
ISBN 957-19-1695-1 (平裝)
　1.萊布尼茨 (Leibniz, Gottfried
　　Wilhelm, Freiherr　von,
　　1646-1716)-學識思想-哲學

147.31　　　　　　　　　　83009869

ⓒ　萊布尼茨

著作人　陳修齋　段德智
發行人　劉仲文
著作財
產權人　東大圖書股份有限公司
發行所　東大圖書股份有限公司
　　　　地址／臺北市復興北路三八六號
　　　　郵撥／○一○七一七五──○號
印刷者　東大圖書股份有限公司
總經銷　三民書局股份有限公司
門市部　復北店／臺北市復興北路三八六號
　　　　重南店／臺北市重慶南路一段六十一號
初版　　中華民國八十三年十一月
編　號　E 14057
基本定價　肆元
行政院新聞局登記證局版臺業字第○一九七號

ISBN 957-19-1695-1 (平裝)

「世界哲學家叢書」總序

　　本叢書的出版計畫原先出於三民書局董事長劉振強先生多年來的構想，曾先向政通提出，並希望我們兩人共同負責主編工作。一九八四年二月底，偉勳應邀訪問香港中文大學哲學系，三月中旬順道來臺，即與政通拜訪劉先生，在三民書局二樓辦公室商談有關叢書出版的初步計畫。我們十分贊同劉先生的構想，認為此套叢書（預計百冊以上）如能順利完成，當是學術文化出版事業的一大創舉與突破，也就當場答應劉先生的誠懇邀請，共同擔任叢書主編。兩人私下也為叢書的計畫討論多次，擬定了「撰稿細則」，以求各書可循的統一規格，尤其在內容上特別要求各書必須包括 (1) 原哲學思想家的生平；(2) 時代背景與社會環境；(3) 思想傳承與改造；(4) 思想特徵及其獨創性；(5) 歷史地位；(6) 對後世的影響（包括歷代對他的評價），以及 (7) 思想的現代意義。

　　作為叢書主編，我們都了解到，以目前極有限的財源、人力與時間，要去完成多達三、四百冊的大規模而齊全的叢書，根本是不可能的事。光就人力一點來說，少數教授學者由於個人的某些困難（如筆債太多之類），不克參加；因此我們曾對較有餘力的簽約作者，暗示過繼續邀請他們多撰一兩本書的可能性。遺憾

的是，此刻在政治上整個中國仍然處於「一分為二」的艱苦狀態，加上馬列教條的種種限制，我們不可能邀請大陸學者參與撰寫工作。不過到目前為止，我們已經獲得八十位以上海內外的學者精英全力支持，包括臺灣、香港、新加坡、澳洲、美國、西德與加拿大七個地區；難得的是，更包括了日本與大韓民國好多位名流學者加入叢書作者的陣容，增加不少叢書的國際光彩。韓國的國際退溪學會也在定期月刊《退溪學界消息》鄭重推薦叢書兩次，我們藉此機會表示謝意。

　　原則上，本叢書應該包括古今中外所有著名的哲學思想家，但是除了財源問題之外也有人才不足的實際困難。就西方哲學來說，一大半作者的專長與興趣都集中在現代哲學部門，反映著我們在近代哲學的專門人才不太充足。再就東方哲學而言，印度哲學部門很難找到適當的專家與作者；至於貫穿整個亞洲思想文化的佛教部門，在中、韓兩國的佛教思想家方面雖有十位左右的作者參加，日本佛教與印度佛教方面卻仍近乎空白。人才與作者最多的是在儒家思想家這個部門，包括中、韓、日三國的儒學發展在內，最能令人滿意。總之，我們尋找叢書作者所遭遇到的這些困難，對於我們有一學術研究的重要啟示（或不如說是警號）：我們在印度思想、日本佛教以及西方哲學方面至今仍無高度的研究成果，我們必須早日設法彌補這些方面的人才缺失，以便提高我們的學術水平。相比之下，鄰邦日本一百多年來已造就了東西方哲學幾乎每一部門的專家學者，足資借鏡，有待我們迎頭趕上。

　　以儒、道、佛三家為主的中國哲學，可以說是傳統中國思想與文化的本有根基，有待我們經過一番批判的繼承與創造的發

展，重新提高它在世界哲學應有的地位。為了解決此一時代課題，我們實有必要重新比較中國哲學與（包括西方與日、韓、印等東方國家在內的）外國哲學的優劣長短，從中設法開闢一條合乎未來中國所需求的哲學理路。我們衷心盼望，本叢書將有助於讀者對此時代課題的深切關注與反思，且有助於中外哲學之間更進一步的交流與會通。

最後，我們應該強調，中國目前雖仍處於「一分為二」的政治局面，但是海峽兩岸的每一知識分子都應具有「文化中國」的共識共認，為了祖國傳統思想與文化的繼往開來承擔一分責任，這也是我們主編「世界哲學家叢書」的一大旨趣。

傅偉勳　韋政通

一九八六年五月四日

自　序

　　萊布尼茨是十七世紀末十八世紀初最重要的世界級哲學家。其人其學，個性都極其鮮明。例如，在歷史上，我們中國人總習慣於把哲人或聖人同才子區別開來，並且往往尚哲聖而貶才子，但萊布尼茨卻是一個既具有哲聖品格又不乏才子天賦的人物。其才子天賦首先就表現在微積分的發明上。微積分，作為一種「撼人心靈的智力奮鬥的結晶」，是「人類思維的偉大的成果之一」（R・柯朗語），至少對於萊布尼茨所在時代，是數學的最高成就，是人類智力的最高標杆。不僅如此，他的非凡的智力還廣泛地表現於物理學、化學、邏輯學、歷史學、法學、語言學、圖書館學等諸多方面，可以說他差不多涉及了他那個時代的所有的比較重大的學術領域，並且差不多都處於這些領域的前沿。他真可謂西方哲學史和西方文化史上最後一個有重大影響的百科全書式的學者和哲學家。儘管人們對他的哲學和人格有這樣那樣的看法，但是沒有一個人對他的淵博學識和非凡智力不表示欽佩的。腓特烈大帝非常佩服萊布尼茨的博學，稱讚萊布尼茨「本人就是一所科學院」。狄德羅在談到萊布尼茨的智能時，不無激情地說到：「當一個人考慮到自己並把自己的才能和萊布尼茨的才能來作比較時，就會弄到恨不得把書都丟了，去找個世界上比較偏僻的角落藏起來以便安靜地死去。」羅素雖說對萊布尼茨的人格持有異議，但還是不止一次地稱讚他是「千古絕倫的大智者」。

至於馬克思，雖然一向對資產階級思想家持激烈批評的態度，但在談到萊布尼茨時，他還是由衷地寫道：「我是佩服萊布尼茨的」。

　　然而，萊布尼茨畢竟不是一個常識意義上的「智者」（或才子），更不是希臘古典時期那號「智者」，他首先是一位愛智者，一位傑出的哲學家。他的個性鮮明地表現於他的哲學中。人們常常說萊布尼茨的哲學充滿著調和精神，這也事出有因，但是卽使此說成立，這也並不意味著他是一個平庸的折中主義者。因為事實上，他是一個極富創造精神又恪守中庸之道的哲學家。我們通常把他的哲學稱作「單子論」，而「單子論」就是一個富有獨創精神的哲學體系。因為單子之為單子，最根本的就在於它的能動性和個體性。單子是什麼？它首先是一種「形而上學的點」，一種「力的中心」，一個「活動」或「能動」的實體，一種認知（知覺）主體和實踐（欲求或意志）主體。這種視單子旣為實體又為主體的思想在當時就是一種嶄新的思想。我們知道，萊布尼茨的時代是一個崇尚牛頓力學的時代，是一個機械主義占統治地位的時代，是一個對實體的能動性或主體性缺乏體認的時代。霍布斯逕直把廣延看作實體的同義語。笛卡爾和洛克也把廣延看作物質實體的本質屬性，而萊布尼茨則由於提出了單子論而成了徹底否認這種機械主義實體觀的第一人。誠然，在萊布尼茨之前，斯賓諾莎曾提出過「實體自因」的思想，笛卡爾更提出過「我思故我在」的思想。但是斯賓諾莎講實體自因，強調的只是實體的自在，而同實體的能動性、活動性或主體性完全無干。至於笛卡爾的「我思故我在」，雖然涉及到實體的活動性，但在笛氏這裡，實體的活動性從本質上講只是思維自在的一種明證性或思維的自

我確證性，離萊氏對實體的活動性或主體性的規定仍相去甚遠。

萊布尼茨單子論的第二個重要特徵在於它的個體性原則。萊布尼茨是個理性主義者，而理性主義一般地總是以整體性原則和普遍性原則為其至上原則的。這類理性主義哲學的典型模式就是斯賓諾莎的「形上學體系」。依照斯賓諾莎的觀點，只有神才是唯一的實體，自然、世界以及組成自然、世界的個體事物只不過是實體的變相、樣式，並不是實體性的東西。斯賓諾莎僅僅崇尚唯一的實體，僅僅以唯一的實體為歸依，而把一切確定的、個殊的東西，把個體性都完全捨棄掉、犧牲掉了。所以後來黑格爾曾批評斯賓諾莎，說斯賓諾莎主義是「無世界論」，說它把個體性，把唯一實體以外的一切都投入了「實體的深淵」。費爾巴哈也批評斯賓諾莎，說他的哲學好比望遠鏡，在這架望遠鏡下，一切個體的東西都消失不見了。與斯賓諾莎否認個體事物的實在性或實體性的努力相反，萊布尼茨則把個體性原則提升為哲學的一項根本原則。在萊氏哲學裡，個體性不僅不再是同實體性相對立的東西，而且它就是實體性本身。因為他之所以把自己的實體稱作「單子」，他之所以宣布「單子沒有可供事物出入的窗子」，「每個單子必須與任何一個別的單子不同」，「單子的自然變化是從一個內在的原則而來」，都是為了強調單子的「個體性」。萊布尼茨提出和強調哲學的個體性原則，不僅對於近代哲學的發展，對於近代理性主義哲學的發展是重要的，而且對於現當代哲學的發展也有深廣的影響，這是無須贅述的。

萊布尼茨哲學的個殊性和獨創性不僅表現於他的哲學體系（單子論）中，而且還鮮明地表現於他的哲學所依據的基本原則方面。一般說來，在他之先的理性主義哲學家總是把思維的矛盾

原則或同一原則奉為他們哲學的最高思維原則，只是到了萊布尼茨才第一次明確地覺解到矛盾原則或同一原則之不足用，另提出了新的「充足理由原則」。一如海德格爾所說，所謂充足理由原則即「沒有什麼東西無理由而存在」的原則，就其所表達的內容看，它是一個自古以來為人們最熟悉、最受信賴的觀念，然而，它竟在人們的意識中潛伏了兩千三百年之久，只是到了萊布尼茨才把「這個小小的、幾乎未被人專門考慮過的命題」變成了「完整地和嚴格地把握住的、強有力的根本命題」，變成了一項「偉大的、強有力的、眾所周知的、最崇高的原則」。在萊布尼茨看來，充足理由原則之為其哲學所必需，就在於矛盾原則或同一原則只是一種關於本質、關於必然真理的原則，唯有充足理由原則才是關於存在、關於偶然真理的原則。此外，萊布尼茨在矛盾原則、充足理由原則之外還新提出所謂「圓滿性原則」或「完善性原則」。圓滿性原則或完善性原則是萊布尼茨哲學中又一條基本的形上學原則。與上述兩條原則不同，它不是「我們的推理」所依據的大原則，而是上帝乃至一切自由生物（自然包括人）進行自由選擇和創造性活動所依據的大原則。傅偉勳先生所謂「萊氏主張上帝的活動必依客觀的善，而人的行為亦照自己所認為最好的去做，這不外是遵從完善律的結果」，即是謂此。應當強調指出的是，萊布尼茨提出充足理由原則和圓滿性原則在哲學史上是一個有劃時代意義的事件。因為正是由於充足理由原則的提出，才突破了自巴門尼德、柏拉圖以來在哲學史上一向居支配地位的思維與存在、本質與存在直接同一的原則的局限，把存在問題、把同思維和本質相對立的存在問題作為一個「原則」問題明確地提了出來；這對於進一步深入地研究存在問題，對於辯

證地處理思維與存在、本質與存在的關係問題，對於進一步弘揚作為認知主體的人的主體性地位無疑有十分積極的影響。至於圓滿性原則的意義也是十分重大的。因為這項原則不僅突現了作為實踐主體的人的主體性地位，而且把人的自由、把人的自由選擇作為一個「原則」問題提了出來。這就不僅向一筆否定自由意志的霍布斯和斯賓諾莎提出了挑戰，而且把笛卡爾的自由意志觀點提升到了新的高度，從而向康德、黑格爾乃至許多現當代哲學家提出了解決必然與自由（科學與道德）這一「二律背反」的哲學任務。誠然，在萊布尼茨的研究者中，對於萊氏哲學所依據的這三項基本原則在萊氏哲學中的地位仁者見仁，智者見智，有的比較強調矛盾原則或同一原則的優先地位（如羅素），有的比較強調充足理由原則的優先地位（如美國學者Nicholas Rescher），有的則比較強調圓滿性原則的優先地位，這是在所難免的，也是十分有益的。然而，不管人們持何種立場，有一點想必是可以而且應當肯定的，這就是：萊布尼茨在矛盾原則或同一原則之外新提出了充足理由原則和圓滿性原則，其中，矛盾原則是關於本質的大原則，充足理由原則是關於存在的大原則，圓滿性原則是關於自由或自由選擇的大原則，深刻地理解這三項原則對萊氏哲學各項次級原則的規定作用及其在哲學史上的巨大意義，對於萊布尼茨研究是不可或缺的。

　　萊布尼茨這人雖然很偉大，但也有個十分致命的弱點，這就是：他對自己生命的有限性估計不足。他一生雄心勃勃，總是企圖在理智活動的各個領域超越同代人，總是渴求在自己的研究領域不斷地取得新的成就。這一方面使他成了一位亞里士多德式的百科全書型的學者，使他得以最充分地展現自己的才華，且使他

的哲學思想富於獨創性，但另一方面又給我們留下了一些巨大的缺憾。例如，他終究因此而未能寫出一部系統闡釋自己的哲學原理的大部頭著作，致使他的一系列真知灼見零星地散見於一些短篇論文中，這於他或許並非一件壞事，但於我們理解和把握他的哲學體系卻勢必帶來諸多不便。然而，他的非凡而深邃的哲學智慧卻足以彌補這一缺陷，因為他的這種哲學智慧本身就是一個強大的「磁場」，只要你是一塊「鐵」，你就會很快地被吸進去，因而總會有所收獲的。

萊布尼茨　目次

第一章
萊布尼茨其人

一、萊布尼茨的生平和著作

哥特弗里德・威廉・萊布尼茨（Gottfried Wilhelm Leibniz, 1646〜1716）是十七世紀末至十八世紀初德國最重要的哲學家、數學家和在許多學科上有卓著成就的科學家，是歷史上少數幾個最博學的人之一。他1646年6月21日❶生於萊比錫。他出生的那一年，是「三十年戰爭」結束的前二年。這場在德國境內進行的國際戰爭，是由德國境內信奉路德派新教的諸侯和信奉天主教的諸侯之間的矛盾衝突所引起，但歐洲列強都被牽涉進去了。這場經歷了整整一代時間的殘酷戰爭，使德意志幾乎變成了一片廢墟。當時的德國，雖然名義上有一個「德意志神聖羅馬帝國」，但帝國的皇帝除了直屬的奧地利和捷克的部分地區外，對

---

❶ 當時德國各公國中有的已採用格里高利曆（新曆），但有的卻依然採用儒略曆（舊曆）。儒略曆是在 1582 年改革成現今通用的格里高利曆以前西方所通用的曆法。舊曆春分是 3 月21日，新曆則提前十天。我國是直到1912年才採用格里高利曆的。本書所用的日期，一律依老的儒略曆計日系統計算、確定。就萊布尼茨的出生日期言，若依格里高利曆則為 7 月 1 日。

境內其他諸邦始終未能有效地行使統治權。當時德國約有三百六十個邦，維也納的哈布斯堡家族的皇帝是由統治這些邦的諸侯中的七個「選帝侯」選出的，其中有三個屬於教會人士，卽邁因茨、科倫和特里夫斯的大主教。這些邦實際上都各自獨立，此外還有許多不屬於任何邦國的騎士領地和城市。這種四分五裂的局面嚴重地阻礙了資本主義的發展。而威斯特發里亞和約雖然結束了「三十年戰爭」，卻因給予各諸侯國以獨立的外交權而進一步使德國分崩離析的局面固定化。這樣，由於這種封建割據局面阻礙了國內統一市場的形成，也無法形成一個統一的資產階級，使德國社會的發展大大地落後於當時西歐的其他主要國家。

在萊布尼茨生活的年代，荷蘭和英國已先後經過了資產階級革命而建立起資本主義制度，在經濟、政治、文化等各方面都處於發展的最前列；法國的資本主義雖較英國和荷蘭落後，但也有了較大的發展，資產階級可說已處在和封建貴族勢均力敵的局面，這種局面使國王成了表面上站在資產階級和封建貴族之上的仲裁者，從而產生了君主專制制度。如馬克思（1818～1883）所指出的：「君主專制發生在過渡時期，那時舊封建等級趨於衰亡，中世紀市民等級正在形成現代資產階級，鬥爭的任何一方尚未壓倒另一方。」❷那時的法國經過十七世紀上半葉，路易十三時代，首相黎世留大力加強王權的政策的實施，到萊布尼茨生活的時代，就正是自稱「朕卽國家」的路易十四在位，使君主專制制度達到極盛的時期。野心勃勃的路易十四在一定程度上成了歐洲的霸主，他向外擴張的企圖不斷威脅著相鄰的德國諸邦。這種局

---

❷ 《馬克思恩格斯選集》第1卷，人民出版社1972年版，頁179。下引此書，不注版本。

面對萊布尼茨一生的思想和行動都有著直接間接的影響。萊布尼茨常為德意志民族的積弱而受人輕視和欺侮感到悲傷。這一方面激發了他的愛國主義精神和奮發圖強的雄心，成了促使他在學術文化乃至政治活動和直接的經濟建設方面作出卓越貢獻的動力；另一方面德國資產階級由於力量弱小而來的軟弱性和妥協性也使他的思想帶有明顯的局限性。

萊布尼茨出生於一個知識分子家庭，他的父親弗雷德里克·萊布尼茨（就其姓氏看大概是斯拉夫人的後裔），從1640年起就任萊比錫大學道德教授，他曾結過三次婚，其第三個妻子特林娜·舒謨克比他年輕24歲，也出生於大學教授家庭，生了一個女兒和最小的兒子，他就是哥特弗里德·威廉。萊布尼茨的母親體弱多病，是個虔誠的路德派基督徒，從小就照宗教的要求教育孩子。有一些軼事，使他的父母把他自幼看作受到上帝特別寵愛和保佑的「神童」，這對他長大後的思想特別是對宗教的態度不能沒有影響。

萊布尼茨很小的時候，父親就教他識字讀書，並培養他對歷史的興趣。但早在1652年9月15日，萊布尼茨才滿6歲的時候，他父親就去世了，只是留下了豐富的藏書，成了萊布尼茨自學成材的一個有利條件。也許在他父親去世之前，他就被送進了「尼古拉學校」。不久就教他學拉丁文，到8歲時他已粗通拉丁文，能自己看書了，於是他就開始自己在父親的圖書室大量閱讀起拉丁作家的古典著作來。雖然他最初也讀不懂，但依靠他的天才，利用一些插圖，以及用確定詞義再加以「組合」等方法，逐漸弄懂了內容，終至能較順利地閱讀了。這樣就逐步向他打開了一個豐富多采的古代世界，而使他感到一些近代作家比起古人來顯得

多麼貧乏和浮誇！這種在父親的圖書室中的自由馳騁，不僅使他對拉丁文的知識，和對古代文化以及歷史的知識大大增長，爲他的成爲一個偉大作家和歷史家打下了基礎，尤其重要的是培養了他對博學的尊重和一種歷史感，認識到不能割斷歷史，任意拋棄傳統。這是和笛卡爾及其學派那種通過普遍懷疑否定過去，企圖一切從頭開始的思想和作風相對立的。此外，萊布尼茨也自己承認，這種廣泛的自由涉獵，也養成了他遇事自行作出自由判斷，以及喜歡博採眾家之長而加以折衷調和的精神。

到了12歲，他又開始學習希臘文。這時他拉丁文已學得很好，以致在次年卽 1659 年的「聖靈降臨節」，他就能在一個上午寫成一首三百行的六音步拉丁詩了。也從這時開始他讀了西塞羅（前 106～43）、塞涅卡（前 4～公元65）、普林尼（23～79）、希羅多德（約前484～430 或 420）、色諾芬（前431～350以前）、柏拉圖（前427～347）的作品，以及那些教父們的論戰著作。在這之前，他差不多完全沉浸在歷史家和詩人的著作中。

而到 13 或 14 歲以後，他開始鑽研邏輯學，首先特別對「範疇」，對「簡單概念」的分類感興趣。這就逐步導致他的提出「組合術」以及後來他畢生所追求的發明一種「普遍文字」的創造性工作。他想著可以發明一套代表各種基本概念的普遍適用的文字符號，而一切推理過程都可以化爲用這種文字符號來像數學一樣進行演算的過程。他的這種思想，實際上爲現代的數理邏輯或符號邏輯開了先河。他發明「普遍文字」的工程雖然始終未能完成，但他自己在這方面做了許多研究，取得了不少成績，羅素（1872～1970）認爲這些成績「他當初假使發表了，會重要之至；那麼，他就會成爲數理邏輯的始祖，而這門科學就實際上提

早一個半世紀問世。」❸此外，如所周知，他也是最早提出「充足理由律」的人，這條規律被後來的某些邏輯學家作爲與傳統的同一律、矛盾律、排中律並列的另一條基本思想律，對邏輯學的發展也有重要貢獻。這雖是後來的事，但他之所以能在邏輯學發展史上佔有如此重要地位，是與他早從十三、四歲開始就爲這方面打下基礎分不開的。萊布尼茨在進入大學以前，主要通過自學已掌握了拉丁文和希臘文，閱讀了許多古典著作，對傳統的邏輯學和經院哲學等已有了一定修養。在他還未滿15歲時，在1661年的復活節，他進入萊比錫大學，成了一名少年大學生。

當時的萊比錫大學，講授的還是傳統的經院中的學問。雖然有人認爲萊比錫大學的教育對萊布尼茨的影響不大，但實際也未可忽視。這至少使他對那些傳統的學問加深了理解，尤其是在萊比錫大學的教授之中，那位接萊布尼茨父親的班任道德哲學教授的雅可布·托馬修斯（1622～1684）是他敬愛的老師，對他更有較大影響，特別是加深了他對歷史的尊重，使他加強了從歷史、從前人中吸取有用的成分來豐富自己的思想。也是這所大學中的一位教師亞當·謝爾澤引導萊布尼茨趨向經院哲學中唯名論的觀點，以致他的大學畢業論文就以〈論個體性原則〉爲題，爲唯名論觀點作了辯護。這種注重個體的實在性的思想，實際影響了萊布尼茨的一生，他成熟後的「單子論」的哲學體系，也就以強調個體的實在性作爲其主要原則之一。

萊比錫大學時期在萊布尼茨思想形成過程中的重要性，不在於他從學校所接受的傳統教育，而在於這同一時期他又自己發現

---

❸　羅素:《西方哲學史》下卷，商務印書館 1976 年版，頁119。下引此書，不注版本。

並閱讀了許多近代作家的作品，或從第二手材料了解了一些近代科學家哲學家的思想，其中包括培根（1561～1626）、卡爾唐‧康帕內拉（1568～1639）、刻卜勒（1571～1630）、伽利略（1564～1642）和笛卡爾（1596～1650）。這樣，就如他自己所說，使他逐漸擺脫了「亞里士多德的羈絆」（實際上毋寧說是經院哲學所歪曲利用的亞里士多德觀點的束縛）而一度接受了近代的機械唯物主義的原子論觀點。但他不久就又發現這種機械唯物主義理論上的矛盾，認為單從物質或「有廣延性的質量」中得不到真正不可分的最終的「單元」或「統一性的原則」，因此還需要用「力」的概念，並想到須把經院哲學所講的「實體的形式」的概念加以「召回」，但賦予它新的、可理解的意義，這樣就逐步導致他的唯心主義和「單子論」的觀點，只是初期他還沒有用「單子」這個名詞。

雖然在萊比錫大學時期他已對哲學很感興趣，讀了許多近代哲學家的書並作了認真思考，在形成他的哲學體系過程中也是個重要的轉折時期，但他當時主要還是修習法學，想從事法律工作，準備獲取法學博士學位。為此他於1663年又去耶拿學習了一段時間，在那裡受到了厄爾哈德‧魏格爾（1625～1699）很大的影響。萊布尼茨後來在所著《人類理智新論》第四卷第三章中也提到魏格爾，那位著名的法學家、國際法的奠基人之一普芬道夫（1632～1694）就是他的學生，深受他的影響；他不僅是位法學家，也是位數學家，且對形而上學、邏輯學、力學、天文學、道德學等都有研究，因此萊布尼茨也多方面從他得益，特別是萊布尼茨向來對數學深感興趣的傾向，也因魏格爾的影響而進一步加強。

　　從耶拿回到萊比錫，萊布尼茨仍繼續研習法學，並於1666年準備好了他的法學博士論文，題爲〈論法律上的一些困難問題〉。可是萊比錫大學卻以他過於年輕（時年20歲）爲理由拒絕授予他博士學位，而紐倫堡附近的阿爾特夫大學則很快就接受了他的論文，授與他法學博士學位，並表示要他在該校任教。但他沒有接受聘請而另有他圖。他從此離開了他的故土萊比錫。在這之前，他的母親已於1664年2月6日去世，而萊布尼茨又終身未結婚，因此他以後就一輩子過沒有家庭的獨身生活了。

　　他離開故鄉到了紐倫堡。在這裡不久他和一個叫做「玫瑰十字」的祕密團體接上了關係。這是一個有祕傳宗教性質，也從事煉金術、尋找「哲人之石」之類活動的組織。據說爲了參加這個團體，他按要求從那些煉金術的書中找了一些最晦澀難解的話湊成一封信作爲申請書，而得到了這團體首領的高度贊賞，以致入會後他就被任命當了兩年該社團的祕書。他參加該社團的動機也許是想從中得到有助於他的「組合術」的知識。但他由此所得到的最大收穫，也許是通過該團體一些煉金術士的中介而認識了一個對他今後的生涯有重大影響的人物，這就是博因堡男爵（1622～1672）。這位男爵是當時德國最有名望的政治活動家之一，曾任選帝侯邁因茨大主教的首相，他本身也是博學的人，並且通過和許多博學人士交往而更擴展了自己的知識。他任用了萊布尼茨，帶他到法蘭克福進入他藏書豐富的圖書館，介紹他認識了百事精通的孔林等人，特別是1663年把他推薦給了邁因茨大主教（1605～1673）本人，於是他就進入了這位選帝侯的宮廷，開始了他的政治外交生涯。

　　如所周知，當時的德國正因連年戰爭而備遭破壞，而引起戰

爭的主要原因之一就在於宗教的紛爭、教會的分裂。邁因茨大主教以及博因堡男爵等人也都深深爲此而憂慮，因此使基督教和天主教重新聯合起來的活動，本已在進行。萊布尼茨一開始他的政治外交生涯，也就參與了這一活動。這是個艱難的任務，事實上也從未得到實現，而萊布尼茨以後幾乎終生時斷時續地與此調和教派的活動有聯繫。他爲此曾與許多人通訊，尋求新舊教重新結合的途徑，特別是與法國的包敍埃主教（1627～1704）的通訊斷斷續續地進行了二十五年之久，也終無結果。此事對他哲學思想的發展也有直接影響。因爲早在他參加這一活動之初，博因堡男爵就建議他研究「化體」說（即基督教的聖餐禮中所用的麵包和酒化成耶穌的肉和血的教義），他研究的結果，如他在 1671 年給阿爾諾（1612～1694）的一封信中所表明的，是發現笛卡爾所主張的把物質實體看成純粹的廣延的學說，是不論和羅馬天主教或路德派新教的教義都無法調和的，因此他要找到一種實體理論，既能夠滿足天主教的教義，也能夠滿足路德教的教義，以便作爲兩派教會重新結合的哲學基礎。雖然他的企圖滿足雙方的學說事實上只能遭到雙方的拒絕，但他由此對笛卡爾的實體學說進行了批判，提出了實體的本性不能僅在於廣延而應該在於「力」，不應是被動的物質而應是能動的精神性的東西的思想。儘管這樣一來他又陷入了唯心主義。但在哲學思想的發展上卻表現爲以某種有辯證法意義的思想反對了機械論的形而上學思想，是有其積極意義的。

當時德國諸邦除教派紛爭引起的內亂之外，還受著外部的威脅；特別是法國路易十四（1638～1715）的向外擴張，除矛頭指向脫離西班牙而獨立的荷蘭外，也覬覦著緊鄰的德國諸邦。萊布

尼茨作為邁因茨選帝侯的謀士，作為一位德國的愛國主義者，設計了一個方案，要說服路易十四作為一位信基督教的君主，不應該去侵犯同樣信基督教的鄰國，而應該去征服埃及，去打擊「異教徒」土耳其人。邁因茨選帝侯和博因堡男爵贊賞他的計畫，就於1672年派他去巴黎謀求朝見路易十四以完成上述使命。此外也還交給他別的一些任務，如博因堡男爵的一個兒子也隨之到了巴黎，要萊布尼茨負責對他進行培養教育。

萊布尼茨於1672年3月末到達巴黎，直到1676年10月離開，中間除一度訪問倫敦外，在巴黎住了約四年，這段時間在萊布尼茨一生中是極重要的，對他的科學成就和哲學思想的形成都有不可估量的重大影響。

萊布尼茨赴巴黎的主要目的，雖然要去游說路易十四，把他的侵略矛頭引向征服埃及，但路易十四並未曾接見他，自然更談不到接受他的建議了。因此他巴黎之行的原定目的並未達到，儘管他的建議從某種觀點看是很值得注意的，以致有人認為以後拿破崙的遠征埃及似乎就是受萊布尼茨的觀點的影響。這雖然並無事實根據，但兩者的巧合也是發人深省的。

萊布尼茨留居巴黎期間最有重要意義的事情，是他在此結識了學術界的許多重要人物，從而對他的學術思想和成就產生了重大的影響。他所結識的人士中，首先應該提到的是阿爾諾，他是著名的神學家，也是哲學家、邏輯學家和數學家；在當時冉森派和耶穌會派神學家的鬥爭中，他是冉森派的主將；他也和尼柯爾(1625～1695)一起是在邏輯史上有重要地位的《波爾——羅亞爾邏輯》一書的作者；萊布尼茨本已和他通信，到巴黎後更多親身接觸。這樣萊布尼茨和阿爾諾似乎就建立了不同尋常的關係，以

致他成熟後的哲學思想就首先是在和阿爾諾的通信中闡述的。萊布尼茨在《新系統》中也提到此事。阿爾諾對萊布尼茨的觀點起先是表示不同意的，羅素在《萊布尼茨哲學述評》及《西方哲學史》中認爲萊布尼茨因此就把他的一套較深刻的思想長期祕而不宣，而另講一套「流俗哲學」來討好王公后妃。羅素的這種說法是可以爭論的，但阿爾諾對萊布尼茨思想的影響則是不能否認的。

萊布尼茨在巴黎結識的其他重要人物還有著名的笛卡爾派哲學家馬勒伯朗士 (1638～1715) 和別的幾位「偶因論者」， 他對笛卡爾哲學的認識和興趣無疑因此而大爲增強。萊布尼茨誠然是接受並發展了笛卡爾的理性主義，成爲近代理性派哲學的主要代表之一， 但他對笛卡爾哲學和物理學上的許多觀點， 都持批判態度，在一定意義下可以說萊布尼茨的哲學正是在批判笛卡爾的基礎上建立起來的。

在巴黎曾給與萊布尼茨以巨大幫助和影響的另一位重要人士是荷蘭的科學家惠更斯 (1629～1693)。 他對形而上學雖並無興趣，但萊布尼茨從他學得了數學的方法和一些原則，使自己的數學修養得到了很大提高，這就爲發明微積分準備了條件。在這個時期，他也通過阿爾諾的關係認識了帕斯卡爾 (1623～1662) 的一批親友，讀到了帕斯卡爾的數學和其他著作的手稿，這對他的發明微積分也有促進，他並且改進了帕斯卡爾所創造的能作加減的計算機，使之也能作乘除和開方。

在寓居巴黎期間，萊布尼茨曾於1673年 1 至 3 月訪問倫敦。這又使他結識了英國學術界的一些重要人物，如著名科學家波義耳 (1627～1691) 和英國皇家學會祕書奧爾登堡 (1615～1677)。萊布尼茨也在此行期間被選爲英國皇家學會會員。奧爾登堡又是

斯賓諾莎的一位通訊者，這對萊布尼茨的認識斯賓諾莎也起了作用。值得一提的是霍布斯（1588～1679），這時也還住在倫敦，但因年事已高（85歲）而昏聵了，萊布尼茨並未見到他，但他早在1670年就曾給霍布斯寫過信而未見答覆，萊布尼茨那時對霍布斯是很推崇的，有人認爲在1670年以前，當時思想界中沒有誰比霍布斯對萊布尼茨的影響更深的。此外，有人認爲就在萊布尼茨這次訪問英國時（其實似乎是在1676年萊布尼茨第二次去倫敦時），曾遇到過牛頓（1642～1727）的朋友柯林斯（1676～1729），這就引起了萊布尼茨和牛頓雙方的追隨者關於微積分的發明權之爭。這爭論中也帶有民族感情，英國人認爲萊布尼茨似乎是從柯林斯那裡得悉了牛頓關於微積分的思想，因此指控他是剽竊；而德國人則竭力否認有此事而爲萊布尼茨的發明權辯護。這是一場不幸的爭論。事實應該是微積分既不是牛頓也不是萊布尼茨全部發明的，如無窮小的概念早在古代就已出現了，到了近代，至少如刻卜勒、費爾瑪（1601～1665）、笛卡爾、帕斯卡爾等也對微積分的出現作了某些方面的準備工作而各有其貢獻，牛頓和萊布尼茨在一定意義下也都只是在前人作出貢獻的基礎上進一步做了關鍵性的工作從而完成了這一發明微積分的過程。說萊布尼茨剽竊是沒有根據的，現在也沒有人再堅持這一指控了。實際情況是牛頓大概早在1665年就已有了微積分的算法了，但他只讓人知道了運用這方法所得的某些結果而並沒有公布這方法本身。萊布尼茨則是在他從第一次訪英回到巴黎後，在寓居巴黎的末期獨立地掌握了這種方法的。公開發表這一方法，萊布尼茨是在1684年，牛頓是在1693年，晚於萊布尼茨。此外，現在微積分所用的一套符號也是萊布尼茨的而不是牛頓的，而適宜、方便的符號對這門

科學的發展也決不是無足輕重，而是有很大作用的。

在萊布尼茨1673年訪問倫敦前不久，博因堡男爵去世了；他的倫敦之行，不久（在三月末）又因邁因茨大主教的逝世而中斷；回到巴黎之後他一時失去了正式的職位和俸祿，也曾多方設法另謀外交官工作而未成功，直到 1676 年，才有些勉強地終於接受了漢諾威的不倫瑞克公爵任用他爲宮廷參議和圖書館長的職務，並準備赴任。

萊布尼茨在巴黎期間，除數學外曾特別留意於笛卡爾及其學派的哲學，而研究的結果是越來越感到其中有許多缺陷，例如後來他在1679年寫給馬勒伯朗士的一封信中，除了表示在許多方面敬仰笛卡爾之外，就說到他「深信笛卡爾的力學充滿錯誤，他的物理學過於倉促，他的幾何學過於局限，而他的形而上學則具有所有上述各種缺陷。」爲了找到一種較爲滿意的形而上學，他又重新研究了柏拉圖，在1676年翻譯了他的《斐多篇》和《泰阿泰德篇》，這在使他離棄笛卡爾、霍布斯以及伽桑狄（1592～1655）等的機械唯物主義而重新轉向唯心主義方面當也起了作用。又在1675年末，他在巴黎認識了斯賓諾莎（1632～1677）的另一位通信者契爾恩豪森（1651～1708），從他知道斯賓諾莎有一套尚未發表的哲學思想，萊布尼茨希望從中或能找到解決笛卡爾哲學的困難問題的辦法，於是有了訪問斯賓諾莎的打算。

1676年10月，萊布尼茨離開巴黎，先到倫敦，住了一星期，再訪奧爾登堡和波義耳，又遇到了柯林斯和牛頓本人；然後到了荷蘭，在阿姆斯特丹住了約一個月，從這裡去訪問了那位首先用顯微鏡進行科學研究的傑出科學家劉汶胡克（1632～1723）；12月到了海牙，訪問了斯賓諾莎，和他多次見面長談，並閱讀了斯

賓諾莎未發表的《倫理學》手稿。因斯賓諾莎被教會視爲無神論者而受排斥，萊布尼茨也常企圖掩飾他和斯賓諾莎的這段關係，但他思想上受斯賓諾莎哲學的影響是不容否認的，儘管他認爲斯賓諾莎也未能解決笛卡爾哲學的問題，而他和斯賓諾莎的哲學也確有根本對立的方面。

12月底，萊布尼茨到達漢諾威，就任了上述新職。從此這成了他的終身職務，漢諾威成了他的永久定居地。不過他也仍常去別地旅行。

定居漢諾威之後，萊布尼茨的哲學思想日臻成熟和定型。在這以前，他的思想曾有過幾次轉變：從少年時最初所接受的傳統經院哲學的亞里士多德（前384～322）主義，一度轉變爲贊成近代許多思想家所提倡的機械唯物主義，特別是以恢復古代原子論形式出現的機械唯物主義，終至因發現這種唯物主義機械論的弱點而拋棄了唯物主義本身，重新轉向唯心主義，建立起了他自己以「單子論」和前定和諧系統著名的客觀唯心主義哲學體系。這種哲學主張世界萬物是由一些最基本的不可分的「單元」所構成，但這種「單元」不能是有廣延性的物質原子，因爲有廣延總是可以無窮再分割的，所以它只能是一種無廣延卽非物質的、精神性的實體，他後來稱之爲「單子」；這種單子是彼此獨立地存在而不能實際互相影響的，但上帝在創造世界時就賦予每一單子以一種本性，使之按此本性自行變化發展，而全部單子從而一切事物之間又自然地處於普遍的和諧狀態，這就是「前定和諧」。這樣一些基本觀點以及與此相聯繫或由此可以推導出來的一些基本原則，如「連續性原則」、「充足理由原則」、「不可辨別者的同一性原則」（卽認爲世上沒有兩個東西是完全一樣而不可辨別的）

等等，萊布尼茨在定居漢諾威之後的一段時期內就固定下來不再
有大的變化了，此後他只是在一系列的作品中，特別是在與許許
多多人的大量通信中，以多少不同的方式闡述了這些原則，或根
據這些原則來說明各種各樣的具體問題。

但萊布尼茨遠不止是一位哲學家，他的學術思想和活動幾乎
涉及當時人所能及的一切領域。除了哲學、數學以及邏輯學、法
學等方面以上已有提及的之外，他也是一位歷史學家，不僅自幼
對歷史感興趣，熟悉古代歷史，到漢諾威任職之後，他又受命編
纂不倫瑞克公爵家族的歷史，因此他本身也成了一個實際從事修
史工作的歷史家。爲了弄清不倫瑞克家族與意大利的埃思特爾家
族的血緣關係，萊布尼茨於1689年訪問了意大利。在此期間，羅
馬天主教會方面又企圖勸誘他皈依天主教，並表示將任命他爲梵
蒂崗教廷的圖書館長和任其他高級職務，但他都謝絕了。據說他
在這次參觀羅馬早期殉教者的墓穴時帶回了一塊有血跡的玻璃，
打算作一番化驗。這逸事本身也可說明萊布尼茨對待科學和宗教
的態度。他向來很關心宗教，一生不斷地從事重新聯合各教派的
活動，但自己卻從來不進教堂，他住地附近的居民甚至稱他爲
Lövenix,意卽「什麼也不信的人」。

他在物理學和其他自然科學方面的成就也是卓越的。在物理
學上他指出了笛卡爾關於運動量不變的學說的不完善，表明在落
體的條件下他的有關運動量守恆的公式不適用，從而提出了關於
運動的兩種量度問題； 晚年他與牛頓派的代表克拉克 （1675～
1729）之間的通信中又與牛頓派的觀點進行了論戰，特別是批評
了牛頓關於絕對空間和絕對時間的觀點。這些在物理學發展史上
都有重要意義。他也不僅是理論物理學家，在漢諾威任職期間，

他還很關心工礦企業等的發展，特別爲哈茨山的煤礦安裝機械排水做出貢獻，並因此還研究了地質學，曾寫出了這方面的著作。此外如在比較語言學、圖書分類學和目錄學，以及其他許多門科學方面，他都有所研究並有不同程度的貢獻。他的博學曾使普魯士國王所謂腓特烈大帝（1712～1786）讚嘆說萊布尼茨「本人就是一所科學院」!

萊布尼茨不僅自己從事廣泛的科學研究，還十分重視實際上推動科學事業的發展。柏林的科學院就是在他的大力創導和推動下成立的，並於1700年擔任了該院的第一任院長。他也曾力圖說服波蘭的國王，俄國的沙皇彼得大帝（1672～1725）以及帝國的皇帝在德萊斯頓、聖彼得堡和維也納都建立起這樣的科學院，可惜都未能實現。萊布尼茨也很關心中國，曾從來華傳教士意大利的閔明我（1657～1712）、法國的白晉（1656～1730）等人處了解了一些中國的情況，從白晉知道了一些中國的《易經》和八卦的內容，發現八卦和他所發明的數學上的二進位法有相通之處而十分興奮。他總想把他的哲學和西方文化也推向中國，據說他也曾給康熙皇帝（1654～1722）寫信建議在北京設立科學院，並曾向康熙贈送了他所改進了的計算機，但這事迄今尚未得到證實。德意志神聖羅馬帝國皇帝雖然沒有實現他建立科學院的建議，但在1714年萊布尼茨到維也納時卻對他優禮相加，封他爲帝國的宮廷參議，並賜他男爵的爵位。

在漢諾威，他原本得到公爵（1629～1698）的優遇，特別是公爵夫人蘇菲婭（1630～1714）和她的女兒，後來成爲普魯士國王腓特烈一世的王后的蘇菲婭・夏洛蒂（1668～1705），都對他有很深的友誼，她們既是他的保護人，在思想上也是他的信徒。

可是原先任用他的公爵和他的繼任者以及這兩位郡主都先後去世了，新任的公爵蘇菲婭的兒子，後來成爲英王喬治一世（1660～1727），對萊布尼茨似乎無好感，他去英國繼承王位時，萊布尼茨想隨他去英國，也遭到拒絕而被命令仍留在漢諾威。他的處境越來越壞，到1716年11月14日終於冷落地去世了，享年70歲。他作爲學術界一顆燦爛巨星原本應是德國的驕傲，但他逝世時在德國卻無人理睬，倒是法國科學院，因爲他在法時也曾被選爲該院院士，於他逝世後次年即1717年的11月13日，爲他進行了悼念活動，由封德內爾（1657～1757）致詞贊頌了他的天才。

萊布尼茨的哲學雖有其內在的體系，但他從未以一部著作來全面地闡述自己的體系。他生前發表的唯一篇幅較大的著作《神正論》只是一部通俗性作品，此外只有在法國的《學者雜誌》和他促成創辦的《萊比錫學術紀事》（*Acta Eruditorum Lipsiensium*）等刊物上發表的若干篇著作如〈新系統〉（1695）、〈動力論實例〉（1695）等公開宣布了他的一些主要哲學觀點。他的另一部較大著作《人類理智新論》寫於1704年前後，是站在理性主義立場和洛克（1632～1704）的《人類理智論》的經驗主義觀點進行辯論的著作，也因洛克的去世而被擱置，未在萊布尼茨生前發表。他逝世前兩年應人之請寫了兩篇作品〈單子論〉和〈基於理性的自然與神恩的原則〉是他的哲學思想的濃縮的提綱，還有他最初闡述自己成熟思想的〈形而上學論〉以及〈與阿爾諾的通訊〉也都是死後才發表的。他的大量著作手稿和無數書信手稿都存放在漢諾威圖書館。他死後有許多人曾根據他的已發表著作和手稿編纂出版過他的多種著作集，其中包括拉斯普、杜騰、愛爾特曼、格爾哈特、雅內、傅歇·德·卡萊伊、克洛普以及古久

拉等人所編的各種集子，其中有些稱為「全集」，但沒有一種是
眞正完全的。格爾哈特編的《萊布尼茨哲學著作集》和《萊布尼
茨數學著作集》各七卷，以及克洛普的《萊布尼茨歷史政治著作
集》十卷（外加一卷索引），是目前人們最常用的。到了二十世
紀初，柏林的科學院計畫出版《萊布尼茨著作和書信全集》，這
工作因兩次世界大戰而幾度中斷，戰後終又恢復進行，擬分為六
至七個系列，全書共計當超過四十卷，目前已出了十七、八卷，
全部工程要完成，估計須到下個世紀，這本身也說明了萊布尼茨
的學問淵博，著作宏富。

二、萊布尼茨的個性與人格

　　據萊布尼茨的祕書埃克哈特（1674～1730）報導，萊布尼茨
這個人中等身材，頭腦稍大，深棕色頭髮，眼睛雖小卻很機敏，
雖然近視但對閱讀寫作卻無大礙，字跡十分工整。萊布尼茨的
肺功能不怎麼強，嗓音很低但吐詞清楚，只是在發喉音時小有困
難。他肩膀闊大，走起路來頭總是略向前傾，看上去活像一個駝
子。就整體形象言，他瘦削而不壯實，而且腿也有點畸形。

　　萊布尼茨住房的擺設（如果有什麼可以叫做擺設的話）很簡
單，很不整齊。他用餐很不規律，只是在閱讀和研究過程中有什
麼方便機會到來時，才隨便吃點東西應付過去。據說當他50歲
時，也曾向人求過婚，只是那位女士說要從容考慮，萊布尼茨
為了滿足她的要求讓她從容下去也就乾脆作罷，所以一生獨身。
平時他睡得很少卻睡得很香。他常常在他的工作桌旁的椅子上過
夜。研究工作特別緊張時，他甚至在椅子上一待就是幾天。這種

生活 —— 工作方式使他工作起來效率特別高，能在短時間內幹很多事情，卻也給他的身體帶來不良影響，染上這樣那樣的疾病。但他和笛卡爾一樣，不怎麼喜歡求醫，不時地用些「祕方」，實際上有時候他之用藥，與其說是明智，毋寧說是「勇敢」。

萊布尼茨一生喜歡同人交往，而且喜歡同各種不同地位的人交往。他始終相信他永遠能夠從交往中獲益，即使同最無知的人交往亦復如此。他腦子裡不時地有蘇格拉底（前469～399）的形象，蘇格拉底就是個隨時準備同任何人談話的人。萊布尼茨不僅同哲學家、數學家和科學家交往，而且同宗教界和政界人物也多有接觸，不僅同彼得大帝交往，而且同普魯士國王腓特烈一世的王后蘇菲婭‧夏洛蒂過從甚密。事實上萊布尼茨從這種廣泛交往中確也獲益匪淺。他同數學家和物理學家惠更斯的交往，使他走上了發明微積分的道路，他同數學家貝爾努依兄弟（1654～1705; 1667～1748）的交往使他的微積分符號系統優於牛頓，他同來華傳教士白晉的交往使他得以了解《易經》並促進了他對二進制算術的發明和研究，他同斯賓諾莎的交往成了他決心構建自己的哲學體系的最直接的誘因，他同王后蘇菲婭‧夏洛蒂的親密關係使得他在柏林建立科學院的宿願終能成為現實，甚至他的名著《神正論》的寫作和出版也同這位王后不無關係。

對萊布尼茨來說，最重要的交往手段乃是通信。有幾年，他甚至同時和數百人通信，而且在信中幾乎無所不談，自然科學、數學、法學、政治學、宗教、哲學、文學、歷史學、語言學、錢幣學以及人類學等等。他還有保存信件的癖好，至少有一千五百多封信被他保留了下來。而且正是這些信件，加上相當大量的私人筆記和草稿，我們才有了關於他的大部分著作的知識，特別是

在哲學、邏輯學和數學方面的知識。後世整理出版的信件集有十多種之多，其中主要有《萊布尼茨致阿爾諾信件集》、《萊布尼茨和惠更斯及巴本的通信集》、《萊布尼茨和貝爾努依關於數學和哲學的書簡》、《萊布尼茨和沃爾夫通信集》、《萊布尼茨與克拉克論戰書信集》及《萊布尼茨未刊書信和論著》等。無怪乎萊布尼茨本人當初說：「任何僅僅依靠我公開發表的著作來了解我的人，其實根本就不了解我。」

　　總的來說，萊布尼茨是堅持實事求是和與爲人爲善的原則與人交往的。例如，他雖然和牛頓之間存在著微積分發明優先權的爭論問題，他雖然堅持自己獨立發明優先權的嚴正立場，並常常引以爲豪，但對牛頓獨立發明微積分的歷史功績及其人格還是給予明確肯定的。他在1675月3月20日致英國皇家學會祕書奧登伯格的信中就曾對牛頓在流數法上的成就給予很高的評價，他不無公正地寫道：如果「卓越」的牛頓的流數方法是「普遍的和方便的」，就「值得獎勵」，「並且我毫不懷疑這將證明他值得稱爲最有才氣煥發的發現者」❹。萊布尼茨在1711年12月18日致另一位皇家學會祕書斯勞恩的信中，在嚴厲指責牛頓的學生凱爾無端製造了「無益的和不公正的喧鬧」之後，對於牛頓卻依然十分信任地寫道：「對此我相信卽使牛頓本人也會不贊同的，他是一個卓越的人，透徹了解過去的事態，並且我確信他對這個（爭端）將自由地提出他的看法的證據。」❺再如，他雖然堅持自己二進制算術的發明權，但對在這個問題上曾給他以啓發和刺激的白晉神父的功績卻也掛記在心；例如他在致德雷蒙先生的那封著名的論

---

❹　轉引自閻康年著《牛頓》，湖南教育出版社1989年版，頁83。

❺　轉引自閻康年著《牛頓》，頁90。

中國哲學的信中就曾明確宣布是他和「尊敬的白晉神父」共同發現易圖符號的「顯然是最正確的意義」的❻。

　　毋庸諱言，萊布尼茨在與其同代人的交往中展現出來的人格也遭到了一些非議，而且也確實並非每每無懈可擊。例如，他對斯賓諾莎的態度似乎就有欠妥貼。即使我們對羅素在《西方哲學史》裡關於「萊布尼茨到晚年附和對斯賓諾莎的攻訐」的指控不予考慮，萊布尼茨對斯賓諾莎對他的哲學的重大影響之從未明確地肯定，卻也是個確實無疑不容否認的事實（其實斯賓諾莎對他的影響是很直接也很重大的）。但是，倘若我們考慮到萊布尼茨同斯賓諾莎的哲學之間在一些根本性問題上也確實存在著原則性的分歧和對立，則我們對於萊布尼茨的上述作為或許就可以賦予一種新的積極的意義了。我們知道，普遍性原則是斯賓諾莎哲學的一項根本原則，依據這條原則，個體事物無非是唯一實體的樣式，而萊布尼茨既然從一開始就強調個體性原則，他就不能不堅決反對斯賓諾莎的哲學。

　　如果說在古代希臘，留基伯（前 500～440）和德謨克利特（前460～370）是因反對巴門尼德（前六世紀末～五世紀）的唯一的、抽象的「存在」，而提出無限多的物質的「原子」作為世界的本原，從而完成了唯心主義向唯物主義的一次轉化，那麼在一定意義下我們也可以說，萊布尼茨正是在反對斯賓諾莎的唯一的、唯物主義的「實體」學說的基礎上才完成了唯物主義向唯心主義的一次轉化，才建構了自己的單子論學說。在這種意義下，萊布尼茨之否定他同斯賓諾莎的聯繫，自然就內蘊著一種防止抹

❻　見萊布尼茨著，龐景仁譯，〈致德雷蒙先生的信：論中國哲學〉，載《中國哲學史研究》，1982年第 1 期，頁105。

煞他們兩種哲學間的原則界限、突現自己哲學的獨創性與超越性的用心。至於在和牛頓及其信徒爭論微積分優先發明權的過程中，萊布尼茨曾被人指控爲有匿名攻擊牛頓爲「剽竊者」的嫌疑，但是誰能擔保作爲英國皇家學會會長的牛頓沒有以這樣那樣的形式操縱英國皇家學會貶低萊布尼茨獨立發明微積分之歷史功績呢？

　　萊布尼茨一生雄心勃勃，總是企圖在理智活動的各個領域超越同代人。而他也確實在許多方面取得了令人矚目的成就，處於許多研究領域的前沿，至少即便在最嚴格最充分的意義上，他也無愧於哲學家和數學家的稱號。他之所以能夠如此，除雄心外，同他的智力和勤奮也不無關係。關於他的智力，羅素曾在《西方哲學史》一書裡，讚賞萊布尼茨是一個「千古絕倫的大智者」。狄德羅在他自己主編的那著名的《百科全書》的「萊布尼茨主義」條目裡也不勝感嘆地說道：

> 當一個人考慮到自己並把自己的才能和萊布尼茨的才能來作比較時，就會弄到恨不得把書都丟了，去找個世界上較偏僻的角落藏起來以便安靜地死去。這個人的心靈是混亂的大敵：最錯綜複雜的事物一進入他的心靈就弄得秩序井然。他把兩種幾乎彼此不相容的品質結合在一起了，這就是探索發現的精神和講求條理方法的精神，而他藉以積累起最廣泛的各種不同種類知識的最堅毅又最五花八門的研究，既沒有削弱這一種品質，也沒有削弱另一種品質。❼

---

❼　見狄德羅主編《百科全書》「萊布尼茨主義」條，又見 Ass'ezat 編《狄德羅全集》第15卷，頁140。

　　萊布尼茨不僅智力非凡，而且相當勤奮。他總是不甘心單純接受別人的膚淺的、現成的知識，也總是不滿足於自己業已取得的成就，因而總是逼迫自己千方百計地在各個研究領域有所發現，有所發明，有所創造，有所前進。而他的這種雄心和努力，一方面使他成了一位亞里士多德式的百科全書型的學者，使他得以最充分地展現自己的才華，但另一方面又給他帶來了一些巨大的遺憾。例如他終究因此而未能寫出一部系統闡釋自己哲學原理的大部頭著作，致使他的一系列眞知灼見零星地散見於一些短篇論文中，這於他不能說不是一個悲劇。總的來說，他對人生的有限性是估計不足的。

　　在萊布尼茨的人品方面，人們談論最多的莫過於他同王公后妃們的關係。萊布尼茨一生同王公后妃們保持著密切的聯繫或關係。如前所述，他一走向社會就投於邁因茨選帝侯兼大主教、萊因同盟首腦舍軛博恩的約翰·菲利普幕下，到晚年他甚至同時受雇於四、五個王室（如漢諾威、不倫瑞克——紐倫堡、伯林、維也納和彼得堡），而且他同一些皇族女性的關係也挺密切。這自然容易遭到人們的非議。但是，統觀萊布尼茨的全部活動，可以肯定，他之所以同這些人保持接觸，很可能主要是爲了從他們那裡獲得維持生計的薪水及從事哲學和科學事業的資金與便利。萊布尼茨不時地（特別是在垂暮之年）遭到一些王室的冷遇，想必是他把投靠王室看作獲取從事哲學和其他學術研究有利條件之手段的一個「報應」。這些雇用萊布尼茨的王室常常埋怨他只拿錢不幹活。殊不知萊布尼茨在很多情況下，是拿別人的錢，幹自己的活。當然，他的哲學和科學在一定意義上的超越宗教派別、超越國界的資產階級內容和世界主義精神爲利害相互衝突且帶有

封建烙印的各個王室所不容，也當是其遭到冷遇的一個重要原因。

羅素對萊布尼茨「討好王公后妃」攻擊得最兇。他在《西方哲學史》〈斯賓諾莎〉章裡極力推崇斯賓諾莎的人格，說斯氏是偉大哲學家當中人格最高尚，性情最溫厚可親的。按才智講，有些人超越了他，但是在道德方面，他是「至高無上」的。但在〈萊布尼茨〉章裡他在稱讚萊氏為千古絕倫的大智者之後立即譴責他，說「按他這個人來講卻不值得敬佩」。他還寫道：「的確，在一名未來的雇員的推薦書裡大家希望提到的優良品質，他樣樣具備：他勤勉、儉樸、有節制，在財務上誠實。但是他完全欠缺在斯賓諾莎身上表現得很顯著的那些崇高的哲學品德。」羅素在這一章以及在《萊布尼茨哲學述評》一書中甚至還說萊布尼茨為了「討王公后妃們的嘉賞」以追求世俗的名利的東西，竟然搞了兩套哲學：一套是他公開宣揚的，講樂觀、守正統、玄虛離奇而又淺薄，是專門用來「應付」王公后妃們的；另一套是萊布尼茨著作的相當晚近的編者們從他的手稿中慢慢發掘出來的，這是一套「好」的哲學，他羅素本人的《萊布尼茨哲學述評》著重考察和闡述的就是這後一套哲學。這後一套哲學之所以「好」，無非是在於它是從少數幾條「前提」出發，經過相當嚴密的邏輯推理而構成了一個演繹系統。用羅素本人的話講就是它內容深奧，條理一貫，富於斯賓諾莎風格，並且有驚人的邏輯性。誠然，羅素同時也還是認為萊布尼茨所據以構成整個系統的幾條前提或原則彼此之間並不一致，而其推理過程中也還是有許多漏洞。這樣看來似乎也並不怎麼「好」。但這似乎未曾對羅素的萊布尼茨有兩套哲學的信念和觀點產生任何實質性的影響。

我們並不否認羅素對萊布尼茨哲學的闡述和評論有某些可供借鑒之處，我們也不否認萊布尼茨有一些未公開發表或雖已發表而並未引起注意的有價值的思想，值得進一步發掘和探討。但總的說來，羅素對萊布尼茨哲學的上述評價只能是一種門戶之見。我們認爲一種哲學的好或壞主要在於它是否符合客觀實際，能否正確或比較正確地說明世界以至改造世界，是否爲社會歷史上進步的階級服務，從而推動歷史的前進。這是評價一種哲學好壞的唯一科學的標準。因此即使如羅素自詡爲新發現的另一套哲學那樣，能從少數幾條作爲前提的原則出發經過較嚴密的邏輯推理而構成一個演繹系統，如果這些原則及其結論並不符合客觀實際，並不能正確說明世界， 就完全談不上什麼好， 而萊布尼茨的哲學，不論是羅素所說「流俗的」或「祕而不宣的」，都是唯心主義的，因此總的說來都不能十分正確地說明世界，也就都說不上什麼十分的好，而那套東西旣是「祕而不宣的」， 並無多大社會作用，也並不值得對它比對他公開的哲學更加重視。這就是我們並不和羅素一起去窮究他那一套「祕而不宣」的哲學，而仍著重闡述其爲一般人所熟知、從而有較大社會影響、起過較重大歷史作用的哲學觀點的主要理由。

其實照羅素所闡述，萊布尼茨的所謂「祕而不宣的」哲學和「流俗的」哲學之間，也並無截然的鴻溝，其基本原則和基本結論也並非有什麼本質的區別，至多只是在論證方式上有所不同而已。誠然，在他原先未公開發表的手稿中，有些觀點若加以邏輯的推演，則可以得出接近斯賓諾莎的唯物主義的結論而排除了上帝創世的作用， 這是值得注意的。 例如， 在其有關邏輯的殘篇中，有一條關於存在的定義的論述，說到「存在就是能與最多的

事物相容的、或最可能的有，因此一切共存的事物都是同等可能的。」羅素認爲，照此推論下去，則這世界就可以是憑定義就自身存在而無需上帝的「天命」，這就落到斯賓諾莎主義中去了。但其實卽使在其未發表的手稿中萊布尼茨也從未明確地作出過唯物主義的結論，而在其公開發表的哲學中，也未嘗不包含某些論點，如果把它邏輯地貫徹到底，就可得出和他自己所宣揚的唯心主義相抵觸的結論。因此也不可以說他未公開發表的哲學和他公開發表的哲學有什麼本質上的不同。誠然，萊布尼茨的哲學有兩重性，也有投王公后妃們之所好的一面，但旣然羅素所說的萊布尼茨有兩套哲學的觀點不能成立，則他所謂萊布尼茨專門有一套用來「討王公后妃們的嘉賞」的哲學自然也就站不住腳了。而且，一個哲學體系具有兩重性，或包含有自相矛盾之處，這種現象恐怕不限於萊布尼茨一人，卽使羅素本人也不能擔保他自己的哲學不存在這種情況。

第 二 章
萊布尼茨哲學的形成過程和面臨的主要問題

一、萊布尼茨所接受的以往哲學思想的影響

任何一種哲學思想的產生，除了受當時的社會條件、特別是階級鬥爭的實踐和生產鬥爭的實踐所決定之外，也都不能不受以往和現存的思想的影響，不能不是在人們所已積累的思想材料的基礎上形成和發展起來的。誠然，在哲學史上也有一些哲學家對歷史遺產抱根本否定的態度，力圖擺脫一切傳統思想的束縛，在全新的基礎上來建立自己的思想體系，但在實際上他們並沒有也並不能真正擺脫過去和現有的各種思想的影響，因為一個人，特別是人的思想，總是社會歷史的產物，要擺脫這種影響，就像魯迅（1881～1936）所說一個人想抓著自己的頭髮離開地球一樣是不可能的。

萊布尼茨是一個自覺接受歷史遺產的哲學家。關於他和歷史上許多哲學家的關係及其所受的影響，他自己在許多地方都曾有過明白的敍述。例如在《人類理智新論》的第一卷第一章中，萊布尼茨就寫道：

這體系（指萊布尼茨自己的體系——引者）似乎把柏拉圖和德謨克利特、亞里士多德和笛卡爾，經院哲學家和近代哲學家，神學、倫理學和理性，都結合起來了，它似乎從一切方面採取了最好的東西，然後又走得更遠，達到前人所未及的地步。

又如在1698年致巴納日的信中，萊布尼茨寫道：

對這個系統的考慮，也使人看到：當我們深入地來考察事物時，在大部分哲學派別中都可看到有比人們所認為更多的道理。如懷疑論派所說的在感性事物中缺乏實體的實在性；畢達哥拉斯派和柏拉圖派把一切還原為和諧，或數、理念和知覺；巴門尼德和柏羅提諾所講的沒有任何斯賓諾莎主義的一和甚至唯一的大全；斯多葛派那種和別人所講的自發性可以相容的聯繫；猶太和埃及的神祕主義者所講的認為一切都有感覺的生命哲學；亞里士多德和經院哲學家們所講的形式和隱德萊布；以及另一方面德謨克利特和近代人那種對一切特殊現象的機械論的解釋等等；所有這一切都被結合在一起，就像結合在一幅圖景的一個中心一樣，從這個觀點去看，整個對象（從別的一切觀點去看都被攪混亂了的）就顯出它的井井有條和各部分的和諧一致。

像這樣的段落，在萊布尼茨的作品中是屢見不鮮的，不必一一引述。而從上面所引的，我們也已經可以看到，萊布尼茨所接受的思想影響是極其廣泛的。他事實上是企圖把過去一切哲學派

別中他認爲好的東西都吸收進來，結合在自己的哲學體系中。我們看到，他所提到的這些哲學家，既有各種唯心主義的代表，也有唯物主義的代表。這當然說明萊布尼茨的哲學，是有明顯的折衷、調和的傾向的。但這決不是說萊布尼茨是無所選擇地兼收並蓄，或把過去的唯心主義和唯物主義思想等量齊觀、不偏不倚、同等看待的。事實上他主要只是繼承了過去的唯心主義哲學家的思想。卽使對於唯心主義，他也只是吸收了對他有用或適合於他自己的體系的觀點，並且對這些也不是原封不動地、現成地納入自己的思想體系中，而是加以改造、泡製，才成爲自己的體系中一個有機的組成部分。至於過去的唯物主義思想，萊布尼茨基本上是排斥、反對的。只是萊布尼茨之不同於有些唯心主義者的地方，是他並不簡單地把過去的唯物主義觀點一概拋棄或一筆抹煞，而是也吸取了其中某些可以爲自己所利用的觀點，對於這些觀點，則更不是現成地襲取，而是加以根本的改造，實質上把它轉化爲唯心主義的觀點了。

　　具體來說，萊布尼茨在其主要方面，是在各種不同程度上繼承或吸取了古代以來唯心主義路線的各派哲學家的觀點，其中包括：希臘早期的畢達哥拉斯派關於萬物都從「數」產生，並構成「和諧」的秩序的思想；埃利亞派的巴門尼德等人關於按「眞理」來說只有唯一的不變不動的「存在」，而變動不居的感性世界都只是不眞實的「意見」或現象的思想；特別是古代客觀唯心主義的最大代表柏拉圖認爲眞實的實體是精神性的「理念」，物質或感性事物都是不完善的、不眞實的，只是「理念」的「影子」的思想；亞里士多德以及中世紀的基督教經院哲學歪曲地利用亞里士多德宣揚的「形式」決定「質料」、「形式」是事物的

「本質」，以及每一事物都要實現它的形式，也就是要實現它的內
在的目的（「隱德萊希」）的唯心主義和目的論思想；斯多葛派關
於世界是一個活的有機整體，各部分都存在著密切聯繫的思想；
懷疑論派否認感覺的真理性或可靠性的思想；後期希臘新柏拉圖
派的柏羅提諾（約204～270）認為世界萬物都是從「一」亦即唯
一的神「流出」的思想；以及古代東方的猶太和埃及的宗教神
祕主義和認為一切事物都有靈魂的「物活論」或「萬物有靈論」
思想等等。這些也就是萊布尼茨關於真實存在的實體是精神性的
「單子」；每一單子都是一個有「知覺」、「欲望」的「靈魂」；「單
子」構成一個「連續」的系列；「單子」是從唯一的「上帝」流
射出來；上帝在創造「單子」之初便已預先決定了其全部發展過
程，因而構成整個宇宙的「前定和諧」；以及在認識論上貶低感
性認識而片面強調理性認識的唯理論觀點等等的主要來源。這也
可以看出萊布尼茨簡直是他以前一切唯心主義觀點的集大成者，
而主要是繼承了柏拉圖路線的客觀唯心主義。

　　但另一方面，萊布尼茨也採取了歷來唯物主義路線的一些思
想，其中主要的如：古代原子論者德謨克利特和伊壁鳩魯（前
341～270）等人以及近代伽桑狄等人認為構成事物的基礎必須是
單純的不可分的實體的思想；在中世紀特殊條件下代表唯物主義
路線的「唯名論」者認為真實存在的必須是個體事物的思想；文
藝復興時期布魯諾（1548～1600）關於「單子」的思想；以及古
代和近代的許多唯物主義者認為一切事物在自然過程中都是按照
本身的機械規律運動而不是受神或其他外力干預的思想，等等。
這也就是萊布尼茨認為作為實體的「單子」必須是單純的、不可
再分的，以及「單子」在發展過程中是由於「前定」而必然彼此

「和諧」，不必要上帝的隨時干預等等思想的淵源。但我們看到，這些觀點只是採取了以往唯物主義者觀點中的某一方面，而不是採取其唯物主義原則本身，並且這些觀點也都被轉化成原來的唯物主義觀點的反面，成爲萊布尼茨的唯心主義體系中的有機組成部分了，認爲唯心主義者只能繼承唯心主義者的思想，唯物主義者只能繼承唯物主義者的思想，而絕對不能互相繼承的看法是不合歷史事實的，不正確的；但認爲唯心主義者可以原封不動地繼承唯物主義觀點或唯物主義者也可以原封不動地繼承唯心主義的觀點則更是錯誤的，不僅不符合歷史的眞實情況，並且混淆了哲學上兩大陣營的界線。實際上任何一種思想上的繼承，不管思想家自覺與否，都必然是站在自己的特定階級立場，和依據自己的觀點、方法而對過去的思想或多或少地有所選擇和批判改造的。

二、萊布尼茨和當時歐洲著名思想家的關係

　　萊布尼茨哲學的形成，除了接受以往各種哲學思想的影響之外，也和他同時代的歐洲各國的許多思想家有密切的關係。這些近代思想家對他的影響，甚至比古代思想家的影響更直接也更重大。這種影響也是多方面的。萊布尼茨在許多問題上也接受或吸收了他同時代的許多思想家的觀點，但在更多的問題上毋寧是反對他同時代的許多哲學思想的。萊布尼茨是一個好爭論的、好論戰的唯心主義者，他的哲學體系可以說是在與他同時代的許多唯物主義者的鬥爭中形成和發展起來的。他的這些鬥爭對手，對他的思想也還是有著各種不同的影響。

　　這裡所說的同時代人，當然不是嚴格地限於和萊布尼茨同輩或同年紀的人，而是包括比他較早或稍晚，但和他的思想有直接聯繫的人；同時在這裡也不可能詳述和萊布尼茨思想有聯繫的一切人，而只限於一些有重大影響的哲學家和科學家。

　　首先看一看比萊布尼茨較早一個時期而對萊布尼茨的思想有直接影響的一些思想家，和他之間有些怎樣的聯繫。

　　這裡最先應該提到的是笛卡爾。笛卡爾可說是十七世紀上半期在法國以及歐洲影響最大的哲學家之一，在萊布尼茨的時期，笛卡爾哲學也還正在盛行。如前所述，早在童年，萊布尼茨就開始研究笛卡爾的著作了，並且在那個時期可說任何別的哲學家對萊布尼茨的影響都不能和笛卡爾相比。後來萊布尼茨在巴黎居住時期，還接觸到了笛卡爾遺留下來的手稿，並繼續研究了他的作品，特別是他的數學作品。萊布尼茨自己的發明微積分，就正是在笛卡爾發明解析幾何的基礎上進一步發展而達到的一個重大科學成就。萊布尼茨在數學上的成就已大大超出笛卡爾了，這很可能也是引使他在哲學上逐漸擺脫笛卡爾觀點的束縛的原因之一。當他遷居漢諾威以後，他就逐漸採取了公開背離笛卡爾哲學的立場。他先後寫過一系列評論或反駁笛卡爾及其學派的觀點的作品。他對笛卡爾的總的態度，可以從他自己的這樣一個提法中看得很清楚，這就是認為：「笛卡爾哲學當被看作只是眞理的入門。」這也就是表明他自己的哲學是從笛卡爾哲學出發的，但似乎已遠遠超過笛卡爾了。事實上，我們可以說，這話只有一半是眞理，而有一半則是錯誤的。因爲萊布尼茨的哲學，就一定意義來說，確是從笛卡爾出發並向前發展了的；但就另一意義來說，則是從笛卡爾哲學後退了。笛卡爾的哲學，在世界觀上，就其「形而上

學」的範圍來說是二元論，歸根到底是傾向唯心主義的，但就「物理學」的範圍來說則是一種機械唯物主義；在認識論上，基本上是一種唯心主義的唯理論，但也還是包含著某些唯物主義的成分，同樣有著二元論的色彩。總的來說，萊布尼茨在世界觀上是克服了笛卡爾的二元論，但他和斯賓諾莎相反，不是在唯物主義的基礎上來克服笛卡爾的二元論，而是在唯心主義和僧侶主義的基礎上來克服笛卡爾的二元論。但與此同時，萊布尼茨也確實批判並克服了笛卡爾的某些形而上學和機械論的思想，而發揮了某些辯證法的觀點。例如他反對笛卡爾的把物質的屬性看作僅僅是廣延性，而認爲作爲實體的東西必須本身包含著某種「力」，從而以特有的形式接近了某種物質自己運動的思想，就是一個明顯的例子。因此，就萊布尼茨是從笛卡爾哲學所提出的問題出發，在一定程度上克服了笛卡爾哲學的內在矛盾，特別是就其批判、克服了笛卡爾哲學的某些形而上學和機械論觀點，而發揮了某些有價值的辯證法觀點來說，確是對笛卡爾哲學的一種發展；但就其拋棄並反對笛卡爾哲學中的唯物主義方面來說，則是向徹底的唯心主義、僧侶主義倒退了。

　　比笛卡爾稍早的英國哲學家弗蘭西斯・培根及其思想的繼承者和系統化者霍布斯，以及和笛卡爾同時的另一法國哲學家伽桑狄，也都和萊布尼茨有著不同程度的聯繫。他們和笛卡爾在反封建的宗教神學和經院哲學方面有著共同點，都是代表新興資產階級的進步思想家，但在哲學觀點方面作爲唯物主義的經驗論者，又和笛卡爾相對立，霍布斯和伽桑狄都和笛卡爾進行過直接的論戰。這就說明他們和在另一立場上既繼承、發展又反對了笛卡爾哲學的萊布尼茨之間的關係，也必然是錯綜複雜的。

上面已經提到，萊布尼茨在幼年時也就讀過培根的著作。培根那種提倡實驗科學和面向自然的經驗知識的精神，對萊布尼茨也不是沒有啓發。但就以後的思想發展來看，萊布尼茨的哲學和培根所開創的唯物主義經驗論的路線是正相對立的。至於培根的直接繼承者霍布斯，萊布尼茨就和他有過直接的聯繫。如上所述，早在1670年，萊布尼茨在德國時就曾給霍布斯寫過信，但沒有得到答覆；幾年之後在巴黎時萊布尼茨又曾再度給他寫信。萊布尼茨在他二十幾歲的青年時代，屢次給霍布斯寫信，表示他對霍布斯非常敬仰和欽佩，這是值得注意的。霍布斯是當時著名的無神論者和唯物主義哲學家，在當時就是正受到教會人士和封建勢力的仇視和迫害的，萊布尼茨之對他表示崇敬，不能沒有某種意義；至少說明他和那些反動神學家的態度是有明顯不同的。但萊布尼茨之表示對霍布斯的推崇，也許可以從他對笛卡爾哲學的態度得到說明。因爲霍布斯正是當時日漸成爲官方哲學的笛卡爾主義的著名反對者，而萊布尼茨這時也已日漸背離笛卡爾哲學了，因此就在一定程度上和霍布斯有了某種接近。

笛卡爾的另一對手伽桑狄，和萊布尼茨的關係也是同樣微妙，同時也更加直接和密切。伽桑狄主要是恢復了古代希臘伊壁鳩魯的原子論哲學，並且和霍布斯一樣，站在唯物主義和經驗論的立場反駁了笛卡爾。當萊布尼茨放棄了他幼年時所接受的傳統的經院哲學，並且也日漸背離了笛卡爾哲學時，也就一度和伽桑狄的觀點有了某種接近，甚至一度接受了原子論的學說。後來雖然他又放棄了原子論的唯物主義觀點，但這種思想的影響，卻保留在他成熟以後的哲學體系中。例如當他反對笛卡爾的把物質實體單純看作廣延性時，就毋寧站在伽桑狄等原子論者的立場，認爲複

合的物體必須是由單純的、不可再分的單元構成的。但他後來終於又否定了原子論的唯物主義，認爲這種構成複合物的單純實體必須是精神性的，這就是作爲他的世界觀的基石的「單子」。這種「單子」，就一定意義說，是把物質性的原子精神化的結果，他自己有時也就把「單子」叫做「實體的原子」。可見萊布尼茨的世界觀的核心——「單子論」，在一定意義上也正是在伽桑狄所恢復了的「原子論」的基礎上發展起來的，只是發展到了它的反面，而成爲它的直接對立物了。這也是哲學史上唯物主義向唯心主義轉化的一個顯著的例子。

其次，讓我們看一看和萊布尼茨約略同時的一些思想家和他的關係。

早在萊布尼茨的青年時代，在德國時他已和一些思想家和文化人有過通訊等聯繫。特別是當他在巴黎居住時期，以及以後到英國、荷蘭、意大利和歐洲其他各國的多次旅行、訪問，使他和當時歐洲的許多著名的文化思想界人士有了廣泛的聯繫和親身的接觸，其中的許多聯繫都對萊布尼茨的哲學思想和科學成就有很大影響。

在巴黎，萊布尼茨接觸到的重要人物，除前面提到的安東・阿爾諾、惠更斯和馬勒伯朗士外，還有包敘埃。萊布尼茨一生活動的重要方面之一是調和天主教和路德新教，他在巴黎時和包敘埃的聯繫是他在這方面的活動的重要一環。包敘埃是這時巴黎高級僧侶的首腦人物，也是路易十四的宗教政策的決策者和執行者。萊布尼茨曾和他反覆討論及通訊，企圖找出使天主教和路德新教統一起來的途徑。包敘埃的態度實質上只是要新教徒無條件地改信天主教，因此萊布尼茨的企圖只能以無結果而告終。但這

種活動也深刻地影響到他的哲學思想，他就是力圖提供一個既能為天主教會也能為路德新教會所接受的理論基礎，以便為聯合兩個教會創造條件的。這樣做的結果只有使他的哲學理論體系既不完全符合天主教義也不完全符合路德教義，因而只能為雙方所拒絕。這種企圖調合不同教派，又企圖調和宗教和科學、信仰和理性的態度，當然是當時德國資產階級的妥協性所決定的，是不以萊布尼茨的個人意志為轉移的。而這也就給萊布尼茨的思想帶來致命的損害，使得作為偉大科學家的萊布尼茨在哲學上最終不能不陷於僧侶主義。

關於萊布尼茨和斯賓諾莎的關係，我們在前面已經談了許多，但還是有一點需要進一步交代。即是萊布尼茨和斯賓諾莎在思想上的聯繫，也和他對笛卡爾和伽桑狄、霍布斯等的關係一樣是相當複雜而且微妙的，這就是既接受了他的影響，甚至有共同之處，但又是相對立的。斯賓諾莎的哲學，在一定意義下也是從笛卡爾哲學出發。但他是站在當時荷蘭雖已取得革命勝利但並未完成反封建任務的進步的資產階級民主派的立場。從唯物主義方面發展了笛卡爾的哲學，也就是克服了笛卡爾的二元論而達到了唯物主義的一元論。他的以泛神論形式出現的世界觀體系，實質上是無神論的，「斯賓諾莎主義者」和「霍布斯主義者」一樣，在當時都是無神論者的同義語。就其從笛卡爾哲學出發，特別是就其唯心理論而言，萊布尼茨和斯賓諾莎確有共同之處或類似之處。但就另一方面來看，萊布尼茨是從唯心主義的方面來發展笛卡爾的哲學，並達到了徹頭徹尾的唯心主義的結論，這顯然又是和斯賓諾莎根本對立的。因此，說萊布尼茨剽竊了斯賓諾莎的觀點的流言，雖然「事出有因」，但畢竟缺乏事實根據，也缺乏邏

輯上的理由。萊布尼茨和斯賓諾莎的關係是一個值得進一步探討的課題。

　　上面我們也已經可以看出，萊布尼茨的哲學是在和他當時的許多哲學家的鬥爭中發展起來的。而萊布尼茨曾與之短兵相接、進行過長期的反覆搏鬥的一位哲學家，就是比埃爾・培爾（1647～1706）。馬克思在《神聖家族》（1844～1846）第三章〈對法國唯物主義的批判的戰鬥〉一節中曾指出：培爾是「使十七世紀的形而上學和一切形而上學在理論上威信掃地的人」，「他批判了形而上學的整個歷史發展過程。他爲了編纂形而上學的滅亡史而成了形而上學的歷史學家」，並指出「他主要是駁斥了斯賓諾莎和萊布尼茨」。培爾是法國一位新教牧師的兒子，曾一度改信天主教，又返回重新信奉新教，後來則因其自由思想而屢次遭受放逐和迫害。他的主要武器是懷疑，由對宗教的懷疑進而對作爲宗教的支柱的形而上學也表示懷疑。顯然他的思想是代表著十七世紀末至十八世紀初日漸壯大的法國資產階級反封建的要求的，但也還表現出明顯的不徹底性。他的一個主要觀點是認爲理性和信仰是不可調和的，實質上是爲了肯定理性而要否定信仰，但又還不敢公開對信仰採取堅決否定的態度。萊布尼茨生前發表的唯一系統著作《神正論》，主要目的之一就是反對培爾的這一觀點，而力圖來爲調和信仰和理性的觀點作論證。當萊布尼茨最初在巴黎一個刊物上發表了他的宣揚「前定和諧」的《新系統》時，培爾在其主要著作《歷史批判辭典》的「羅拉留」這一條目下曾加以批駁，這就引起了萊布尼茨和培爾之間反覆的論戰。論戰的結果，培爾當然仍舊不能接受萊布尼茨的根本觀點，而萊布尼茨也遠不認爲自己已被駁倒，反而在論戰過程中進一步發揮了自己的

觀點，甚至把在《新系統》中最初還只當作一種「假說」提出的
論點，簡直看成可以說已被「證明」了的「理論」體系了。

　　如果說萊布尼茨在世界觀方面的主要論戰對手是培爾，那麼
他在認識論問題上的主要論戰對手就是洛克。我們知道，萊布尼
茨曾站在唯心主義唯理論的立場，以他的《人類理智新論》對洛
克的唯物主義經驗論的代表作《人類理智論》逐章逐節甚至逐段
地進行了論戰。萊布尼茨的認識論理論，主要地也就是在與洛克
的鬥爭中發展起來的。當然，就根本觀點來說，洛克是站在唯物
主義立場上（雖然也還遠不徹底），而萊布尼茨的觀點則是唯心
主義的，是對唯物主義觀點的一種反動。但洛克的經驗論觀點也
是一種片面的、形而上學的觀點，本身也就包含著向唯心主義轉
化的可能性，而且事實上在巴克萊（1684～1753）、休謨（1711
～1776）那裡就轉化爲主觀唯心主義了。萊布尼茨本身的觀點，
不僅是唯心主義的，而且他那片面的唯理論也和片面的經驗論一
樣是形而上學的，因此就其全體來說是完全錯誤的。但當萊布尼
茨站在唯理論的立場來批判經驗論時，卻也常常抓住了片面經驗
論的一些弱點，從而也有其一定的貢獻。並且，萊布尼茨雖然就
根本立場來說是既反對唯物主義也反對經驗論的，但在論戰過程
中卻也不是完全不受洛克觀點的影響，並且也在一定程度上對經
驗論甚至唯物主義作了某種讓步。此外，當萊布尼茨反對洛克的
經驗論中那種機械的、形而上學的觀點時，也常常閃耀出辯證法
思想的光輝。萊布尼茨和洛克之間的這一場論戰，雖然就全體來
說雙方都是錯誤的（當然錯誤的性質和程度是不一樣的），但是
都對認識論的發展各自作出不同性質和不同程度的貢獻，並且對
往後哲學的發展，特別對康德（1724～1804）開始的德國古典哲

學的發展，都有巨大的影響。

　　最後還不能不提到的是萊布尼茨和牛頓的關係。牛頓也當和培爾、洛克等人一樣被看作是萊布尼茨的主要對手之一。萊布尼茨的觀點和牛頓的觀點之間是存在著明顯的對立的，但也許因為眾所周知的關於微積分發明權的糾紛，他們兩人之間的論戰不是通過直接的方式進行，而主要是通過萊布尼茨和牛頓的追隨者克拉克之間的通訊來進行的。這些通訊主要涉及牛頓物理學的世界觀的基礎或哲學原則問題，就近代物理學的發展方面來看是有特殊重要意義的。一般說來，牛頓的物理學基本上是建立在唯物主義世界觀基礎上的，但卻包含著明顯的形而上學和機械論的局限性。例如照牛頓的觀點是既把物質和運動割裂開，又把物質和空間時間割裂開，而肯定有所謂「絕對空間」和「絕對時間」的。萊布尼茨對牛頓的攻擊，當其站在唯心主義世界觀的立場來攻擊牛頓的唯物主義觀點時，當然是錯誤的。但萊布尼茨卻也以辯證法的觀點反對了牛頓派物理學的形而上學和機械論的觀點。因為照萊布尼茨看來，**實體本身就是「力的中心」**，是具有內在的活動力的，這就在唯心主義形式下接近了物質和運動不可分、物質自己運動的思想；萊布尼茨又把時間空間都看作只是事物前後相繼或並存的秩序，不能離開事物而有自己的獨立存在，因此特別反對了牛頓的絕對時空觀。現代物理學中相對論的發展，已證明了牛頓的絕對時空觀是不正確的，辯證唯物主義也肯定時間空間都是物質存在的形式，不能離開物質而獨立存在。這些觀點雖然不能說直接來自萊布尼茨，並且和萊布尼茨據以提出這些觀點的唯心主義立場也是對立的，但卻至少證明萊布尼茨之反對牛頓的觀點，是有其正確的方面的。

此外，和萊布尼茨有過通訊聯繫或某種接觸，或以其他方式進行過學術問題及其他問題上的探討或爭論的人是很多的，在這裡就不一一列舉了。

綜上所述，我們可以看出，萊布尼茨幾乎和整個十七世紀西歐各國所有重要的哲學家和科學家都有著或多或少的思想聯繫。除了他也從許多著名科學家和思想家得益，吸收了他們的許多成就並加以進一步發展而完成了自己的偉大科學成就之外，就哲學方面來說，萊布尼茨和當時西歐的絕大多數著名哲學家，卻都是站在對立的地位。就整個西歐來說，當時正是早期資產階級革命時期，資產階級是反封建的領導力量，在當時是革命的、進步的階級。在哲學戰線上，代表新興資產階級反封建革命的利益的機械唯物主義，是這一時期進步陣營中的主力軍：培根、霍布斯、笛卡爾（在「物理學」方面）、伽桑狄、斯賓諾莎，乃至牛頓、洛克，都是不同形式的機械唯物主義者。而萊布尼茨由於德國資產階級所處於的那種特殊的歷史條件所造成的極端軟弱性，卻不能接受這種唯物主義，而使自己站到了反對唯物主義的哲學立場上。他的哲學，主要地就是在反對當時資產階級哲學陣營中的主流 —— 機械唯物主義的鬥爭中發展起來的。但若從另一方面來看，萊布尼茨不僅在科學上有偉大貢獻，在哲學上他在反對和攻擊唯物主義的同時，也相當深刻而且機智地揭露了當時唯物主義的機械論和形而上學的缺點，從而發揮了某些光輝的辯證法思想。就其辯證法思想來說，萊布尼茨甚至可以說是超出了他的時代的。雖然總的說來他的體系也還是形而上學的，但在總的形而上學體系中卻包含著相當豐富的辯證法因素。如果說萊布尼茨是十七世紀唯心主義辯證法的主要代表，是並不算誇大的。當然，

他的辯證法不僅是唯心主義的，而且他的用辯證法觀點來反對機械論，也是為反對唯物主義的目的服務的，但也不能因此就抹煞他對辯證法思想發展的貢獻。總之，反對當時主要哲學家的唯物主義，同時也反對他們的機械論，這就是萊布尼茨和當時西歐主要哲學家的關係中最突出的一點。當然，這也並不排除萊布尼茨的複雜體系中還是包含著從當時唯物主義哲學家那裡吸取的有唯物主義意義的內容。

三、萊布尼茨哲學思想形成的過程

從上面關於萊布尼茨的生平及其思想淵源和對當時西歐主要思想家的關係的敍述中，我們已大體可以看出萊布尼茨的哲學思想形成的概況。萊布尼茨早在幼年時期就已經開始考慮哲學問題了。在他15歲入萊比錫大學以前，就已經讀過許多古代作家的作品；而當他進入大學並讀了一些近代作家的作品之後，就開始考慮是否要把經院哲學中的「實體的形式」恢復起來的問題。這也就已經開始顯露了他的思想傾向的端倪。但當時因為他又致力於法學和數學等方面的研究，就把這個問題暫時擱下了。在他大學畢業，以〈論個體性原則〉為題作畢業論文時，基本上是站在唯名論的立場上，這種強調個體的實在性的觀點也預示了他未來哲學的某種傾向，但這時期也還不能說他已經有了自己的成型的世界觀體系。到他大學畢業，離開萊比錫，到了法蘭克福，又從法蘭克福到巴黎居住的時期，他除了繼續探求政治、法律、宗教等問題，特別是研究數學，並在巴黎定居的末期已發明了微積分的主要原理之外，也一直在探求哲學問題，並且可以說這正是他向各

方面探索、醞釀創立自己的哲學體系的最重要時期。在這階段，笛卡爾哲學對他的影響是尤其值得注意的，可以說他正是因發現了笛卡爾哲學的各種困難和缺點，才努力想來尋找解決這些問題的途徑。他也正是抱著這個目的，訪問了笛卡爾學派的主要代表人物馬勒伯朗士，並特地到荷蘭訪問了斯賓諾莎。這些訪問對他都有很大影響，但都沒有解決他的問題而毋寧只是更促使他另闢蹊徑來解決他心目中的哲學基本問題。1767年，萊布尼茨離開巴黎，經英國、荷蘭而回到德國漢諾威定居。就在定居漢諾威的最初幾年，萊布尼茨終於逐漸形成了他自己的哲學體系的主要原則。而直到 1695 年，他在巴黎的《學人雜誌》(*Journal des Savants*) 上發表了他的《新系統》這一論文，可以說才第一次公開發表了他自己的哲學體系的主要綱領。

在《新系統》這一作品中，萊布尼茨也談到了他自己的哲學思想演變和形成的過程，這對我們在這裡的問題是特別有興趣的。萊布尼茨在其中寫道：

> 雖然我是一個在數學上很用過功夫的人，但從青年時代起我就從來沒有放棄過哲學上的思考，因為我永遠覺得，在哲學中可以有方法用清楚明晰的證明，來建立起某種堅實可靠的東西。我早先曾對經院學派鑽得很深，後來近代的數學家及作家們才使我跳出經院派的圈子，那時我還很年輕。他們那種機械地解釋自然的美妙方式，非常吸引我，而我對於那些只知道用一些毫不能給人什麼的形式或機能來解釋自然的人所用的方法，就很有理由地加以鄙棄了。但因為對機械原則本身作深入的研究，以便說明經驗使我

們認識的自然法則的理由，我就覺得，光只是考慮到一種廣延性的質量是不夠的，我們還得用力這一概念，這概念雖然已經落到形而上學的範圍，卻是很可以理解的。我又覺得，有些人要把禽獸轉變或降級為純粹的機器，這種意見，雖然理論上是可能的，但實際上看起來卻不會是這樣，甚至是違反事物的秩序的。首先，當我脫卻了亞里士多德的羈絆，就相信了真空和原子，因為這能最好地滿足想像。但自從經過深思熟慮而回過頭來以後，我就覺得，要單單在物質或只是被動的東西裡面找到真正統一性的原則是不可能的，因為在物質中，一切都只是可以無限分割的許多部分的聚集或湊合。而要有實在的復多，只有由許多真正的單元所構成才行，這種單元需別有來源，並且和數學上的點完全不同，數學上的點，無非是廣延的極限和變形，凡連續的東西決不能由這樣的點組合而成。因此，為了要找到這種實在的單元，我就不得不求援於一種可說是實在的及有生命的點或求援於一種實體的原子，它應當包含著某種形式或能動的成分，以便成為一個完全的存在。因此，我們得把那些目前已身價大落的實體的形式重新召回，並且使它恢復名譽，不過要弄得它可以理解，並且要把它的正當用法和現存的誤用分開。因此我發現這些形式的本性是在力，由此跟著就有某種和感覺及欲望相類似的東西，因此我們應該拿它們和對於靈魂的概念相仿地來設想。

萊布尼茨的這一段話，已相當清楚地自己說明了他的哲學思想演

變和形成的過程。一般說來，他最初由於所受的教育也接受了傳統的經院哲學，受著經院哲學中所講的亞里士多德學說的羈絆。後來近代的一些作家和數學家，實際就是笛卡爾、伽桑狄以及伽利略、霍布斯等近代機械唯物主義的哲學家和科學家的觀點，以及他們對舊的經院哲學的批判和鬥爭，使他拋棄了經院哲學的亞里士多德主義，而一度也接受了機械唯物主義的觀點，特別是笛卡爾的觀點和伽利略、伽桑狄等人用近代機械唯物主義的觀點加以解釋和恢復了的原子論的觀點。但不久他就在這些觀點中看出了機械論的許多缺陷和理論上的困難，如笛卡爾的把物質僅僅看作只有廣延性的唯一屬性，就既不能說明事物的自己運動，也不能說明事物的質的多樣性，抹煞了事物的個體性；而伽桑狄等原子論者的「原子」的概念又不能滿足眞正是不可分的單元的要求，因爲原子既有某種量，就不是原則上不能再分割的，此外這種彼此獨立的物質的原子在萊布尼茨看來也就不能構成眞正是「連續的」整體。而像笛卡爾那樣把物質實體和精神實體截然分開，認爲除人之外的動物由於沒有和精神實體相結合，就是純粹的機器的觀點，在萊布尼茨看來也是不合事物的秩序的。能看到這些缺陷和困難，本來表明萊布尼茨的見解有高出於當時一般的機械唯物主義水平之處。但萊布尼茨的悲劇在於他因爲看到了這些機械論的缺陷，就把唯物主義的原則也一概拋棄了，相反地他就倒回去求援於原來已被他拋棄的經院哲學，企圖把經院哲學中所講的「形式」以另一種方式恢復起來，這就使他退回到唯心主義哲學體系。這在一定意義下確實是經院哲學唯心主義的某種復辟。但它畢竟又不同於舊的經院哲學，因爲它是經過萊布尼茨那種近代科學、特別是數學的理性主義精神的洗禮，是經萊布尼茨

精心泡製過了的。它不單是比舊的經院哲學更精巧，同時也有了本質上全新的東西，這就是在反對機械論的過程中所取得的辯證法思想成果。

《新系統》中已經確立了萊布尼茨哲學思想的主要原則，他以後就只是在各種著述中及與別人的通訊或論戰中進一步發揮和充實這些原則，並把它們運用來解決各種問題而已。只是在《新系統》中他還沒有提出「單子」這個名辭，也還沒有用「前定和諧」的名辭。到後來，他才通常把自己的哲學系統叫做「前定和諧的系統」，稱自己為「前定和諧的系統的作者」；並且把他在《新系統》中所說的「實在的有生命的點」或「或實體的原子」叫做「單子」。具體地說，萊布尼茨是直到1697年才首次使用「單子」這一名辭的。也有一種說法，講萊布尼茨於1695年在致洛比達侯爵（1661～1704）的信件中就已提到「單子」一詞了。但是實際上，「單子」這個名辭本來古已有之，在布魯諾的哲學中也有這一概念，萊布尼茨也許是從布魯諾借用了這個名辭，但已給了它和布魯諾不同的意義。到晚年，他應別人的請求，對他自己的哲學體系作過幾次綱領性的總結，其中有一篇就是現在被看作萊布尼茨主要代表作的《單子論》（1714年），而他的哲學體系也就通常被稱作「單子論」了。《單子論》原本無篇名，「單子論」這個名稱其實是他死後由愛爾德曼在他所編的《萊布尼茨哲學著作集》（1840年）中第一次發表這一手稿時所加的，萊布尼茨本人似乎沒有使用過這個名辭。然而，不管怎樣，《單子論》確是萊布尼茨哲學成熟後的總結性作品，雖然其中的主要原則在《新系統》中也大都已經包含著，但在《單子論》中自然也有所發展，並且更系統化了，因此我們主要根據《單子論》來探討萊布尼茨

的哲學思想還是適宜的。自然，由於萊布尼茨的哲學思想是相當豐富而複雜，而《單子論》由於作品的性質又是很簡要概括，因此也只有更廣泛地通過萊布尼茨的其他各種作品和書信，才能比較深入地了解《單子論》及萊布尼茨的全面的哲學思想。

綜上所述，萊布尼茨哲學思想的形成過程，是一個曲折的演進過程。大體說來，他的思想可以分爲三個階段，其中經歷了兩次轉化。第一個階段是接受傳統的經院哲學的亞里士多德主義時期；第二個階段是拋棄經院哲學而接受了早期資產階級的機械唯物主義或伽桑狄等人所復興了的原子論觀點的時期；第三個階段則是又拋棄機械唯物主義而自己創立客觀唯心主義的「單子論」的時期。其中第一次轉化就是從傳統經院哲學的唯心主義轉化爲機械唯物主義；第二次轉化則是從機械唯物主義又轉化爲他自己的客觀唯心主義。在一定範圍內來說，第二次轉化是第一次轉化的逆轉，而他的作爲成熟以後的終身思想的第三階段的思想，是他的第一階段思想的復歸，換句話說，是經院哲學的唯心主義在萊布尼茨這裡所表現的某種復辟。只是這種復辟也不是一種簡單的再現，而是在內容和形式上都有了新的東西，並且可以說是在新的基礎上的復辟了。簡單說來，這整個過程，也正是一個否定之否定的過程。

這裡需稍加說明的是：萊布尼茨第一階段的思想，其實並不是他自己的思想，而只是傳統的封建的經院哲學的思想；他的短促的第二階段的思想，也並不是他自己的思想，而是文藝復興時期以來早期資產階級的許多先進代表人物的思想。因此在他的思想中由第一階段到第二階段的第一次轉化，卽由經院哲學的唯心主義到機械唯物主義的轉化，其實也並不是萊布尼茨自己所完成

的轉化，而毋寧說是文藝復興時期以來西歐各國哲學中所已完成的這一轉化過程在萊布尼茨思想中的再現。當然，旣是在萊布尼茨思想中的再現，也就不是沒有萊布尼茨自己的主觀方面的作用和帶上他個人的某些特點，但這些不是主要的，對問題的實質沒有重大的意義。由經院哲學唯心主義向早期資產階級的機械唯物主義轉化的這一個過程，對全部哲學史來說是一次重大意義的轉化，它的過程也是有異常豐富而複雜的內容的，是值得另外專門來從事探討的重大課題，但在這裡，我們旣以萊布尼茨的思想為主題，因此我們將只著重探討主要通過萊布尼茨自己所完成的第二次轉化，卽由機械唯物主義向唯心主義，具體一點說是向客觀唯心主義的「單子論」的轉化。

　　還需進一步強調指出的是：萊布尼茨自己說在他拋棄了經院哲學的亞里士多德主義之後，「就相信了虛空和原子」，似乎也就是接受了「原子論」的觀點。但其實，根據他在別處的論述和他的實際思想來看，他第二個階段所接受的思想，並不是古代「原子論」的樸素唯物主義和自發辯證法思想，而是「近代」的，卽早期資產階級的機械唯物主義思想。更確切一點說，他這個時期所接受的觀點，也並不是確定的或純粹的某一個哲學家的觀點，而毋寧是當時整個機械唯物主義思潮中的某些基本觀點。如上所述，萊布尼茨本來也曾一度接受笛卡爾的哲學，而且這種哲學的影響在他以後一生的思想中也是始終明顯可見的，他當時所接受的機械唯物主義觀點中，除了伽桑狄等所宣揚的原子論觀點之外，很大一部分也就是笛卡爾的「物理學」中的機械唯物主義觀點。萊布尼茨就是從揭露、批判、反對他所一度接受的以笛卡爾、伽桑狄等人為代表的機械唯物主義觀點著手，終於根本拋

棄了唯物主義而重新轉到了唯心主義的立場，提出了他自己的以
「單子論」聞名的客觀唯心主義體系。這樣，就在萊布尼茨這
裡，完成了機械唯物主義向「單子論」這種形式的客觀唯心主義
的轉化。這樣看來，深層次地討論萊布尼茨哲學思想的形成過
程，從根本上講就是一個昭示機械唯物主義哲學的內在矛盾，昭
示機械唯物主義向萊布尼茨唯心主義轉化的邏輯依據以及昭示萊
布尼茨所面臨的主要問題或探求萊布尼茨哲學的邏輯起點這麼一
個問題了。

四、萊布尼茨所面臨的主要問題

一個哲學家所面臨的主要問題在哪裡，他自己的哲學思想也
就從哪裡開始，因此要了解和闡釋萊布尼茨的哲學思想，要探求
萊布尼茨哲學的邏輯起點，也就必須先弄清楚他心目中所面臨的
是怎樣的哲學問題。

一切哲學家所要解決的最根本的問題，當然歸根到底是思維
和存在、精神和物質何者是第一性的問題。但這個哲學基本問題
在各個時期乃至在各個哲學家所表現的具體形式，卻可以是千差
萬別的。甚至在許多哲學家，也可能是從一些另外的問題著手，
但對這些問題的解決，最後也必然要歸結到、或取決於這一哲學
基本問題的解決。

就萊布尼茨來說，他所要解決的問題，歸根到底也是這個哲
學基本問題。萊布尼茨把實體概念看作自己哲學的中心，宣布
「實體概念是（了解）深奧哲學的關鍵。」這就意味著他是比較
自覺地把回答世界的統一性或精神與物質何者第一性的問題規定

爲自己哲學的根本任務的。因爲他所謂「實體概念」的問題，所謂如何來確立「實體」的概念的問題，實質上也就是應該把世界的第一性的實在看成是什麼的問題。他的這個問題，也不是憑空提出來的，因爲這是哲學中自始就存在的最根本問題，而萊布尼茨則是針對著當時哲學界對這問題的各種解決，主要是針對當時機械唯物主義的各種實體觀念，而提出他的問題和解決辦法的。一般說來，他是看到了當時的機械唯物主義的實體觀念的各種矛盾，而力圖來解決這些矛盾；但結果卻是根本拋棄了唯物主義的觀點，而提出了比較徹底的唯心主義的實體觀念。

萊布尼茨是怎樣來看當時哲學中的這些矛盾的呢？他在生前發表的唯一一部大部頭著作《神正論》的序言中，有這樣一段話很可以說明他心中的主要問題。他說：

> 我們的理性常常陷入兩個著名的迷宮：一個是關於自由和必然的大問題，特別是關於惡的產生和起源的問題；另一個問題在於有關連續性和看來是它的要素的不可分的點的爭論，而這問題牽涉到對於無限性的考慮。前一個問題煩擾著幾乎整個人類，而後一個問題則只是得到哲學家們的注意。

這就是說，萊布尼茨認爲主要解決的問題，一個是「自由」與「必然」的矛盾問題；另一個是「連續性」和「不可分的點」的矛盾問題。他的《神正論》主要就是企圖解決前一個問題的，而他的其他的哲學著作則可以說是主要就是要來解決「連續性」和「不可分的點」的矛盾問題。

「自由」和「必然」的問題當然也是哲學中的重大問題，它的解決也必須取決於哲學基本問題的解決，並且也只有站在哲學基本問題的高度上才能得到根本性的解決。我們將看到，萊布尼茨也在他的哲學體系中提出了他自己對這個問題的解決辦法。一般說來他解決這個問題的觀點是唯心主義的，但也有光輝的辯證法因素。只是在這裡，我們首先要加以考慮的是另一個問題，即「連續性」和「不可分的點」的矛盾問題，萊布尼茨自己也是只把這個當作專門「哲學家」的問題，而把前一個問題當作「一般人」的問題的。

所謂「連續性」和「不可分的點」的矛盾問題，就是說，照萊布尼茨看來，有些哲學家把「實體」看成是「連續的」，而另一些哲學家則把「實體」看成是一些「不可分的點」，這樣就形成了針鋒相對的衝突。因此歸根到底這個問題牽涉到作為世界的根本實在的「實體」是什麼樣的東西，也就是直接牽涉到哲學基本問題的。用另一種方式來表述，這個問題實質上也就是「全體」和「部分」的關係的問題，或一般與個別的關係問題。所謂「連續的」，實際就是指一個不是機械地堆集、而是有機聯繫著的「整體」或「全體」；而所謂「不可分的點」，是指本身獨立自主、而又成為構成全體的要素的各個部分或最根本的「單位」或「單元」。若就另一角度來看，連續的就是指一般，而不可分的點就是指個別。在那個時代的哲學中，以笛卡爾和斯賓諾莎等為代表的一派，是把實體看成「連續」的，從而肯定了全體的實在性而犧牲了部分的實在性；反之，以伽桑狄等為代表的原子論派，則是把實體看成「不可分的點」，這樣就肯定了部分或「單元」的實在性，但又犧牲了「全體」或「整體」的實在性。事實上，

在笛卡爾的哲學中，是把實體看成某種完全排除了一切特殊性質的抽象的「一般」，如他所說的精神實體實質上是排除了一切具體的思想內容的抽象的一般的思想，而他所說的物質實體就是排除了一切事物的特殊性的抽象的一般的「廣延性」。確實，笛卡爾也就是因為肯定物質實體就是廣延性，因此否認有廣延性而無物質的「虛空」；既然沒有虛空，整個世界自然就是「連續」的，從而他也否認有那種為虛空所隔開，而本身又不可再分的原子；並且在他看來，物質實體既是連續的，如果它是可分的，則就應該是「無限」地可分的，因此那種原則上不可再分的物質的「原子」是不可能有的。笛卡爾在物理學上確實是反對原子論的，他在一定意義下也確實是肯定了實體的「連續性」而否定了「不可分的點」。斯賓諾莎在某一意義下是把笛卡爾的哲學貫徹到底，除了以唯物主義的一元論克服了笛卡爾的二元論之外，在這裡所討論的問題方面，他基本上也是繼承了笛卡爾的路線。特別是斯賓諾莎肯定「實體」就是唯一的，也就是把宇宙全體本身看成是唯一的「實體」，而宇宙間的一切個體事物，在他看來就都是這唯一實體的各種「樣式」，作為「樣式」，就都只是依賴實體而存在，而不能自己獨立存在的。這樣他就確實有肯定全體或一般而否定或至少是貶低部分或個別的實在性的傾向，用萊布尼茨的術語來說，也就是肯定了「連續」而犧牲了「不可分的點」。

　　另一方面，伽桑狄等原子論者則顯然是肯定世界萬物都由「不可分的點」即「原子」構成，而這些原子都是由「虛空」隔開的，因此整個世界也顯然不是「連續」的。事實上，宇宙全體在原子論者那裡只是無數原子的一種「機械的堆集」而不是一個「有機的整體」。他們確實是有肯定了部分而犧牲了全體的實在

性的缺點。

應該指出，笛卡爾和斯賓諾莎作爲一邊，原子論者作爲一邊，他們兩方面在這個問題上的對立（撇開笛卡爾在「形而上學」方面的二元論不談）是唯物主義陣營內部的對立，他們在肯定世界實體的「物質性」這一點上是共同的。但由於他們都是形而上學的機械論者，不能把全體與部分、一般與個別辯證地結合起來，因此就各陷於一個片面，而形成彼此的對立與衝突了。萊布尼茨確是抓住了這個矛盾，這是他的高明之處，也是他在哲學史上的卓越貢獻。在他看來，連續性和不可分的點，也就是全體和部分、一般和個別的實在性都是不能否認的。他也就把解決這個矛盾作爲自己的哲學的主要任務。這也說明他對這個問題的看法是有寶貴的辯證法精神的。這問題本身就是一個辯證法的問題，也只有用辯證法才能解決。但萊布尼茨由於時代的局限性和我們上面已一再指出的階級的局限性，卻不能在唯物主義的基礎上來解決這個問題，或在解決這個問題的過程中仍保持它的唯物主義，而是因爲看到這種觀點的機械論的局限性就連它的唯物主義基礎一起拋棄，而走到唯心主義方面去了。但與其說是不自覺地滑到唯心主義去，倒不如說他是由於他所代表的德國資產階級向封建勢力討好的需要，本來抱定自覺地建立一個唯心主義體系的目的的。因爲我們知道他本來就有創立一個新的實體觀念，以便爲他的調和宗教中的不同教派，也調和信仰和理性、宗教和科學和目的的服務的企圖。而當時機械唯物主義觀點本身所包含的這種矛盾和困難，正好給了可乘之機，他也就抓住這個弱點而對唯物主義本身發動攻擊，並且在與唯物主義進行鬥爭的過程中來建立起他爲上述目的的服務的唯心主義哲學體系了。

第 三 章
萊布尼茨哲學所根據的基本原則

如上所述，當萊布尼茨登上哲學舞臺時他面臨著兩個重要的哲學問題，一是自由與必然的矛盾問題，另一個是連續性與不可分的點的矛盾問題。萊布尼茨既然感覺到這一點，他便自然地把自己的哲學思考集中在這樣兩個問題的解決上。然而，一如弗・培根為要構建自己的「實踐的新哲學」需要掌握一種有別於亞里士多德的哲學思維原則或哲學思維工具，需要有一種「新工具」一樣，萊布尼茨為要解決他所面臨的問題，為了構建自己的哲學體系，也就需要鑄造和掌握一種有別於前人的哲學思維原則或哲學思維工具。於是他在同一原則（矛盾原則）的基礎上新提出了充足理由原則和圓滿性原則這樣兩條哲學的或形而上學的思維原則，以為他解決上述問題，構建自己哲學體系的工具。

一、充足理由原則的提出

在西方哲學史上，通常把笛卡爾、斯賓諾莎和萊布尼茨看作近代理性主義的三個主要代表人物，但是他們的哲學所根據的原則卻不盡相同。在萊布尼茨以前，大陸理性派哲學家都奉矛盾原則或矛盾律為他們哲學的最高思維原則，只是到了萊布尼茨，

才明確地意識到矛盾原則之不足用，另提出了新的「充足理由原則」。

大陸理性派哲學的創始人和奠基人笛卡爾是以矛盾原則爲其哲學的最高思維原則的，這從他的哲學的或形而上學的第一個原理「我思故我在」就可以看出來。「我思故我在」，是笛卡爾哲學體系的第一塊奠基石，也可以說是西方世界經過中古千餘年的盲目信仰時代而過渡到資本主義初期的「理性」時代的一個標誌，是有劃時代意義的。這一句話，自然不是輕易喊出來的。拋開歷史和時代的醞釀不說，這在笛卡爾自己也是經過許多摸索、探求、苦思，然後才發見的一條他認爲清楚、明晰、自然而不可爭辯的「眞理」。當然，笛卡爾的這一公式，雖然有反對傳統權威，肯定個人的獨立思考和理性尊嚴的反封建的進步意義，但建立在這一公式上的世界觀歸根結底不能不陷於唯心論。因此這當然不是什麼無可爭辯的眞理。但在這裡批判笛卡爾的這一思想未免離題太遠，我們只限於指出，這一「眞理」（姑且稱之爲「眞理」），笛卡爾認爲並不是由推論而得，它之爲「自明的」，乃是因爲它有直接當下的「直觀的確定性」。也就是說，得到這一「眞理」，不是還根據什麼更根本的前提，然後照三段論的推論，得到這樣的結論，而是就從思想本身著眼直觀地得到的。質言之，這一「眞理」不是基於別的，而是基於思維的自一致或自確證，卽基於思維的矛盾原則。

爲了把這一點講得再清楚一點，我們不妨對笛卡爾的「我思故我在」原理稍稍具體分析一下。「我思故我在」有兩個基本的函項，一個是「我思」，另一個是「我在」，它們都是以思維的自確證爲基礎的。首先，就「我思」而言，它的眞理性顯然在於思

維的自確證。我們知道，笛卡爾有一個最基本的哲學信念，這就是：哲學或整個知識大厦必須建立在確實可靠的基礎上。不過，笛卡爾認為，爲要找到這種確實可靠的基礎，就必須排除一切「浮土和沙子」，儘可能地把所有的事物都來懷疑一次。但是當他進行懷疑考察時，他發現了一個他認爲不容置疑的事實，這就是「我在懷疑」即「我在思維」這件事本身。這裡需提及的是，笛卡爾關於「我思」的確認或明證是在他對「我思」作出下述理性抽象的基礎上完成的，這就是他先從「我思」中抽象出「我思本身」與「我思對象」，然後再把我思對象「懸置」起來，從而得到一個純粹的與外在對象的存在完全無干的「我思」。這樣，他對我思的確認或明證便完完全全成了人的思維或人的意識的自確證，與外在對象毫無關係，也就是說，這既無需經上帝的首肯，也無需得到上帝創造的自然物的「支撐」。其次，就「我在」論，它的眞理性也是明顯地基於思維的自確證的。在笛卡爾的形而上學裡，「我思」的確認或明證只是「我思故我在」原理的邏輯前提，因此，笛卡爾在從「我思」中抽象出「我思本身」與「我思對象」、完成「我思」的自確證之後，便進而從「我思本身」中抽象出「我」來，並且從「我思」的明證性中昭示出「我在」的明證性，昭示出「我思故我在」的明證性。在笛卡爾看來，既然「我思」是確定無疑的，「我在」也就是同樣確定無疑的。因爲「我非常清楚地見到：必須存在，才能思想。」這樣，他就由「我思」出發遵循矛盾原則合乎邏輯地得出了他的哲學第一原理——「我思故我在」。

這裡還需強調指出的是，在「我思故我在」這一命題中，「我思」與「我」、「我」與「思」以及「我思」與「我在」之間

存在著一種直接的同一性。首先我思與我、我與思之間的同一性完全是直接的。在笛卡爾的心目中，「我」是什麼？無非一個「思」而已。關於這一點，笛卡爾本人在《形而上學的沉思》和《談方法》裡講得很清楚。他說：「我究竟是什麼東西呢？一個在思想的東西。什麼是在思想的東西呢？就是在懷疑、理解、理會、肯定、否定、願意、不願意、想像和感覺的東西。」他又說：「我是一個實體，這個實體的全部本質或本性只是思想。」從他的這些話中我們不難看出笛卡爾的「我＝思」、「思＝我」的哲學公式。其次笛卡爾的「我思故我在」命題中的「我思」與「我在」之間的同一性也是直接的。依照笛卡爾的觀點，「我在」根本不處於「我思」之外，離開了「我思」就根本沒有什麼「我在」可言。笛卡爾在《談方法》裡談到「我小心地考察我究竟是什麼」時說了下面一番話，是很值得體味的。他說，當進行這種考察時，

> 我……發現我可以設想我沒有身體，可以設想沒有我所在的世界，也沒有我所在的地點，但是我不能就此設想我不存在，相反地，正是從我想到懷疑一切其他事物的真實性這一點，可以非常明白、非常確定地推出：我是存在的；而另一方面，如果人一旦停止思想，則縱然我所想像的其餘事物都真實地存在，我也沒有理由相信我存在。

有人會說，「我思故我在」中既有一個「故」字也就表明了我思與我在不是一種直接的同一性，而是一種間接的同一性，它們之間有一種基於因果關係的推證性。這種說法貌似有理，其實是站

不住腳的。首先，凡因果關係都內蘊有時間上的先後關係，然而依照笛卡爾本人的見解，在我思與我在之間根本不存在時間上的先後關係，說我思在先不行，說我在在先也不行。因此，如果說在它們之間有什麼先後關係的話，那也是一種純然的無時間性的邏輯先後關係。再者，嚴格地講，在我思與我在之間也根本不存在什麼推證關係。一方面，我們不能說我在是從我思中推證出來的；另一方面，我們也不能說我思是從我在中推證出來的。笛卡爾本人在解釋「我思故我在」時說，「我」發覺在這個命題裡面，「並沒有任何別的東西使我確信我說的是眞理，而只是我非常清楚地見到：必須存在，才能思想。」這句引文中有兩點值得注意：一是他所謂「我思故我在」意指「必須存在，才能思想」，而不是「因爲思想，所以存在」；二是他使用了「見到」二字，所謂「見到」自然不含什麼推證，而僅意指一種「直觀」，一種後理智的直觀。

矛盾原則之爲笛卡爾所根據的最高原則，不僅可以從他的哲學的第一原理「我思故我在」看出來，而且還可以從他建構哲學體系的思路，從他的哲學方法和眞理標準看出來。綜觀笛卡爾的全部哲學，是要先求得一條「自明」的公理，然後根據這公理，用所謂「自然的靈明」，演繹出整個系統，即首先證明上帝的存在，然後證明這世界的存在，以建立起整個世界觀。這裡所謂「自明」，其實就是自確證，就是不自相矛盾。而從最初公理以下的推理，更完全用的是分析的演繹的方法，其所根據的就是「矛盾原則」。關於眞理標準，笛卡爾有一句很著名的話，即「凡是我們十分明白、十分清楚地設想到的東西，都是眞的。」這就是說，一個觀念之爲眞，不在別的，只在於它自身的清楚明白，

通體一貫，無矛盾。最初的公理是清楚明白的，然後逐步往下推論，每一步的命題也都是清楚明白的，這樣所得的知識，在笛卡爾看來就是真知識。而一切知識，最後都應該能歸結到這一種知識，才是真的，否則就是不真實的或虛幻的。因此，在笛卡爾看來，真正的知識只有一種，就是根據自明的公理分析演繹而得的知識，換句話說也就是「先天」（a priori）的知識。求得這種知識所用的方法是演繹法，所根據的思維原則就是「矛盾原則」。

關於笛卡爾所根據的最高思維原則，笛卡爾本人也有過明確的交代。在〈求真篇〉中，笛卡爾借歐多索（Eudoxus）之口說：

> 如果我判斷得對，現在你應該開始發見，只要一個人正當地運用他的懷疑，便能從中推出最確切的知識，這種知識之確切有用，有過於經那一般認作一切原則所從和所歸的基礎與中心的大原則中所推出的那些知識，這個大原則便是：「同一事物不可能同時既是又不是。」

顯然，笛卡爾在這裡所說的「同一事物不可能同時既是又不是」這條大原則正是哲學史上所謂形而上學的矛盾原則。他既然把它看作「一切原則所從和所歸的基礎與中心」，則「矛盾原則」至少在他心目中，在他哲學中的至上地位是確實無疑的。斯賓諾莎在世界觀上是一個偉大的唯物主義者，他的哲學體系在表現形態上和笛卡爾是大不相同的，但他的哲學所根據的基本思維原則，則大體上與笛卡爾的無異。如果說他們在後一個方面有所差異的

話，那就是斯賓諾莎在堅持和貫徹形而上學的矛盾原則方面，比
起笛卡爾來在許多方面都有過之而無不及。賀麟先生曾經說過，
哥侖布是開拓地理世界的英雄，伽利略是開拓物理世界的代表，
斯賓諾莎是開拓天理世界的先覺。在他看來，斯賓諾莎之所以能
成爲開拓天理世界的先覺，首先就在於後者制定了開拓天理世界
的新工具或新方法，這就是知識的直觀方法。這是很有見地的。
我們知道，斯賓諾莎在其《倫理學》中曾把知識分成三類，這就
是「意見」、「理性」和「直觀知識」。他認爲最可靠的知識就是
直觀知識。而直觀知識之所以會比理性（卽推理知識）更可靠，
其原因就在於它是直觀知識，用斯賓諾莎自己的話講就是：直觀
知識是「直接認識一件事物的正確本質」的知識，而不是「由於
一件事物的本質從另一件事物推出」而得來的知識。這就是說，
直觀知識之所以確實無誤，其根本原因就在於它的「直接」性。
斯賓諾莎所說的直觀並非感性直觀，而是一種後理智的直觀或超
理智的直觀，類似於佛家所謂的「慧眼」，莊子所謂的「道觀」，
朱子所謂的「理觀」，這一點自不待言。這裡我們需要指出的是，
斯賓諾莎之所以強調認識的直觀法，其原因乃在於唯有通過直觀
才能獲得眞觀念。這是因爲在他看來，眞觀念之爲眞就在於眞觀
念自身，在於它的直接的自一致，在於它自身的清楚、明白和恰
當。他把眞觀念看作唯一的眞理標準，甚而斷言：眞觀念不僅是
自身的標準，是眞理的標準，而且也是錯誤的標準，「正如光明
之顯示其自身並顯示黑暗」。這就表明，在斯賓諾莎看來，爲獲
得眞觀念，捨直觀而決無他法。眞觀念雖然是無須推理就能獲得
的，也是不能通過推理而獲得的，但它而且也唯有它才能構成所
有推理的眞實前提。正因爲如此，斯賓諾莎給自己的哲學方法卽

「幾何學方法」設定了三項基本內容：借直觀獲得眞觀念，據眞觀念去界說，據界說去思想。他的主要哲學著作《倫理學》，在形式上就是嚴格遵循這一方法寫成的。他的《倫理學》所含各部分，都是先爲若干主要的概念下明確的「定義」（即界說），然後提出若干他認爲是自明而無可爭辯的「公理」，最後依據這些「定義」和「公理」演繹、推論出「整套」的「命題」。由此可見，斯賓諾莎和笛卡爾一樣，其哲學所根據的最高思維原則也是矛盾原則，即「甲不能既是甲又是非甲」，或者如萊布尼茨所說，必然的眞理是「同一的命題，它的反面是包含著矛盾的。」❶

到此爲止，笛卡爾和斯賓諾莎的主張，就其某一觀點看來也許可以說並沒有錯。因爲一個理論或思想總不能包含著邏輯上的自相矛盾。但這無論如何是不夠的。因爲思想總是有內容的，而從這樣的方法所得的只能是形式的、抽象的、空洞的知識。光用這樣的方法來處理哲學問題，對另外一類的問題也無法解決。萊布尼茨也不認爲「矛盾原則」是不對或不可用的，他只是認爲它作爲一條獨立原則，適用於某一類的眞理，而需要另一條原則來加以補充，以作爲另一類眞理的標準。因爲如果矛盾原則是眞理知識的唯一標準，那麼凡不是自相矛盾的就都是眞的，而除非能指明它不是自相矛盾，就不能說任何一個認識爲眞的了。但我們怎麼能決定究竟是否自相矛盾呢？照笛卡爾派的方法是把一個可疑的陳述，加以分析，最後歸結到一個或者幾個命題，這種命題要是它的謂項很明顯地包含在它的主項之內，就可以看出它是不自相矛盾的。但萊布尼茨認爲有許多陳述實在無法用這樣的方法

---

❶ 《單子論》第35節。

加以試驗。因為有些陳述，是無法分析到一個最後結果的。因此我們就無法說它是否自相矛盾。例如說「今天天晴」，可能是一個完全真的命題，但就決然無法分析而歸結到「自明」的命題。這種命題不是「必然地」真而是「偶然地」真的。它之為真不是基於事物的永恆本性，而是為許多別的真理所決定的，而這些別的真理又各各需要無窮的分析。這種偶然的真理，如果確乎是真的而並不是錯誤的陳述，卻也得給它某種根據或理由。如果不能給它一個在事物的原則之中的絕對而永恆的理由，至少也得能給它一個滿足的或充分的理由，來說明它為什麼是這樣而不是那樣。因此，萊布尼茨就在「矛盾原則」之外，又新提出了「充足理由原則」，與之並列。

所謂充足理由原則，無非是強調「沒有什麼東西是沒有理由的」(Nihilest sine ratione)，因而總是向人們發出命令，要人們去不停頓地追問事物的理由，向自己提出一個又一個的「為什麼」。正是這種探求「理由」的衝動和欲望，才使人類擁有了科學、神學和哲學。哲學在一個意義下可以說就是一門探求萬物存在最根本的理由的科學。我們說泰勒斯（前624～547）是西方哲學史上第一個哲學家，只是因為他在西方思想史上第一個探求了萬物存在的根本理由，提出了「水是萬物的始基」這樣一個命題。德謨克利特的名言：「只要找到一個原因的解釋，也比成為波斯人的王還好。」更是有力地表達了古代哲人義無反顧地探求萬物存在理由的堅定信念。任何一個哲學要想完全擺脫充足理由原則的支配是不可能的。如上所述，笛卡爾和斯賓諾莎雖然都奉矛盾原則為最高思維原則，但他們也都還是以這樣那樣的形式運用了充足理由原則。

我們已經看到，笛卡爾的形而上學系統，是完全由「矛盾原則」指導之下發展出來的，但因為要從主觀或「純我」過渡到客觀或外界實在，他發現必得求援於一條原則，即萬物都必須有一動力因或「致動因」，這動力因或致動因至少是和它所產生的結果一樣實在，甚至應該更實在。這條原則，他只是這樣假定，而後來沒有想到要來證明它的有效性和必要性，而他對於上帝存在的證明及對於外部世界之存在的證明，其實所根據的都是這條原則。對上帝存在的各個證明，就理論的需要方面看來，是笛卡爾哲學系統的拱心石。它們的功用是在補救單只基於「矛盾原則」的一套邏輯的不完全的缺點。笛卡爾既堅持著心對物、思想與外界存在的二元論觀點，就不能光只以一個對最圓滿的「在」的「觀點」為滿足，他必須說和這觀念相對的是有這樣實在的存在。以觀念之清楚、明白，他已建立了思想自一致或自一貫的標準。一種清楚明白的觀點已經十足可以滿足思想，但他還必須指明這樣的觀念有它客觀的效準，還得指明確乎實際有這種觀念所代表的東西存在。而照笛卡爾的說法，我們這種清楚明白的觀念之有客觀的效準，是由一位實際存在的上帝之真、之善、之通體一致或通體一貫來保證的。在他看來，上帝當然得有這些性質，否則就不成其為最圓滿的「在」了。笛卡爾在《談方法》第四部分中說：

> 甚至我已經看作一條規律的那條原則，就是我們清楚明白地設想到的都是真的，這條原則之能確定也只因為上帝是有的或在的，因為他是圓滿的「在」，並且因為我們所具有的一切都是從他而來的。如果我們不知道我們所具有的

> 一切實在並且真的東西都出自一個圓滿而無限的「在」，
> 那麼不管我們的觀念是如何清楚明白，我們就沒有根據因
> 此確信它們具有圓滿的真實性。

因此，除了那「純我」之外，在笛卡爾的形而上學系統中把一切最後都歸到這條未經解釋的原因原則上去了，他就是用這條原則以證明上帝的存在，也是用這條原則來建立客觀世界的實在性的。上帝必須存在，因為否則就沒有適當的原因來說明為什麼我們心中會有上帝的觀念存在了。還有，我們也得假定客觀世界的實際存在以作為我們心中某些觀念的原因，否則我們簡直就得假定上帝在欺騙我們了。

斯賓諾莎以自然這唯一實體為絕對確定的起點。因此他雖然也把自然本身叫做「上帝」，但卻無需也未做關於上帝存在的證明，然而他也不免要有原因這一觀念。表面上他是把因果關係歸結為一種邏輯的關係，有如一個幾何圖形和它的性質之間的關係那樣。但是為了在那唯一的完全統一的實體之中引入變化，他認為這實體是「自因」(causa sui) 的，這就用了原因的概念了。他用原因這個概念，以區別「能動的自然」(natura naturans) 與「被動的自然」(natura naturata)，作為一道橋樑，以接通他的邏輯所造成的無限（作為純粹的不定）和有限存在之間的鴻溝。「能動的自然」是實體之現於屬性中，或「作為一切存在物的自由因的上帝」，「被動的自然」為「一切隨神聖的自然之必然性而來的東西……也即上帝的屬性的一切樣式」。「自因」被分成為兩個階段：原因即「能動的自然」與結果即「被動的自然」，但兩者最後是同一的。如果不是這個實際無區別的區別，斯賓諾莎就

無法把那無限的實體和實際的世界認爲是同一的了。

這樣一個「原因」的概念，在笛卡爾與斯賓諾莎是未加證明地予以運用的，到萊布尼茨就在一種更普遍的形式下，看作一條獨立的邏輯原則，即「充足理由原則」了。每一個別事物的存在，不僅僅是要有一個適當的原因，並且得有充足的理由，而且這最後的「充足理由」，就在於上帝的全知全能全善。很明顯，這裡是把笛卡爾思想中所隱含著的以上帝性格的圓滿性作爲事物實在性的保證的那個意思，明白地發揮出來了。而斯賓諾莎的論證，雖然不甚一貫，也是基於一種深信，即以爲每一有限事物必須在一無所不包的大系統中有它的地位，也就是必須由包含無限圓滿性的「實體」或「上帝」的本性而來的。因此，在矛盾原則之外加上充足理由原則，似乎也並不是萊布尼茨全新的創造，而是在他的先驅者，特別是在他的直接先驅者的推理方式中發展出來的結果。他無非是爲了要調和他們本身的不一貫起見，把他們自己已經不加說明，並且不完全地應用著的一條原則，明白地提了出來而已。

我們說萊布尼茨的充分理由原則學說源遠流長，這絲毫不是在貶低他提出這一學說的歷史功績。相反，正是在這種歷史探源中，才更能昭示出萊布尼茨的哲學智慧。因爲充足理由原則的基本思想雖然自古以來就爲思想家和哲學家們所熟悉，但是直到萊布尼茨才第一次把這種思想作爲命題和法則提出來，並被當作一個決定性的命題和思維原則。而且，如上所述，前此的哲學家，包括笛卡爾和斯賓諾莎在內，運用的只是「原因」範疇而非「理由」範疇。原因（cause）和理由（reason）雖有關聯，但也並非是一回事。萊布尼茨提出充足「理由」原則，說明他所要探求

和強調的是事物的根本原因和最後根據，從而把這條古老的思想法則提升到了形而上學的高度，使之成爲一條形而上學的根本原則。這既是萊布尼茨哲學超越前人的一項重要表徵，又是萊布尼茨哲學得以超越前人的一個根本動因。

二、充足理由原則是「關於存在的大原則」

前面說過，充足理由原則的基本意涵是「沒有什麼東西是沒有理由的」。但這個命題中有一個很重要的往往被人忽視的字眼，這就是「是」。「是」這個詞，在拉丁文裡，就是「Nihil est sine ratione」中的「est」，在德文裡就是相應命題中的「ist」，在法文裡和在拉丁文裡一樣，在相應命題中也是「est」。這樣看來，在萊布尼茨使用過的主要語言裡「是」這個詞都有「在」或「存在」的意涵。因此，我們就不妨像海德格爾（1889～1976）那樣，把表達充足理由原則基本意涵的上述命題改寫爲「沒有什麼東西無理由而存在」。這樣一種更動，乍看好像是在做文字遊戲，但在實際上卻把潛藏在萊布尼茨充足理由原則裡的深層意涵抖落了出來，昭示出作爲存在原則的充足理由原則的眞正性質，從而解釋了萊布尼茨爲什麼要把充足理由原則稱作「關於存在的大原則」。

其實，「關於存在的大原則」不僅道出了充足理由原則的本質內容，而且還直接道出了萊布尼茨之所以提出充足理由原則的理由或根據。依照矛盾原則，在永恆必然的眞理中，一個命題的謂項總包含在主項中。但是，存在或存在性能夠構成這類眞理的一個要素嗎？它能夠成爲一個包含在這類命題的一個主項中的謂項

嗎？我們知道，存在總是有時間性的，總是以這樣那樣的形式同時間相關聯的。旣然如此，與它相關的命題就永遠不可能是永恆的必然的眞理。因爲永恆的眞理旣是永恆的，就是無時間性的，因而就只能是關於本質的命題，而不能是關於存在的命題，用我國哲學家馮友蘭（1895～1990）的話說就是「一片空靈」、「不著實際」的命題。這就暴露了矛盾原則的有限性，卽它不適用於關於實際存在的命題。而適用於這類命題的不是別的，正是萊布尼茨提出的充足理由原則。正是基於這種理由，萊布尼茨區分了兩類命題：關於本質的命題和關於存在的命題，並認爲前者屬於永恆眞理或必然眞理，爲矛盾原則的適用範圍，後者屬於偶然眞理或事實眞理，爲充足理由原則的適用範圍。

依據充足理由原則進行判斷的關於存在的眞理之所以爲萊布尼茨宣布爲偶然的眞理，其理由在於這種眞理對其反面的相容性。這是偶然眞理與必然眞理的一項根本區別，也是充足理由原則與矛盾原則的一項根本區別。因爲依據矛盾原則進行判斷的關於本質的眞理，卽永恆眞理或必然眞理，則完全沒有上述相容性。這又是因爲在一定的意義上我們可以說充足理由原則也適用於關於本質的命題，適用於永恆眞理或必然眞理。只是對於這類眞理來說，其理由之可稱爲充足，全在於事物或前提的自一致，在於它的通體一貫或無矛盾。但說一個東西本身沒有矛盾，等於說這東西若憑它自己，不牽涉到別的東西，它是可能的。因此，說一個東西若不是自相矛盾就是眞的或實在的，也就等於說一個東西若是可能的，就是眞的或實在的。萊布尼茨在一封致布爾蓋（Bourguet）的信中曾經明確說過：「我之稱一個東西爲『可能的』，就是說它是完全可以設想的並因此有一種本質、一個概念，

而不考慮到其餘的東西是否允許它存在。」但每一特殊事件或偶然眞理的反面，只要不是必然地包含著自相矛盾，就是可能的。像「等量加等量其和必等」這樣一條幾何學上的公理，它的反面是不可能的，因爲很明顯地它的反面包含著自相矛盾。但是，說「張三正在讀書」，這是一個事實，是一個「偶然」眞理，它的反面並不是不可能的，因爲就邏輯上說，「張三不在讀書」並不包含什麼直接的矛盾。因此，偶然事物的眞理，其根據並不在它們的可能性。在這種情形，並不是由於它們的本性，它們本身就一定是眞實的，而它們的反面就是不眞實的。它們的「充足理由」是在它們自身之外，在它們和別的事物的關係中的。就其本身看，「張三正在讀書」和「張三不在讀書」是同樣可能的。一切「偶然」眞理，無不如此。而從它和別的事物的關係看，則只有「張三正在讀書」是可能的（如果事實上張三確實正在讀書）。因爲如果把「張三正在讀書」這一事實或「偶然」眞理和別的許多事實或偶然眞理聯繫在一起來看，比如說張三這個人的性格、習慣或正要考試，以及一切時間、環境等等都加在一起，我們就會看到只有「張三正在讀書」是可能的，而張三不在讀書，在這張關係網之下是不可能的。「偶然」眞理的反面，雖然並不自相矛盾，但和普遍的系統，和環繞著它的整個關係網相矛盾。一個偶然眞理和它的反面，各個獨立地看都是可能的，但連在一起就不可能，它們是彼此不相容的，或者用萊布尼茨的話說，不是「可共存的」。因此，要看一個東西是否實在，是要看它是否有「可共存性」，是否能和事物的整個系統相適合，這才是「充足理由」。每一件可能的事物都有它的本性或意義，但只有可能並且又「可共存」的才能實際存在。萊布尼茨在前面提到的那封致布爾蓋的

信上說，他不承認爲了要知道《阿斯特萊》這一傳奇是否可能，就必須知道它和宇宙間其他事物的關聯。但要知道這傳奇是否和這宇宙間其他事物「可以共存」，並且因此要知道它是否在過去、現在、或將來在宇宙間的任何角落發生過，則必須要知道它和其他事物的關聯。

萊布尼茨雖然認爲偶然的個體事物的存在的理由不在這個事物本身，而在它與諸多事物的關聯，在它能與一實際的事物系統適合或共存。然而萊布尼茨並不認爲這實際的事物系統本身就是這偶然的個體事物存在的最後的理由。正相反，在他看來，能夠成爲這偶然的個體事物存在的最後理由的，只有本身爲必然存在的上帝。這一方面是因爲從本體論上講，這實際的事物系統本身並不是自在或自因的，它只是上帝對無限多可能的事物系統進行選擇的結果。另一方面是因爲從認識論上講，任何「偶然」眞理或事實的「理由」都是要從別的「偶然」眞理或事實上去找，而任何一個別的偶然眞理或事實的「理由」又需要從其餘的偶然眞理或事實上去找，因此，要想分析一個偶然眞理或事實以求達到它的最後的理由，勢必陷於一個無窮的分析過程，永遠到不了最後。旣然如此，偶然眞理的最後理由就當求之於偶然事物的系統之外，卽求之於一個永恆而必然的存在或曰上帝，作爲它的最後的理由。

萊布尼茨把偶然事物存在的最後理由歸之於作爲「必然存在」的上帝，從表面上看來這和斯賓諾莎把整個事物（樣式）存在的最後根據歸之於作爲必然存在的自因的實體（自然或神）並無二致，都有化必然爲偶然的機械論弊端。但仔細分析起來，他們兩人在處理偶然與必然的關係方面也有重大的差異，而萊布尼茨的

處理方式中似乎內蘊著較多的辯證內容。例如，他曾把事物的可共存性，把一事物與一彼此聯繫著的實際事物系統的共存看作偶然的個體事物存在的根據。這就不僅把實在性給了處於普遍聯繫中的個體事物，也把實在性給了個體事物間的普遍聯繫。再如，既然原因有兩種：一種是根本的原因，再一種是誘因，既然萊布尼茨的充足理由原則既注重考察事物的誘因，更注重探求事物的根本原因，注重從兩種原因的聯繫中來考察偶然事物存在的理由，這就從本體論上給偶然性以一定的地位，從而既避免了偶然論或機緣論的錯誤，又避免了必然論和宿命論的錯誤，避免了德謨克利特和斯賓諾莎的「細莖長大花」的錯誤，爲他的自由選擇學說提供了理論依據。

三、圓滿性原則與自由和自由選擇

圓滿性原則是萊布尼茨哲學中又一條基本的形而上學原則。與前面所討論的兩條原則不同，它不只是「我們的推理」所依據的大原則，而且更是上帝乃至一切自由生物（自然包括人）進行自由選擇和創造活動時所依據的大原則，因此嚴格說來，它是一條萊布尼茨道德哲學或實踐哲學的原則。

自由或自由選擇對於創造實際世界的上帝來說是絕對必要的。前面我們在討論偶然的個體事物的存在的理由時曾經說過，要看一個個體事物是否實際存在，是要看它是否和一實際的事物系統相適應或相共存。每一件可能的事物都有它的本性或意義，但只有可能並且又「可共存」的才能實際存在。這就提出了上帝的自由選擇的問題。因爲當我們說個別事物存在的理由就在它能

與一實際事物系統共存時，並不是說它可以與任何一個包含有可共存的本性的系統共存，也不是說它與唯一可能的一個無所不包的系統相關聯。倘若如此，上帝的自由或自由選擇就完全沒有必要了。實際的情形恰正相反，一方面可能的系統、可能的世界不是單數，而是複數，而且在數量上是無限多的，其中每一個都包含著一套可共存的成分；另一方面，在這無限多的系統和世界中，「只能有一個」實際存在。這就在所難免地向上帝提出了自由和自由選擇的問題。質言之，上帝為要創造一個實際世界，他就必須走出純粹理智的或純粹可能性的領域，他就必須付諸行動，而他需要作出的第一個行動就是面對諸多可能世界進行自由選擇。上帝如果像「布里丹的驢子」❷那樣，永遠拒絕作出選擇，永遠滯留在觀念、本性或可能性的領域內，即永遠滯留在他的純粹理智領域內，而不肯步入其意志所及的目的因的領域，不在所有可能的世界間進行自由選擇，則「可能的」就永遠只是「可能的」，上帝創造實際世界的欲望就永遠只能是欲望。

上帝在創造實際世界時雖然出於自由選擇，但是既為選擇就有一個選擇的標準或理由問題。而依照萊布尼茨的看法，這種標準或理由不是別的，就是圓滿性原則或最佳原則。這就是說，上帝之所以要從無數可能的世界中選擇出這麼一個世界，不是因為別的，只是因為它是無數可能世界中最圓滿的或最佳的。由此可見，圓滿性原則或最佳原則實乃上帝在無數可能宇宙中進行選擇的決定性原則。

❷　布里丹是一個中世紀後期的經院哲學家，唯名論者。他傾向於決定論，認為意志是環境決定的。有人曾提出驢子作例證反對他，說假定有一個驢子站在兩堆同樣大同樣遠的乾草之間，如果它沒有自由選擇的意志，就會活活地餓死。

　　圓滿性原則不僅是上帝在創造世界時進行自由選擇的決定性的標準或理由，而且也是使上帝的這種自由選擇能夠成爲自由選擇的理由或根據。這就是說，上帝在創造世界時之所以是自由的，不只是由於上帝的本性和能力使然，而且更由於上帝在創造世界時遵循的圓滿性原則。誠然，單就上帝的本性和能力也足以說明上帝創造世界的活動不能不是自由的。因爲上帝既是全能的，他的選擇就必定是自由的、不受任何限制的，依其能力講，他本來是可以創造出任何一個可能的世界的，也就是說，上帝本來是可以通過自己的創造活動使任何一個可能的世界轉化爲實際的世界的。然而現在他卻只將其中的某一個轉化成實際的世界，由於這種情形，我們不作出上帝在創造實際世界時是自由的這樣一個判斷是不可能的。但是，如果我們進一步從圓滿性原則在上帝創造活動中的功用方面看，則他的這種創造活動的自由性質就更加昭然了。因爲所謂圓滿性原則或最佳原則，就是實踐主體在種種籌劃和創造活動中追求最好的目標的原則。依據這條原則，實踐主體的各種籌劃和創造活動及其結果歸根到底都由他自身的追求最好者的欲望所決定，他的籌劃和創造活動及其結果無非是他的追求最好者的欲望的實現而已。就上帝來說，他可能曾經欲望過可能世界中的任何一個，而且他的這種欲望本來也可以成爲他創造這一世界的充足理由。但是由於圓滿性原則或最佳原則，他便欲望最好的，而且正是這種追求最好的欲望使他對無數的可能世界進行無限的比較，並從中揀選出最合乎自己目的（即欲望）的世界把它實現出來、創造出來。這樣，在上帝的創造活動中我們看到，一方面上帝之追求最好的欲望構成了他創造實際世界的原因，另一方面他所創造的這一可能世界中最好的世界正是他的

創造活動的結果。這樣一來，上帝之追求最好者的欲望就不僅是實際世界得以存在的終極因，而且更是實際世界的目的因。

在萊布尼茨的形而上學體系裡，圓滿性原則不僅是上帝在從事創造活動進行自由選擇時所依據的原則，而且也是人類在從事創造活動進行自由選擇時所依據的原則。按照萊布尼茨的觀點，人作為自由的生物，和上帝一樣，在進行籌劃和創造活動時也面臨著無數多的可能，也必須進行這樣那樣的選擇，而且人所面對的可能以及他們對這無數可能所作的選擇，在範圍和意義上雖然遠不及上帝，但他們在進行選擇時所依據的標準或理由卻還是一樣的，也就是說，人類和上帝一樣在進行自由選擇時依據的也是圓滿性原則或最佳原則。人們在從事籌劃和創造活動時，面對著無限多的可能，也總是欲望其中最好的，而且他們也總是千方百計地使自己的欲望付諸實際，創造出完全符合自己欲望的結果。而且和在上帝那裡一樣，這欲望至少部分地就是自己創造活動的原因，而所欲望的對象也可能就是自己創造活動的結果。與上帝不同的只是，由於人不是像上帝那樣全知，從而不能向上帝那樣在其理智中對所有可能性一覽無餘，也不可能像上帝那樣確實無誤地知道那一個「可能的」為最好的，而且即使他能夠正確地從中選擇出最好的，由於他不是像上帝那樣是全能的，他也不一定能夠把它完全地實現出來。但是，與所有這一切相關的，只是人的自由或自由選擇的實現的程度，而不是對這種自由或自由選擇的否定。正相反，這些情形恰恰說明，人的自由或自由選擇所依據的正是圓滿性原則或最佳原則。既然如上所述，圓滿性原則是上帝和人及所有其他自由生物在籌劃和創造活動中進行自由選擇時所依據的原則，我們就不妨把這條原則稱作「關於自由的大原

則」，一如矛盾原則是「關於本質的大原則」，充足理由原則是「關於存在的大原則」。

　　無庸諱言，圓滿性原則不僅關涉到自由和自由選擇，而且也內蘊著一種必然性。因為既然如上所述，上帝和一切自由生物的種種籌劃和創造活動及其結果歸根到底都是由他們據圓滿性原則追求最好者的欲望和動機決定的，這種情形和重量在天平上必定要引起某種結果就幾乎沒有什麼兩樣。然而無論如何兩者之間還是存在著某種差別的。為了解說這一類區別，萊布尼茨區別了下面兩種必然性：形而上學的必然性和道德的必然性。萊布尼茨把基於上帝的善的本性和圓滿性原則的必然性稱作道德的必然性，認為它不是那種絕對的和形而上學的必然性，因為善或追求最好者的動機「只引起傾向而並不迫使必然」。絕對的和形而上學的必然性之所以成為必然性，是因為其對立面蘊涵著矛盾，其反面不可能。但上帝在依據圓滿性原則進行自由選擇時所面對的情形就不是這樣，他面臨的是無數「可能」的世界，他本來可以選擇並創造其中任何一個，但由於他的全善的本性，由於他的追求最好者的欲望和動機，他就「只願意產生在可能的之中那最好的東西」。用萊布尼茨的原話說就是：「上帝能做一切可能的，但他只願做那最好的。」這就是說，當上帝依據圓滿性原則選擇那最好的時候他所選中的固然是可能的，但那些他所未選中的即在圓滿性上較次的，並不因為他進行過選擇並被淘汰而喪失掉它們原有的可能性，也就是說，如果上帝選擇了那次圓滿的宇宙，也未始不可能。

　　要理解和把握萊布尼茨的「道德的必然性」的真實意涵，最重要的是要把能力和意志區別開來。就能力講，上帝是無所不能

的，他固然可以選擇那最好的、最圓滿的，但他同樣也可以選擇那次圓滿的，甚至最不圓滿的。既然上帝為了表現自己的全能，能夠像司各脫（約1265～1308）所說的「創造一個他自己搬不動的石頭」，那他在無數可能世界中間進行自由選擇時還會有什麼顧慮呢？但是如果從意志方面講，情況就不是這麼一回事了。既然上帝是全善的，則就只是應當並且只願意依據圓滿性原則去欲望和選擇所有可能中最好的。其實問題的這兩個方面是並行不悖的。一方面，我們不能因為上帝能夠選擇次圓滿的或最不圓滿的，而否認上帝應當且願意依據圓滿性原則去欲望和選擇所有可能中最好的，另一方面，我們也不能因為上帝只應當且只願意依據圓滿性原則去欲望和選擇所有可能中最好的，而否認上帝有選擇次圓滿的或最不圓滿的東西的能力。「上帝只願而非只能選擇最好的」，這就是萊布尼茨交到我們手裡的一把理解其「道德的必然性」概念的鑰匙。

圓滿性原則雖然內蘊著「道德的必然性」，但在萊布尼茨看來，這完全無損於道德主體的自由。這首先是因為既然上帝的本性是全善的，既然上帝依據圓滿性原則「只願選擇」那最好的或「只願做」那最好的，則他在從事籌劃和創造活動進行選擇時所擁有的自由的程度就決不會因為他「願」選擇那最好的而有所降低；相反，只有當他自願地不受妨礙地做那完全合乎自己本性的最好的事，他才享受到了「最完全的自由」。其次，就自由的創造物來說，就人來說，道德的必然也完全無損於他們的自由。因為既然上帝依據圓滿性原則創造的世界是所有可能世界中最好的，則他們自然也就可以依據圓滿性原則去選擇和追求那最好的，並且可以不受妨礙地去做那最好的，去創造那最好的，從而比較充

分地實現自己的「自由的本性」。否則，那選擇就將是「盲目的碰運氣」，必將損害這些道德主體的自由。

此外，萊布尼茨的圓滿原則雖然主要地同上帝和人的自由和自由選擇相關聯，但它同時也內蘊著豐富的別的意涵。這是我們必須充分注意到的。萊布尼茨曾給圓滿性下了一個定義，說：「圓滿性不是別的，就嚴格意義下的最高量的積極實在性。」❸這就是說，在萊布尼茨眼裡，所謂圓滿性原則不僅是一個絕對的具有質的規定性的原則，而且還是一個相對的具有量的規定性的原則。從這樣的觀點看問題，我們就會明白，上帝這個唯一、普遍和必然的最高實體同他的創造物尤其是同個體的人之間的差異只是一種圓滿性程度上的差異，上帝無非是「排除了有限制的事物所具有的限度和限制」的「有限制的事物」或個體的人；我們還會明白，在上帝選擇的「所有可能世界中最好的世界」與其他所有可能世界之間的差異原來也只是一種圓滿性程度高低的量的差異，而他的「不可辨別者的同一性原則」和「連續性原則」的最隱祕的基礎原來也是「圓滿性原則」；最後，如果我們懂得了萊布尼茨的圓滿性原則實際上是一項存在的最大的量的原則，則我們對萊布尼茨對惡的起源的說明，特別是對他對形而上學的惡的起源的說明，以及他對上帝的善及惡的存在的關係所作的種種辯護，也就不會感到震驚了。

四、萊布尼茨哲學的總體結構

前面我們著重介紹了萊布尼茨新提出的「充足理由原則」和

---

❸ 參閱《單子論》第41節。

「圓滿性原則」，現在我們在此基礎上具體地考察一下萊布尼茨的哲學所根據的各項基本原則之間的關係。因為正是這些基本原則及其相互關係規定著和制約著萊布尼茨哲學中各項次級原則，形成了或決定著這一哲學的總體框架。

在考察這些基本原則之間的關係時，我們首先應該看到：矛盾原則、充足理由原則和圓滿性原則這三項基本原則在萊布尼茨的哲學中是三項相對獨立的原則。它們之間雖然有這樣那樣的關聯，但它們各自在萊布尼茨哲學體系中的地位卻是無可替代的。

首先，矛盾原則和充足理由原則、圓滿性原則一樣也是萊布尼茨哲學所根據的一項基本原則。誠然，萊布尼茨有時把矛盾原則同圓滿性原則相並列，有時把矛盾原則同充足理由原則相並列，有時又把矛盾原則同充足理由原則和圓滿性原則相並列；但是，無論如何，他對矛盾原則之為自己哲學所根據的一項基本原則這樣一種看法是一以貫之的。萊布尼茨把矛盾原則看作哲學所根據的一項基本的和普遍的原則不是偶然的。這是因為：首先，從與萊布尼茨的本體論相關的角度看，矛盾原則是一條關於本質的原則、關於可能性的原則；這樣它就適合於任何可能的世界，而且既然如此，它在一定意義上也同樣適合於實際的世界，適合於實際世界的本質的層面，因為實際世界原本是無數可能世界中的一個。其次，從與萊布尼茨的認識論相關的角度看，矛盾原則是「推理的真理」賴以成立的基礎，而推理的真理在萊布尼茨的認識論體系中顯然占有遠比其他真理重要的地位。再次，從與萊布尼茨的神學 —— 認識論相關的角度看，既然在萊布尼茨看來，對於上帝，所有的真理都是推理的真理，則在這個意義上我們便可以說，一切真理（包括偶然的真理或事實的真理在內）都可還

原為推理的真理，因此歸根到底也都是以矛盾原則為其基礎的。最後，矛盾原則同萊布尼茨的「普遍文字」和「綜合科學」的設想直接相關，從本書第六章裡可以很清楚地看出這一點。

其次，充足理由原則也是萊布尼茨的哲學所根據的一項基本原則。首先從本體論上講，如上所述，矛盾原則是關於「本質」或可能性的原則，而充足理由原則則是一項關於「存在」的原則。矛盾原則雖然適用於一切可能的世界，但它卻不能解說個體事物存在的偶然性，不能給偶然的個體事物何以存在提供出任何實在的理由。充足理由原則恰正是這樣一條可用來解釋唯一實際存在的世界（現象世界）及其所內蘊的偶然的個體事物的原則。其次，正因為如此，充足理由原則也是一條同萊布尼茨哲學的個體性原則和偶然性學說直接相關的原則。

第三、與矛盾原則直接關涉到思維和事物的自一致，關涉到單子變化的內在原則不同，充足理由原則則不僅直接關涉到單子之間的普遍聯繫問題，即它們之間的共存、連續及和諧問題，而且也直接涉及到現象世界裡個體事物與個體事物之間的普遍聯繫問題，亦即它們之間的共存、連續及和諧問題。

第四、既然依據萊布尼茨的充足理由原則，上帝是存在於實際世界中的偶然的個體事物的最後的充足理由，則這條原則之同萊布尼茨的神學的密切關係就明白無誤了。

第五、從認識論的角度看，正如矛盾原則是「推理的真理」或「必然的真理」的思維原則一樣，充足理由原則則是「事實的真理」或「偶然的真理」的思維原則。

最後，圓滿性原則和矛盾原則與充足理由原則一樣，也是萊布尼茨的哲學所根據的一項基本原則。這是因為，首先，正如矛

盾原則是關於本質、關於可能性的原則，充足理由原則是關於存在、關於偶然的個體事物的原則一樣，圓滿性原則是關於本質何以轉化爲存在、可能的何以轉化爲實際的、可能世界何以轉化爲實際世界的原則。它在萊布尼茨的形而上學體系中的這種特殊的中介地位是矛盾原則和充足理由原則都無法取代的。其次，矛盾原則和充足理由原則都是「我們的推理」所依據的原則，而圓滿性原則則是一條直接涉及到上帝和人的選擇決斷和創造行爲的原則，質言之，前兩條原則是涉及上帝和人的理智的原則，圓滿性原則則是涉及到上帝和人的意志的原則，也就是說，它本質上是一條實踐的原則和倫理道德的原則。第三，如上所述，圓滿性原則是一條關於自由和自由選擇的原則，它不僅涉及到上帝的自由和自由選擇，而且涉及到人的自由和自由選擇。因此，萊布尼茨正是憑藉這條原則給我們暗示了關於自由與必然之謎的謎底。第四，正如絕對的必然性依賴於矛盾原則，假設的必然性依賴於充足理由原則一樣，道德的必然性依賴於圓滿性原則。第五，在一個意義上我們可以說，圓滿性原則比矛盾原則和充足理由原則同萊布尼茨的神正論和單子論有著更爲密切的聯繫。萊布尼茨在《單子論》第48節中講：

> 在上帝之中有權力，權力是萬物的源泉，又有知識，知識包含著觀念的細節，最後更有意志，意志根據那最佳原則造成種種變化或產物。這一切相應於創造出來的單子中的主體或基礎、知覺能力和欲望能力。

在這句引文中，應特別予以注意的是「更有意志」、「意志根據那

最佳原則造成種種變化或產物」以及這根據「最佳原則」即圓滿
性原則造成種種變化或產物的「意志」「相應於創造出來的單子」
中的「欲望能力」這幾個短語。第六，如上所述，根據萊布尼茨
的觀點，圓滿性原則在一個意義下也可以叫做關於存在的量的原
則，或關於存在的最大的量的原則，因此，充滿原則 (plenitude
principle) 是它的直接的邏輯結論。

　　萊布尼茨所根據的上述三項基本原則在萊布尼茨的哲學體系
中雖然各有相對獨立的一面，但同時也還有相互聯繫、相互貫通
甚至相互依存的一面。這後一個方面在我們考察萊布尼茨的哲學
所根據的基本原則時是更應當予以注意的，下面我們就來依次考
察它們之間的關係和聯繫。我們不妨從圓滿性原則開始。圓滿性
原則同矛盾原則的聯繫是十分明顯的。我們知道，圓滿性原則的
運用是無論如何離不開矛盾原則的。因為如上所述，所謂圓滿性
原則，它首先就是一條關於上帝自由選擇的原則，然而既要選
擇，自然就需先有一個選擇對象的問題，而在上帝的創造活動中
能夠成為其選擇對象的不能是別的，只能是以矛盾原則為基礎的
諸多可能性世界（概念世界）。那麼，為什麼只有以矛盾原則為
基礎的可能世界能夠成為上帝的選擇對象呢？這自然同矛盾原則
的基本意涵直接相關。原來，矛盾原則所強調的無非是思維或概
念的自一致，因此以該原則為基礎的所有可能世界（概念世界）
中每一個都是可能事物（概念）的一個「一致」或共存系統，而
這種「一致性」或「共存性」在一個意義上便正是圓滿性原則所
關涉的圓滿性，只是其圓滿性的程度不等，未必都達到那麼高而
已。事實上，正是由於各種不同的可能世界都具有程度不同的圓
滿性，上帝才有可能對其圓滿性的程度進行逐一的比較，並從中

挑選出圓滿性程度最高的可能世界。萊布尼茨在《單子論》第54節裡當談到上帝在無數可能世界中進行選擇必有一個理由時曾經明確指出：「這個理由只能存在於這些世界所包含的適宜性或圓滿性的程度中，因為每一個可能的世界都是有理由要求按照它所含有的圓滿性而獲得存在的。」他的這段話清楚地道出了圓滿性原則與矛盾原則的相互依存性或相互貫通性。還有，當萊布尼茨用經過自己改造過了的矛盾原則來解說單子的自然變化時便提出了著名的變化的內在原則或內在本原問題，而且他所謂的內在原則或內在本原不是別的，正是單子本身固有的根據圓滿性原則活動的欲求或欲望。圓滿性原則同矛盾原則之間不僅存在著某種聯繫，而且它們之間的聯繫還是內在的和實質性的。如果說圓滿性原則同矛盾原則有密切關係的話，則圓滿性原則同充足理由原則的關係就更為密切，也更其昭然了。因為一方面，以充足理由原則為基礎的唯一存在的實際世界之所以存在的最後的充足理由不是別的，正是上帝依據圓滿性原則在無數可能世界中進行的選擇，而另一方面，上帝之所以會在無數可能世界中獨獨選擇出並創造出這樣一個世界，其根本理由也正是在於這個以充足理由原則為基礎的唯一存在的實際世界具有最大的圓滿性，或許正是由於它們之間的關係太密切了，萊布尼茨才不時地把這兩條原則合併在一起談。最後，讓我們來考察一下充足理由原則同矛盾原則的關係。前面說過，矛盾原則是關於本質和可能性的原則，是適用於可能世界的原則，而充足理由原則則是關於存在的原則，是適用於唯一存在的實際世界的原則。但是既然這唯一存在的實際世界原本是無數多的可能世界中的一個，則這個實際世界就不能不同時具有諸多可能世界的內在品質，從而其本質或本性的方面

也就不能不以矛盾原則爲基礎。這樣看來，充足理由原則和矛盾原則實乃解說這唯一存在的實際世界之本質和存在這樣兩個不同層面的原則。矛盾原則同充足理由原則的內在關聯不僅可以從實際世界的兩重性中明顯地看出來，而且還可以從萊布尼茨的實體學說明顯地看出來。因爲按照萊布尼茨的觀點，作爲單純實體的單子，無非是一個「力的中心」，一個知覺和欲求的中心，而他所謂知覺無非是對其他單子和個體事物的表象，他所謂欲求無非是指單子從一個知覺變化到另一個知覺的內在動因。這就是說，嚴格遵守變化內在原則的單子的運動變化無非是一個以不斷明晰的方式反映外在事物的過程，而這個過程的實質不是別的，正是單子的「在己」與「在他」、「內」與「外」、「一」與「多」的動態的轉換與統一，而這自然也同時關涉到矛盾原則和充足理由原則的聯繫和統一，因爲矛盾原則強調的是事物的自一致或自同一，是事物的在己，是事物的「一」，而充足理由原則強調的則是一事物同他物的聯繫，是事物的「在他」，是事物的「多」。

　　無庸諱言，儘管我們盡力對萊布尼茨的哲學所根據的諸項基本原則及其關係作了上述的說明，但總的來說，萊布尼茨本人在自己的著作中對這些原則之間的複雜關係是缺乏整體的、系統的、明晰的說明的。他甚至幾乎不曾把這三項基本原則放在一起把它們作爲一個有機整體考察過。在通常的情況下，如上所述，他或是把矛盾原則和充足理由原則放在一起，或是把矛盾原則同圓滿性原則放在一起，只是偶而在討論過矛盾原則和充足理由原則之後提及圓滿性原則。至於這三項基本原則之間的有機聯繫，萊布尼茨談得就更欠系統了。他只是不時地在這樣那樣的語言場景下從這樣那樣的角度順便提及這種關係或聯繫，而從未對這種

錯綜複雜的關係作出一個完整、系統的說明，因此，在他的有關著作和論文中，這三項基本原則往往給人一種多元並存的印象。當然，要求萊布尼茨對這三項基本原則及其關係作出完整系統的說明，也未免太過苛刻。殊不知這三項基本原則及其相互關係的問題恰是近代哲學中一個最重大、最基本也最棘手的問題，它原本是可以無窮爭論下去的，因而它是需要在漫長的哲學演進中逐漸予以說明的。萊布尼茨沒有對它們的關係作出更爲具體、更爲系統的說明，從這個意義上看或許不失爲一明智之舉。對他來說，在哲學史上開天闢地第一次在矛盾原則之外另提出充足理由原則和圓滿性原則，就已經足可以把他放進最偉大的哲學家之列了。鑒於這樣一種情況，我們對這三項基本原則的互蘊互補關係的說明，雖然是盡可能依據萊布尼茨的原著的，但由於萊布尼茨本人有時原本對之表達得就不夠連貫和明確，我們結論中有些內容有時就難免是靠我們對他的思想分析得來的，這是需要向讀者交代清楚的。然而，無論如何，萊布尼茨的哲學所根據的基本原則 —— 矛盾原則、充足理由原則和圓滿性原則 —— 之間的關係是錯綜複雜的，既有相互獨立、無可更替的一面，又有相互聯繫、相互貫通的一面。它們之間所存在的，並不是如有些研究者所說的是一種單向性的線性關係，而是一種比這要複雜得多的多向性的互蘊互補關係。在後面幾章裡我們將會看到，萊布尼茨對於解決他所面臨的兩個問題，即「不可分的點」與「連續性」的關係問題和自由與必然的關係問題的全部哲學思考都是基於這些原則的多向互蘊互補關係的。例如，他在本體論上提出的關於單子變化的內在原則、連續性原則以及單子與單子、個體與個體之間的前定和諧原則；他在認識論上提出的天賦觀念潛在說和兩重眞理

學說；他在社會倫理方面提出的神正論、樂觀主義和人的自由學說，離開了上述三項原則的互蘊互補關係，是無從理解也無從說明的。

　　爲了便於人們直觀地理解和把握萊布尼茨哲學的總體結構，我們不妨把萊布尼茨的哲學所根據的三項基本原則和他哲學中的各項次級原則的關係列表如下：

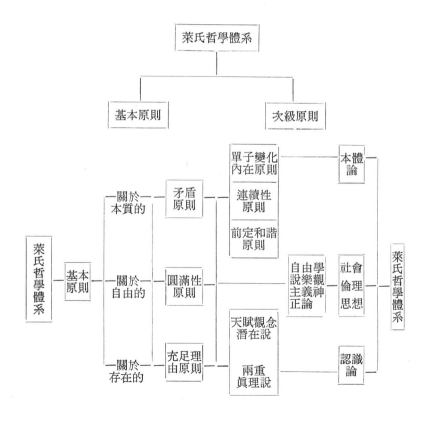

　　現在，我們旣然已經初步地考察了萊布尼茨的哲學所根據的

三項基本原則及其相互關係，下面我們就來依次地考察他的哲學體系的三個大的組成部分 —— 本體論（*形而上學*）、認識論和社會倫理思想，看看萊布尼茨是怎樣從這些基本原則的互蘊互補關係出發來具體地解決有關哲學問題，怎樣具體地給出他所面臨的兩個主要哲學之謎的「謎底」的。

第 四 章
萊布尼茨的形而上學體系

　　如上所述，萊布尼茨是針對著當時機械唯物主義的**實體**觀念中關於「連續性」和「不可分的點」的矛盾問題而提出他的本體論或形而上學體系的。他的這個體系，雖然包含著許多複雜的細節，但歸結起來最主要的可以認爲是三條相互聯繫著的原則，或三個主要的觀點：

　　首先是簡單實體的觀念或單子的觀念，卽肯定世界萬物是由單子構成的，也就是肯定了「不可分的點」的實在性；只是他認爲這種不可分的點不可能是物質性的原子，而是精神性的單子。

　　其次是「連續性」的原則，卽肯定由「單子」構成的世界本身又是連續的。

　　最後是「前定和諧」的學說，這在一定程度上就是他用來解決單子卽不可分的點和連續性的矛盾的主要手段。

　　以下我們就來具體闡述一下這幾條原則和觀點的主要內容及其相互關係，並結合這幾條原則指出萊布尼茨的其他一些與此相關的重要觀點。

一、單子「形而上學的點」

簡單**實體**的觀念或單子的觀念是萊布尼茨的形而上學體系中

一個最根本的觀念。他就是針對著當時機械唯物主義者關於實體是「連續」的還是「不可分的點」的爭論，而提出這個觀念，企圖來解決這個矛盾的。

1.單子的基本規定性

萊布尼茨認為，既然存在的事物是複合的，它們就必須是由一些單純的實體構成。所謂單純，就是沒有部分的意思。因此他認為那種構成複合物的單純實體，卽「不可分的點」是必須存在的。可是在肯定這種不可分的點的同時，又不能因此就否認「連續性」。因為世界是一個連續的整體，在他看來也是不能否認的事實。但是，那種肯定世界萬物都由物質性的「原子」構成的觀點，卻不能滿足上述的要求。因為就一方面來看，這種物質的原子，不論說它是如何地小，總還是占有一定的空間，有一定的量，它就總不能是原則上不可分的。就這方面來看，如笛卡爾對原子論的批評是正確的。因此物質的「原子」事實上並不是眞正「單純」的卽沒有部分的不可分的點。而就另一方面來看，肯定有這種物質性的原子的人又都同時必須肯定有「虛空」來作為原子運動的條件，並把原子來彼此隔開，因為不然的話原子就都連成一塊而不再成其為分離獨立的單位或「點」了。而這樣一來又必然會破壞了世界的「連續性」。萊布尼茨認為這種機械論觀點之所以會陷於這樣的困境，關鍵在於他們都只是就「量」的方面著眼來尋求這種不可分的點，而凡是有「量」的東西便總是無限可分的，因此便永遠不可能找到眞正「不可分」的點，也無法解除上述的矛盾。這樣，他就認為應該根本撤開量的考慮，而另闢途徑，從「質」的方面著眼，來尋求構成事物的單純實體。於

是他就提出一種根本不具有量的規定性而只是具有一定的質的東西，來作為構成一切事物的始基。這種始基，因為被看成是構成一切複合物的「真正單元」，所以也可以說是一種「不可分的點」，但它既不像「數學的點」那樣，雖真正不可分但卻只是「廣延性的極限」或一種不能自己獨立存在的「變形」，而真實獨立存在的；也不像「物理學的點」即原子那樣雖存在但卻不是不可分，而是原則上不可分的；因此萊布尼茨有時也稱它為「形而上學的點」，認為它既是真正不可分，而又是真正存在的，或者也叫做「實在的及有生命的點」。由於它具有一定的質，在某種意義下和經院哲學中所講的「形式」相似，因此萊布尼茨也把它作為就是某種經過改造了的「實體的形式」。此外，他也把它叫做「實體的原子」，或就叫做「真正的單元」等等，最後才把它定名為「單子」。由於這種「單子」是根本撇開了量的規定性來被考慮的，因此對它也就根本不能說有廣延性、形狀、可分性等等。這樣，萊布尼茨也就自然不把它看作物質性的東西了，因為它根本沒有這些在當時被看成物質所固有的共同屬性。相反地，由於萊布尼茨把它看成是經院哲學中所講的「形式」一類的東西，而經院哲學向來是利用亞里士多德的觀點把「形式」和「質料」的關係和人的「靈魂」和「身體」的關係來比擬，有時就把「形式」和「靈魂」混淆起來的，也許就因為這樣，萊布尼茨也就認為應該把這種單子和「對於靈魂的概念相仿地來設想」，甚至把它看成就是某種靈魂了。因此，萊布尼茨也就終於把構成事物的「真正單元」看成和靈魂一樣的精神性的實體，這樣他就確立了一個唯心主義的實體觀念，並在這基礎上來建立起自己的形而上學體系了。

如上所述，萊布尼茨本來是看到了笛卡爾派和原子論派在**實體觀念**方面把連續性和不可分的點割裂開來並對立起來的形而上學的局限性，而企圖用使兩者結合起來的辯證法觀點來解決這個矛盾的，這本來有他正確的一面，但他自己在企圖解決這個問題時卻陷於另一種形而上學的觀點，即把事物的質的規定性和量的規定性割裂開來，企圖根本撇開量的方面單就質的方面來建立實體觀念，這樣，他就必然會導致唯心主義的結論。如果說撇開質而單純就量方面來考慮或把一切還原為量就會陷於機械論，最後也會導致唯心主義；則撇開量而單純就質方面來考慮也就同樣會導致唯心主義。萊布尼茨反對當時機械唯物主義的鬥爭應該是為我們提供了這方面的理論思維的一個深刻的教訓。

2. 單子的其他一些規定性

就單子的最根本的規定性來說，它就是一種沒有任何部分的、單純的實體。從這一點出發，萊布尼茨立刻就引申出單子的其他一些規定性：

首先，單子是不能以自然的方式產生或消滅的。因為以自然的方式產生就意味著各個部分的組合，而自然的毀滅就意味著各個部分的分解或離散。單子既然沒有部分，就既不能合成，也不能分解。於是萊布尼茨就認為單子的產生只能是於由神的突然創造，單子的消滅也只能是由於神的突然毀滅。總之，不是由於自然的方式而只能是由於奇蹟。

其次，「單子沒有可供事物出入的窗子」。也就是說，各個單子都是徹底孤立或彼此互不依賴的，相互之間不能有任何真正的作用或影響。因為單子既沒有部分，萊布尼茨就認為不可能有別

的實體進入它內部而引起各部分之間的變化，同時萊布尼茨認為偶性是不能脫離實體漂游於實體之外的，所以也不能有其他實體的偶性離開其所依附的實體而來進入某一單子之中。因此，不論實體或偶性，都不能從外面進入一個單子。

再次，單子本身必須具有一些性質，並且每個單子的性質都是不同的。因為單子既然沒有部分，也就是沒有量的規定性，自然也就沒有量上的差別，而如果單子本身不是各具質的差別，則就無法說明它所構成的一切事物的任何差別了。萊布尼茨肯定地說：「在自然中絕沒有兩個東西完全相似，在其中不可能找出一種內在的差別或基於一種固有特質的差別」，因此他也就肯定「每個單子必須與任何一個別的單子不同」。認為世界上沒有任何兩個東西是完全無差別的，這也是萊布尼茨的著名的重要觀點之一，這是和他所提出的「連續性原則」直接相聯繫的，甚至就是他的「連續性原則」的另一種表現方式，這一點我們在下面還將談到。

最後，「單子的自然變化是從一個內在的原則而來的」。全部單子不僅各各不同，因而是變化萬狀的，並且每一單子本身也是在不斷變化中的。萊布尼茨明確地肯定：「一切創造物都是有變化的，因而創造出來的單子也是有變化的。」而單子既沒有部分，沒有「窗子」可供別的事物出入，它的變化就不可能由於外在的原因，而只能是「從一個內在的原則而來」。

從上面這些觀點，我們也就可以看出來萊布尼茨思想中那種形而上學觀點和辯證法思想交織在一起的特點。就他的根本觀點來說，他首先是把事物的質和量的規定性分開，企圖根本撤開量的規定性來考慮構成事物的實體，這本身就是一種典型的形而上

學觀點，並如上所指出的必然導致唯心主義；而由此他就進一步否定了單子之間的任何真正的彼此影響或作用，把每個單子都看成是徹底孤立的東西，這又顯然是極端形而上學的觀點，事實上已經根本否定了事物間普遍的有機聯繫。但與此同時，他又肯定了單子及其所構成的事物的質的多樣性，反對了把一切歸結爲量而否定事物之間真正的質的差別的形而上學觀點；並且肯定了單子及其所構成的事物的連續的、不斷的變化，還肯定了變化的原則是在事物的內部而不是在事物之外，不僅反對了否定事物的運動變化的形而上學觀點，也反對了「外因論」的形而上學觀點；這些又是他的思想中光輝的辯證法因素。

3. 單子的本性在於力

既然每一個單子都是在不斷變化的，並且這種變化的原因是由於「內在的原則」，那麼這種「內在的原則」究竟是什麼呢？萊布尼茨認爲就是力。早在他第一次發表他的系統哲學觀點的《新系統》中，他就說到，當他對當時流行的機械論原則進行「深入的研究」時，「就覺得，光只是考慮到一種廣延性的質量是不夠的，我們還得用力這一概念。」又說：「我發現這些形式（即指單子——引者）的本性在於力。」他繼續說：「亞里士多德這些形式爲第一隱德萊希，我則稱之爲原始的力，或者更可理解，它不但是包含著現實性或可能性的完成，並且還包含著原本的活動。」❶可見他是認爲每一單子都包含著內在的能動的力量，甚至認爲單子的本性就在於力，或簡直就把單子本身稱爲原始的力。他的

---

❶　《新系統》第２、３節。

這種觀點，也正是爲反對當時機械唯物主義的觀點而提出的。機械唯物主義者一般都把物質本身看成是死的、惰性的東西，而把物質運動的原因歸之於某種外在的推動。特別是笛卡爾和斯賓諾莎，都把物質的屬性僅僅歸結於廣延性，而從廣延性本身是得不出運動來的，因此在說明運動的原因時都必然陷於極大的困難。這本是當時機械唯物主義者所共有的缺點和局限性。萊布尼茨確實抓住了機械唯物主義的這個致命的弱點。他早在1691年就寫過〈物體的本性就在於廣延嗎？〉這樣的作品，專門對笛卡爾派的這種觀點進行了批評，認爲把物體的本性看成僅僅是廣延性是不夠的，而在此之外必須加上「實體」、「活動的力」的概念。應該指出，萊布尼茨對笛卡爾派的機械論觀點的批評是有他正確的方面的，因爲這種把物質僅僅歸結爲廣延性的觀點是把物質和運動割裂開來的形而上學觀點，它既不合經驗事實，而且也無法說明運動的起源，最後必然只能歸之於神的第一次推動，從而陷於唯心主義，儘管他們自己也許並沒有作出這樣的結論。但萊布尼茨之對它提出批評，雖然也指出它之不合經驗事實，卻絕不是因爲它最終會引向承認神的第一次推動的唯心主義或僧侶主義；事實上他自己不僅把一切事物的最後原因都歸之於上帝，並且也藉對機械論觀點的攻擊而最終否定了唯物主義本身，根本不承認有物質的實體了，因爲在他看來這種能動的實體根本不是物質，而是精神性的和靈魂一樣的單子。只是他之認爲實體本身必須包含內在的能動的力的思想，畢竟是以歪曲的形式肯定了事物的自己運動，是有光輝的辯證法因素的，因此列寧（1870～1924）指出：「萊布尼茨通過神學而接近了物質和運動的不可分割的（並且是

普遍的、絕對的）聯繫的原則」 ❷，這是對萊布尼茨的這種觀點的意義的深刻的揭示和科學的評價。

4.知覺和欲望

由於萊布尼茨把這種包含著內在的能動的力的實體不是看作物質而是看作和靈魂一樣的精神實體，因此他所說的這種「力」，實際上也並不是我們所了解的物理的力,而毋寧是一種精神能力。在《新系統》中，當他肯定「這些形式的本性在於力」之後，接著就說:「由此跟著就有某種和感覺及欲望相類似的東西。」在後來的文獻中，他通常是用「知覺」和「欲望」（或作「欲求」）的名辭。事實上他所說的單子的變化, 不是唯物主義者所理解的物理性質的變化，而是單子所包含的「知覺」的變化; 而引起這種變化的「內在的原則」也不是什麼物理的力而是「欲望」。

由於萊布尼茨把單子看成是某種和靈魂相類似的東西，或毋寧說就是「特種的靈魂」， 因此他也就認爲每一單子都和靈魂一樣有知覺和欲望。他也是企圖用這種觀點，來解釋事物的質的多樣性問題，特別是他所面臨的主要問題，即連續性和不可分的點或全體與部分的矛盾問題的。

如上所述， 單子既無量的規定性，它們之間就無所謂量的差別，而只有質的差別。那麼這種質是什麼，這種質的差別又在於什麼呢? 簡單說來，萊布尼茨認爲就在於單子所具有的知覺及其變化。單子因爲有知覺，就可以憑它的知覺像一面鏡子一樣「反映」整個宇宙。每一單子，萊布尼茨認爲都可以說是反映整個宇

---

❷ 列寧:《哲學筆記》，人民出版社1956年版，頁345。下引此書，不注版本。

宙的一個「觀點」。在《單子論》第57節中，萊布尼茨說：

> 正如一座城市從不同的方面去看便顯現出完全不同的樣
> 子，好像因「觀點的不同」而成了許多城市，同樣情形，
> 由於單純實體的數量無限多，也就好像有無限多的不同的
> 宇宙，然而這些不同的宇宙乃是唯一宇宙依據每一個單子
> 的各種不同「觀點」而產生的種種景觀。

因此可以說，單子之表現為質的不同，就在於它們「反映」這同
一宇宙的「觀點」的不同。這就是萊布尼茨用來說明單子的質的
區別的一種辦法。

　　與此同時，我們可以看到，這也是萊布尼茨用來解決連續性
和不可分的點或全體與部分的矛盾問題的一種手段。萊布尼茨既
認為單子是沒有「窗子」可供其他東西出入，從而把單子徹底孤
立起來了，那麼他是否也將像他所批評的原子論者一樣，因肯定
了「不可分的點」就只好犧牲了「連續性」呢？事實上，我們毋
寧說萊布尼茨確實只能這樣，他由於把單子徹底孤立起來，實際
已經否定了世界事物的「真實」的普遍聯繫。但在萊布尼茨自
己，卻是不願達到這個結論，而正是力圖來解決這個矛盾的。他
用來解決這個矛盾的辦法之一，就是認為單子雖然是完全孤立而
與其他單子沒有「實在」的互相影響的，但它卻憑它的知覺可以
「反映」整個宇宙；就這個意義來說，也可以說整個宇宙也就在
「每一單子」之中，甚至也可以說每一單子就是整個宇宙，整個
宇宙也就是每一單子；或者說：「一即一切，一切即一。」這樣，
他就認為每一單子和整個宇宙或部分與全體是互相聯繫著的，只

是這種聯繫不是「實在」的聯繫而是「理想」的聯繫。應該指出，萊布尼茨的這種觀點，確實也還是表現了他力圖把全體與部分、一般與個別辯證地結合起來的思想，但由於他是用唯心主義的觀點來解決這個問題，因此他事實上只能把兩者「理想地」，其實毋寧說是「虛假地」結合起來，而並不能「眞實地」結合起來。

此外，照萊布尼茨看來，單子之間的區別，不僅在於每一單子反映宇宙的「觀點」不同，也還在於它的知覺的「清晰程度」不同。這也是它用來解決不可分的點和連續性的矛盾問題的另一更主要的手段，我們在下面再加闡述。同時，萊布尼茨還不僅認爲所有單子之間，知覺清晰程度都各有不同，並且每一單子本身，也有知覺由不清晰到較清晰或由清晰到較不清晰的變化的，這在他看來也就是每一單子本身或單子所構成的事物本身的變化發展的過程。事物本身的變化發展過程，萊布尼茨事實上就都歸結爲單子的知覺的清晰程度的變化發展過程。不同清晰程度的知覺，也可以說就是不同的知覺。而萊布尼茨認爲那種致使一個知覺變化或過渡到另一個知覺的內在原則的活動，可以稱爲「欲求」，也就是「欲望」。因此，欲望也就是推動事物變化發展的內在原則或原動力。這種欲望，當然不是我們所了解的物理的力，而是一種精神能力。它和知覺一樣，也屬於萊布尼茨意義上的「形而上學的範圍」。

總之，萊布尼茨認爲一切事物都是由一種具有「知覺」和「欲望」這種內在能力的精神性的單純實體——「單子」構成的。這種單子由於沒有部分，因此是眞正不可分的。這樣他就認爲是眞正確立了那種「不可分的點」了。那麼又怎樣來說明「連續

性」，又怎樣來進一步解決「不可分的點」和「連續性」的矛盾問題呢？這就是我們以下所要闡明的。

二、連續性原則

萊布尼茨不僅肯定有構成事物的單純實體或不可分的點卽單子的存在，而且也同時肯定了「連續性」。連續性的原則，是萊布尼茨形而上學體系的主要環節之一。除了上面已經說到萊布尼茨認爲單子憑它的知覺可以反映全宇宙，從而以某種特殊的方式來企圖解決不可分的點和連續性的關係問題之外，萊布尼茨關於連續性的思想還別有內容，他在解決連續性和不可分的點的關係問題上，也還別有辦法，並且可以說這才是他關於這方面的眞正和主要的思想。

彼此徹底獨立而不能互相作用的單子，究竟又是怎樣構成一個整體而成爲連續的呢？萊布尼茨解決這個問題的辦法，主要也是通過單子具有不同程度的「知覺」的觀點。他認爲，每一單子都具有知覺，但這並不是說每一單子都有清楚的意識或所謂「統覺」。他是把「知覺」(perception) 和「統覺」(apperception) 區別開來的。只有動物的靈魂才有有意識的知覺，只有人的靈魂及比這更高級的單子才有「統覺」卽清楚的「自我意識」或理性，而較低級的單子是並沒有這種清楚的意識的。但萊布尼茨認爲不能因此就否認其他單子也還有「知覺」，他認爲卽使通常看來顯得最無生命的東西像石頭也還是有某種知覺的，這種最不清楚的知覺他稱之爲「微知覺」(petite perception)。因此，單子就由於這種知覺的清晰程度不同而有高低等級之分：越是低級

的單子，知覺就越不清晰，而越是高級的單子，知覺也就越清晰。他又認爲，每個單子旣然都是不同的，因此表面看來屬於同一等級的單子，其實其中每一個也都和其他單子在知覺的清晰程度上是不同的。而單子的數目是無限的，因此在每兩個等級之間都永遠可以插進無限等級的單子。這樣，在相鄰的單子之間，一方面仍有差別，另一方面其差別又是無限小而緊緊接近，並且因此而是相連的。這樣，整個宇宙之中的無限數目的單子，就構成一個在知覺清晰程度上各各不同的無限的等級系列，而由於相鄰等級的單子的無限接近而相連，整個系列就構成一個連續的整體。同時，就另一方面看，也可以說每一單子都是全宇宙這樣一個連續的無限系列的一個環節或組成部分。這就是他用來解決「連續性」和「不可分的點」的對立統一問題的主要辦法。

我們看到，萊布尼茨的這種觀點，是和他所發明的微積分的觀念有密切聯繫的，因此其中是包含著科學成分的。同時，他確實是看到了全體與部分或連續性與不可分的點之間確是旣互相對立又互相結合的，因此也力圖把它們辯證地結合起來，是包含著光輝的辯證法因素的。列寧對於萊布尼茨的這種觀點，就曾經指出：「這裡是特種的辯證法，而且是非常深刻的辯證法，儘管有唯心主義和僧侶主義。」❸ 萊布尼茨的這種觀點，包含著「深刻的辯證法」，這是必須肯定的。但是，這種觀點又是「唯心主義和僧侶主義」的。因爲他這裡所說的，不是物質世界的事物的全體和部分或一般與個別之間的「實在」的對立和統一，而是精神性的單子之間的旣互不依賴又構成連續系列的關係，雖然他所指

---

❸　列寧：《哲學筆記》，頁349。

的實際上是客觀世界中的關係，但卻是以唯心主義的甚至是神祕主義的歪曲形式表現出來的。而由於他的唯心主義，也就窒息甚至破壞了他的辯證法，歸根結底他的這種觀點也還是形而上學的。因為他把單子形而上學地孤立起來以後，儘管他想了許多辦法，也終究難以把它們「真正」聯繫起來。他所說的這種「連續」，其實也還只能是一種虛假的連續。因為這種彼此孤立的單子，不管它們是怎麼「無限」緊密地接近，也只是一種機械的並列或靠攏，而不是真正的連續或有機的結合。而當我們再來看看他在連續性的原則指導下如何來具體說明各類單子及其相互關係時，他的這種觀點的唯心主義、僧侶主義和形而上學性就顯得更清楚了。

1.單子的等級階梯與連續系列

全宇宙的單子，既構成一個無限的連續的系列，整個宇宙就是沒有間斷、沒有空際的。在這不間斷的連續系列中，嚴格說來，每個單子都和別的單子不同而自成一個等級。但萊布尼茨又認為全部被創造的單子（即除創造其他一切單子的上帝之外，關於上帝這個特別的單子以下將另作闡述），也可以作大體上的分類，而把它們分成三類或三個等級。最低級的一類是無清楚意識的單子，較高級的一類是有意識的單子，而更高級的一類則是有理性或有自我意識的單子。就一個意義來說，任何單子都是有知覺、欲望的，因此都可以叫做「靈魂」；同時任何單子也都是一個自足的、有某種圓滿性的實體，因此萊布尼茨也借用亞里士多德的名詞而稱之曰「隱德萊希」。但他認為一般僅只有模糊的「微知覺」而沒有清楚的意識的單子，如通常認為無機物的東西以及

植物的單子，可以就叫做「單子」或「隱德萊希」；而有一些單子則有較清楚的知覺，即有意識的感覺乃至較簡單的記憶，如作為動物靈魂的單子，則可以特別叫做「靈魂」；有更清楚的知覺的單子即有理性的、有自我意識的單子，如人的靈魂則可以叫做「理性靈魂」，或另外叫做「精神」或「心靈」。同樣地，這三類單子的欲望，也可以相應地加以區分而各給以不同的名稱。如最低級的單子的欲望可以叫做「本能」或盲目的欲望；更高級的單子即人的靈魂所具有的欲望則是自覺的欲望，可以叫做「意志」。

這三類的單子雖然是有區別的，也正如每個單子都有區別一樣，但它們之間也是連續的而並沒有把它們截然隔開的鴻溝。高一級的單子除了自己特有的性質之外，也都包含著較低級單子的特性。例如動物甚至人的靈魂，除了有自己的特有意識乃至理性之外也還是有那種模糊的「微知覺」，例如在睡眠中或將醒未醒時的那種狀態，或如有些人所說的「下意識」或「潛意識」的狀態，可以說就是萊布尼茨所指的這種「微知覺」；此外如人的靈魂除了自己所特有的自覺的欲望即「意志」之外，也有和動物一樣的「本能」，乃至更低級的「衝動」；如此等等。另一方面，低一級的單子也可以說包含著較高級的單子的性質，只不過是處於「潛在」的狀態或者可以說是處在一種胚胎或萌芽的狀態，而沒有發展或實現出來而已。同時，說這三個等級的單子是互相連續而不是截然分開的，還因為照萊布尼茨的觀點來看，每兩個等級的單子之間都有無數的中間等級把它們連結了起來。萊布尼茨認為人和動物連結著，動物和植物連結著，植物和某種「化石」之類的東西連結著，「化石」又和那種看來完全像是無生命的、無

機的物質連結著。有些東西就是介乎動物和植物之間，或介乎植物和礦物之間，很難確定它是動物還是植物，或者是植物還是礦物。萊布尼茨也引證了當時科學上的某些發現，特別是由於顯微鏡的採用而剛剛產生和發展起來的微生物學上的某些發現，來論證他的這種觀點。

應該指出，萊布尼茨的這種觀點，在一定程度上也是以當時的自然科學的最新成就為依據，並且包含著某些天才的猜測，對科學的進一步發展也有所啓示，是有著合理的因素的。它在一定程度上就預示甚至包含著關於生物的進化發展的思想。同時，他也是既肯定了自然事物的區別和質的多樣性，又力圖把它們聯繫並統一起來，在一定意義下肯定了世界事物的普遍聯繫的原則，這也是光輝的、甚至深刻的辯證法思想。如果我們考慮到，例如關於生物的進化論觀點的確立，還是十九世紀的達爾文以後的事，而在十七世紀正是林耐那種僅僅限於對生物作表面的機械的分類而否定物種的變化發展的典型的形而上學觀點占統治地位的時代，則應該說萊布尼茨的觀點確是有超出他的時代的水平的地方，是閃耀著天才的光芒的。但是，由於時代的局限，他的這些觀點，就其合理的方面來看，也至多只是一些天才的猜測，而未能成為真正科學的理論；特別是由於他的階級的局限性，他是從唯心主義的世界觀出發來考慮這些問題的，因此也不能不對事物的真相作根本性的歪曲。因為他事實上把客觀世界中的「物質」事物的區別和聯繫，都說成是具有不同知覺和欲望的「精神」性單子之間的區別和聯繫了。此外，他的觀點雖有辯證法的因素，但總的說來也仍舊沒有擺脫形而上學的羈絆。例如，由於他的連續性原則片面地強調了各種事物的連續或共同性的方面，就有否

認事物之間的本質區別以及相互對立的方面的傾向；特別是由於他片面地強調連續性，就否定了質的飛躍，而他也確實明確地肯定過「自然不作飛躍」。這樣就使他的觀點和辯證法的觀點直接對立起來，也就不能說明客觀事物的眞相。事實上，自然事物既是互相聯繫或「連續」的，同時各類事物又是有本質區別並形成對立的；發展過程也旣有連續性，又有連續性的中斷，有質的飛躍。例如動物和植物，或有機物和無機物誠然也都有共同的方面，但又都有本質的區別，並且有其對立的方面；高等生物與低等生物以至生物與無機物之間，由於前者是由後者發展而來的，在一個意義下也確是連結著的，但這整個發展過程卻不是一個平穩的、沒有質的飛躍的、只是量的增長的過程，而是在量變的基礎上經過無數次質變，經過無數次飛躍的過程。而這些都是萊布尼茨所不理解，也不承認的。不理解量變和質變的辯證法，也不理解連續性和間斷性的辯證法，肯定了前者就否定了後者，這就不可避免地使萊布尼茨仍舊深深地陷於形而上學觀點之中。顯然，萊布尼茨之所以終究不能擺脫這種形而上學觀點，是有它深刻的社會階級根源的。因爲萊布尼茨所代表的德國資產階級，縱使也有發展資本主義的願望，但卻還完全不敢提出推翻封建主義制度的革命要求；反映在世界觀上，也就至多只能承認量的增長或逐漸的進化，而不能承認質的飛躍，不能承認革命的變革。

2.物質與空間和時間

萊布尼茨關於連續性的觀點的形而上學性也直接使他得出了否認物質的實在性的唯心主義結論。這也是他的唯心主義理論的認識論根源之一。由於他片面強調連續性而否認了各類事物之間

的本質性區別和對立，甚至也就否定了物質現象和意識現象之間的本質區別和對立。在他看來，既然連顯得最無生命的石頭之類也是和有生命的東西如植物、動物以至於人連結著的，因此生物和無生物也並無截然的不同，而毋寧說一切都是有生命的，甚至也都是有知覺、欲望等意識現象的。事實上他就把一切物質的事物都看成是有知覺、欲望的精神性的單子所構成的，而根本否定了非精神性的物質的實在性了。一般說來，萊布尼茨只承認那精神的單子是眞正存在的實體，認爲物質並不是實體，不是眞實的存在，而僅僅是一種「現象」。

　　要了解萊布尼茨對於物質的觀點，也必須了解他的這種觀點形成的過程。他的物質觀，也是在反對當時的機械唯物主義的物質觀，特別是笛卡爾的物質觀的鬥爭中形成的。上面已經提及，笛卡爾派把物質看作和廣延性幾乎是同一個東西，認爲物質的唯一屬性就是廣延性，而把物質的一切變化都歸結爲空間中的機械運動。萊布尼茨反對這種觀點，認爲把物質僅僅看作廣延性是不夠的，也是不合經驗事實的。因爲如果物質的本性就只是廣延性，則如一個運動著的較小物體甲，來和靜止著的較大物體乙相撞，就該使這物體乙也以同樣的速度和物體甲一起向前運動，而事實並不是這樣，物體乙或者是阻止了物體甲的運動，或者至少使它減低了速度。可見物體之間除了廣延性之外，還有一種「抵抗力」，或不可入性。應該說萊布尼茨在這個範圍內對笛卡爾派的批評是有道理的。萊布尼茨正是從這種觀點出發，在物理學上修正、補充了笛卡爾關於運動量的學說，而對科學的發展作出了貢獻，但再進一步，萊布尼茨就陷入唯心主義了。

　　萊布尼茨認爲，物質除了具有廣延性之外，還有一種占據一

定的空間而抗拒別的物體同時占有這同一空間的屬性，這就是不可入性。而這種僅僅具有廣延性和不可入性的東西，他稱之為「初級物質」，並認為是完全消極被動的。這種完全消極被動的「初級物質」，照萊布尼茨看來，本身並不是現實存在的東西，正如數學上的點並不是現實存在的，而只是廣延性的不可分的極限一樣，這種「初級物質」也是物質的不可分的極限。沒有一個部分的物質，沒有一個物體是僅僅只有「初級物質」的，正如沒有任何一部分的廣延性僅僅只是一個數學上的點一樣。因為所謂「初級物質」，只是就一個物體之純粹消極被動方面來看，它就是物體的抽象的被動性。但照萊布尼茨看來，是並沒有絕對的被動性這樣的東西的。消極的抵抗力、不可入性、惰性，也永遠是意味著有一種實在的力，一種活動的趨勢。雖然這種趨勢可能由於受到相反的力的阻礙而在這個或那個特定的瞬間沒有實現出來。在他看來，這種被動性也是能動性的一種極限，正如靜止是運動的極限一樣。因此，每一物體，歸根結底除了廣延性和不可入性之外，應該還有點什麼，這主要就是某種能動的「力」或「能」。而這種力既是一種潛在的能動性，它是要趨向於實現它自身的，它本身中應該包含著實現它自身的原則，因此它應該是一種「隱德萊希」，也就是某種能夠實現它自身的目的的東西。因此，每一個現實存在的物體，就不僅僅是一種「初級物質」，而是「初級物質」加上「隱德萊希」，也就是被動性加上能動性，萊布尼茨把這叫做「次級物質」，而「初級物質」則只是憑我們的思想從「次級物質」中抽象出來的東西，是不能獨立存在的。

因此，這種「初級物質」，作為抽象的被動性，是不能被看作真正的實體的。而那種「次級物質」，就其為物質來說，是有

廣延性的，並且是無限可分的，因此也不能和那單一的、真正不可分的實體混爲一談。「次級物質」必須包含一個「隱德萊希」——也就是單子，但並不就等於單子。照萊布尼茨看來，這種「次級物質」乃是許多事物的一種集合體，或許多單子的集合體。萊布尼茨常常用許多比喻來說明這個問題，說一個「次級物質」好像是一個羊群，或者好像是一個充滿了魚的池塘之類。照他看來，一個真正的實體，例如一個動物，是由一個非物質性的靈魂和有機的身體組合成的，這身體也就是「次級物質」，但他本身並不就是這個動物的靈魂，只是受這靈魂統治著的，並且這身體本身也不是單一的，它的各個部分或「肢體中又充滿了別的生物、植物、動物，其中的每一個又有其統治著的『隱德萊希』或靈魂。」❹

總之，不僅「初級物質」只是一種抽象而不是實在的東西，「次級物質」就其本身來說也不是實在的東西，而僅僅是若干單子之間的一種關係，或被當作一種暫時的堆集或集合體來看的東西而已。真正存在的只有單子，它是純粹精神性的，也不是在空間中的，但在抽象的或不完滿的思想中，也就是和真正「正確」的思想有別的「想像」之中，則呈現出各種在空間中以不同方式集合起來的事物的現象，這些集合體，就其爲集合體來看，就是「次級物質」。

由此可見，不僅「初級物質」純粹只是抽象而不是實在存在的實體，「次級物質」也只是呈現在我們的「想像」中的一種「現象」而不是實體。這樣，萊布尼茨就把物質的實在性徹底否定，而成爲徹頭徹尾的唯心主義者了。而且我們還看到，在這裡，他

❹　《單子論》第70節。

又是從對當時機械唯物主義的物質觀的攻擊開始而逐步達到唯心主義的結論的。

萊布尼茨既已否定了物質的實在性，可以想見，他也必然要否定物質的存在形式——空間和時間的實在性。事實也確是如此。萊布尼茨認爲空間和時間既不是眞正的實體，也不是眞實的實體的屬性，它們都無非是並存或相繼存在的事物或現象的秩序或安排而已。空間就是現象的並存性的秩序，而時間就是現象的相繼性的秩序。離開了現象，空間和時間就純粹是抽象。純粹的空間和純粹的時間根本不是實在的，在空間和時間中的事物並不是「單子」而是「現象」，而歸根結底現象只是一種不完滿的實在，是一種未經分析的、模糊的知覺。萊布尼茨的這種觀點，當然是唯心主義的，因而也是根本上錯誤的。其錯誤就在於否定了物質本身的實在性。但也必須看到，就「現象」的範圍內來說，萊布尼茨是肯定空間時間不能脫離事物的，而他就根據這樣的觀點反駁了牛頓派的「絕對空間」和「絕對時間」的觀點，否定了有在事物之外自身絕對存在的空間和時間。而這卻有他正確的方面。因爲牛頓派這種把物質和時間空間割裂開來的觀點確是錯誤的形而上學觀點，現代的相對論也已經否定了牛頓的這種絕對時空觀。總之，在時間空間問題上，萊布尼茨的觀點也表現了他一貫的以唯心主義反對唯物主義同時又以某種辯證法觀點反對形而上學機械論觀點的兩重性。當然，他在這裡的觀點，即使有些辯證法的因素，也是唯心主義的，並且是不徹底的，不能和辯證唯物主義反對機械唯物主義的觀點混淆起來。

萊布尼茨之否定物質及其存在形式——空間時間的實在性，是有其深刻的階級根源的。由於他站在力圖和封建的教會勢力妥

協的軟弱資產階級立場，本來就想以自己的哲學來爲調和宗教和科學，調和兩種不同教派的目的服務，企圖爲這種調和了的宗教建立一個新的哲學理論基礎，這樣就必然先抱著唯心主義、僧侶主義的偏見，而竭力要來攻擊唯物主義。應該說，他和跟他約略同時的另一個唯心主義者英國的巴克萊主教一樣，深知唯物主義的物質實體觀念是一切反宗教的無神論思想體系的最主要基石，因此他也必然要集中力量來摧毀這塊基石，竭力否認物質實體的實在性。但萊布尼茨的這種唯心主義觀點也有其認識論根源。這根源主要就在於他在反對當時機械唯物主義觀點的形而上學片面性的同時，自己又陷於另一種的形而上學片面性。例如他反對機械唯物主義僅僅把物質看成是某種有廣延性也就是僅僅有量的規定性的東西，這本來是正確的，但他因此就企圖根本撇開量的規定性而單就質的規定性著眼來考慮實體，這就又陷入另一方面的片面性而終於達到唯心主義的結論了。又如他反對當時的機械唯心主義把各種自然事物看成只是外在的並列或機械的堆積，而要把它們看成是一個連續的、有機的整體，這本來也有他正確的方面，但他在片面強調連續性的同時，就抹煞了各類事物之間的本質區別和對立，把無機物質和有機物質及生命、意識現象也混同起來，這就又陷入另一種片面性，結果不僅陷入了認爲一切事物都有生命的「物活論」這種唯心主義觀點，並且可以說把一切「物質」都「精神化」，把一切「物質性」的東西都變成了「精神性」的東西，這樣就終於達到完全否定物質的實在性而只肯定精神性的實體的存在這種徹頭徹尾唯心主義的觀點了。在認清這種唯心主義的階級根源和社會作用的同時，也要揭露它的認識論根源，知道它是在什麼地方失足，和從那條歧途走向唯心主義

的，這對我們吸取哲學史上理論思維的經驗教訓是很重要也會很有益處的。

3. 作爲同單子連續系列相關的上帝

萊布尼茨的連續性觀點，一方面使他把物質的東西精神化而否定了物質的實在性，另一方面又使他得出肯定有超越人類精神的更高級精神實體的存在、肯定上帝存在的唯心主義結論，從而更明顯地暴露出了他的世界觀的僧侶主義實質。

萊布尼茨既認爲全宇宙是無數單子按高低等級排列的一個無限的連續系列，那麼他就很自然地會認爲除了從最低級的只有最模糊的「微知覺」到有清楚的自我意識卽人的「理性靈魂」這種單子之外，應該還有比人的「理性靈魂」更高級的單子，否則這連續系列就將是不完全的了。事實上他也確實承認有比人的靈魂更高級的單子，這就是神或上帝。他把上帝看作就是這無限的單子系列中的最高的單子。照他的連續性原則的觀點來看，在上帝和人的靈魂之間應該還有無數中間等級的單子，這些他就叫做「精靈」。他認爲「精靈」是可能存在的，而且有朝一日我們也有可能發展成爲這種「精靈」。至於上帝，則不只是可能的存在，而是一種必然的存在。萊布尼茨使用各種不同的方式來對上帝的存在加以證明，連續性原則就是他用來證明上帝存在的手段之一。

如上所述，萊布尼茨所說的上帝，是他的「連續性原則」的一個直接的邏輯結論，因爲他認爲那單子的無限的連續系列，必須有一個頂端，而這頂端就是上帝。因此，上帝就是一個最高級的單子。但這只是萊布尼茨上帝同單子連續系列的關係的一個方

面，其另一個方面是萊布尼茨又把上帝看成是這整個系列之外並
與這整個系列相對立的存在；因為萊布尼茨又把上帝看作是這整
個單子系列，也就是整個世界的創造者，並把上帝和其他一切單
子對立起來，把上帝看成是唯一的創造其他單子的單子，而其他
一切單子都是被創造的單子。萊布尼茨說：

> 只有上帝是原始的統一或最初的單純實體，一切創造出來
> 的或派生的單子都是它的產物，可以說是憑藉神性的一刹
> 那的連續閃耀而產生的……❺

顯然，上帝既是單子系列之中的最高單子，又是這系列之外
的創造其他單子的單子，這是自相矛盾的。萊布尼茨儘管竭力
克服掩蓋這一矛盾，但是既然萊布尼茨不能從客觀世界本身來說
明客觀世界，這種理論上的自相矛盾就是無法克服的和掩蓋不了
的。由於他無法說明上帝究竟是怎樣創造其他單子即創造整個世
界的，便只能借用最神祕主義的新柏拉圖派這種「流溢說」的比
喻，彷彿說單子是從上帝那裡「放射」出來的，就像光線的「閃
耀」那樣。這當然絲毫也不能說明什麼，只是表現了他根本無法
說明問題的閃爍其辭的窘態而已。

三、前定和諧原則

「前定和諧」原則是萊布尼茨形而上學體系中又一重要環節。

---

❺ 《單子論》第47節。

我們知道，萊布尼茨自己，是把他的哲學體系，就叫做「前定和諧的系統」，並把自己稱作「前定和諧系統的作者」的。在一定意義下，也可以說「前定和諧」的原則是萊布尼茨形而上學體系的中心環節。

1. 單子間的前定和諧

在以上兩節中我們已經說明，照萊布尼茨看來，宇宙萬物都是由一種本身包含著知覺和欲望的精神性實體即單子構成的，這些單子本身都是各各獨立而不能互相作用的，每一單子本身則由於內在的能動原則而在不斷發展變化；同時，萊布尼茨又肯定，宇宙間的一切單子，又由於知覺清晰程度的不同而形成無數的等級，並形成一個從低到高有無限等級的連續系列。這本來是他企圖用來解決「不可分的點」和「連續性」的矛盾問題的主要辦法。但是，這裡又發生了一個問題：每一單子，既由於它的知覺的一定清晰程度而在無限的連續系列中占據一定的地位，同時又由於它包含著內在的能動原則而必然要發展變化的；那麼當一個單子變化了時，例如由原來的知覺不清晰變成較清晰了，如果其他的單子不隨著作相應的變化，則這個單子豈不是離開了它在連續系列中原有的地位，使這系列中發生了空隙而根本破壞了連續性原則了嗎？因此，為了使這種連續性能夠保持，就當在一個單子發生變化時，其他一切單子也將作出或多或少的相應變化。可是，萊布尼茨又已經否定了單子之間的互相作用，因此他就不可能用一個單子的變化，直接引起其他單子的相應變化來解釋。可是如果放棄了單子的獨立性，而承認它們能互相作用呢？這在萊布尼茨看來又等於根本否定了「不可分的點」本身了。不可分的

點和連續性兩者既是同樣不可否認的，那麼又當如何來解決上述的矛盾，不致因不可分的點卽單子本身的發展而破壞了連續性，又不致因保持連續性而否定了單子的獨立性呢？在一個意義上我們甚至可以說萊布尼茨正是爲了要解決上述矛盾，才提出他的「前定和諧」原則的。

照萊布尼茨看來，當一個單子發生某種變化時，其他一切單子確實是作了某種相應的變化的，因此整個世界仍舊是保持著「和諧」，也就是仍舊可以保持連續性。但每個單子又仍舊是獨立的，它不能由本身的變化而直接實在地影響別的單子，引起它們的變化，而只是按照它內在的原則所決定的進程而變化；但是，這種變化卻自然地會和其他單子的變化相適應。爲什麼能夠這樣呢？這裡萊布尼茨就只能求助於上帝的「萬能」了。據他看來，上帝在創造世界，卽創造每一單子之初，就已全部估計到了一切單子的整個發展情況，因此在安排每一單子的內在能動原則時，就使它往後的發展能自然地和其他一切單子的發展過程相和諧，就好像是它們能夠實際互相影響一樣。其實，這種「和諧」不是各個單子或各種事物實在地互相影響以進行調節的結果，而是上帝在創世之初就已預先決定了的。這就是所謂「前定和諧」原則的主要意涵。萊布尼茨認爲這樣也就可以解決了上面所提出的矛盾問題。因此可以說，「前定和諧」原則是萊布尼茨企圖用來最後解決他所面臨的主要哲學問題，卽不可分的點和連續性的矛盾問題的主要手段。

萊布尼茨一提出他的這種前定和諧原則，就立刻引起了許多人的非難。例如前面我們已經提到過的培爾，就在他的《歷史批判辭典》的「羅拉留」一條中對此提出了批評，並引起了萊布尼

茨和他之間的反覆論戰。培爾指出，萊布尼萊的這種觀點，實際上是在陷入理論上的困境時求助於 deus ex machina。所謂 deus ex machina，直譯就是「從機器中放出來的神」，原來是指希臘人在演戲中，每當劇情陷入無法解決的矛盾困境時，就從機器中放出神來，企圖用神的力量來解決這種矛盾。培爾借用這個比喩，是想指出萊布尼茨實際上是靠神的奇蹟、神的萬能來解決他理論上所陷入的困難問題。這種「前定和諧」在培爾看來是根本不可能的，正如一條無人駕駛的船，可以多年自動地在海上航行，而遇到風暴之類就能自動地躱入港口一樣不可想像。但萊布尼茨則反覆加以辯解，認爲憑人的智巧也可以造出這種自動傀儡，像培爾所說的這種自動行駛的船也是可能造成的，何況上帝的智慧和能力是無限地超出人的智慧和能力呢？上帝既是萬能的，就沒有什麼不可能做到的事情，使每一個單子都成爲這樣的自動傀儡是完全可能的。他甚至吹噓他的這個系統的好處，正在於可以最好地顯示上帝的萬能，是「最配稱上帝的尊嚴」的！其實這種辯解本身正好暴露了萊布尼茨這一原則的荒謬性和神學性質。因爲不論萊布尼茨怎樣辯解他並不是求助於 deus ex machina，我們看到他的整個學說正是建立在「上帝的萬能」這一基礎上的，否定了上帝的萬能，他的整個學說就垮臺了。這不是求助於 deus ex machina 又是什麼呢？而他的目的，正是要來炫耀上帝的「萬能」和「尊嚴」，這不正好說明他那拜倒在封建宗教腳下的資產階級軟弱性嗎？

爲了解說和論證他的「前定和諧」原則，萊布尼茨也用了種種比喩，其中最著名也比較確切的一個是樂隊的比喩。萊布尼茨把整個世界的萬物比作一個巨大的樂隊，其中每一單子都像樂隊

中每個人所演奏的一件樂器一樣，每件樂器都只是演奏它自己獨有的旋律，但整個樂隊的各種樂器所演奏的旋律卻構成了一首和諧的樂曲。照這個比喻來說，上帝就是那萬物的「作曲家」了，他在創造這首樂曲時是爲每件樂器譜出它特有的旋律，而使它們構成一首整個是和諧的樂曲。這一比喻對了解萊布尼茨心中所想的「前定和諧」是怎麼一回事是有幫助的，但當然絲毫也不能證明這一原則就是正確的。根本問題在於：創作一首在音樂廳裡演奏的樂曲的音樂家是實際存在的，而創造這首全宇宙的樂曲的萬能作曲家究竟在哪裡呢？建立在一個莫須有的上帝的萬能的基礎上的理論體系，不管如何光怪陸離，不管說得如何天花亂墜，也只能是像海市蜃樓那樣虛幻的東西。

2. 身心間的前定和諧

萊布尼茨的「前定和諧」原則，也被直接用來解決身體和心靈的關係問題。或者毋寧說，萊布尼茨正是爲了解決身心關係問題，才提出他的前定和諧的學說的。只是他在用這種學說解釋身心關係的同時，也用來解決了一般的單子之間或事物之間的關係而已。不管怎樣，身心關係問題，在萊布尼茨的系統中，可以說是一般的單子之間的關係中的一個特例，因此它也是完全可以用解決一般單子之間的關係問題同樣的辦法來解決的。簡單說來，身體與心靈之間的關係，也是一種「前定和諧」的關係。

身心關係問題，本來也就是哲學基本問題，即精神和物質的關係問題的一個重要方面或一種表現形式。這個問題在萊布尼茨當時的哲學界正是表現得最突出也最尖銳的問題。因爲當時最流行、甚至可以說占統治地位的哲學，就是笛卡爾的哲學。而這個

問題正是笛卡爾哲學中一個最主要也最尖銳的問題。我們知道，笛卡爾的哲學是一種典型的二元論學說，他把物質和精神看成兩種截然不同的實體，彼此是絕對獨立而不能互相影響、互相作用的。但笛卡爾作為一個科學家，又不能否認身體的狀況影響心靈，心靈的活動也直接支配著身體的運動這種經驗事實，而這種現象又是和他的二元論的根本觀點直接相矛盾的。於是笛卡爾自己在這個問題上就陷於無法擺脫的矛盾困境：一方面在「形而上學」範圍內是直接否定精神和物質、心靈和身體可以互相影響的，而另一方面在他具體探討生理學、心理學的問題時又處處否定了他在「形而上學」中的論斷，而肯定身心的互相影響或「交感」。為了解決這個問題，他勉強臆造出一種學說，即認為心靈居住在身體中腦部的「松果腺」中，通過這裡它與身體互相連結並互相影響。這個學說顯然完全不能解決問題，因為松果腺仍是物質的身體的一個器官，完全不占空間，沒有廣延的精神實體即「心靈」又何以能居住在這物質的松果腺中呢？因此，即使信從笛卡爾哲學的人也無法滿足於他們這位先師的這樣一種解決辦法，而身心問題就成為笛卡爾學派也成為當時哲學所亟待解決的一個問題了。事實上當時的笛卡爾學派也提出了各種不同的解決辦法。萊布尼茨作為當時西歐重要的哲學家之一，並且歷來也很關心笛卡爾哲學，自然不能不對這個當時哲學界存在的主要問題表現出關切。在一定意義下，他的哲學正是對笛卡爾所留下的這一問題的一種解決。他最初發表他的系統哲學觀點的著作《新系統》，全名就叫做《論實體的本性和交通，兼論靈魂和身體之間的聯繫的新系統》。可見身心關係問題一開始就是他的哲學系統所要解決的主要問題之一。他之所以把自己的系統叫做「新」系

統，正表明它是不同於笛卡爾派的「舊」系統的。具體說來，他的系統主要就是反對或企圖用來代替笛卡爾派的馬勒伯朗士等人所提出的「偶因論」系統的。

在《新系統》中，除了提出他的實體觀念和其他思想之外，主要觀點之一就是以「前定和諧」的學說來解決身心關係問題。只是在當時他還沒有用「前定和諧系統」這個名詞，而只稱為「協調的假設」而已。但主要的觀點已都具備。在《新系統》發表之後，他因與人論辯而對《新系統》作了幾篇補充的「說明」，特別是在通常被稱為《新系統》的第二和第三篇「說明」中，更明確地論述了這個問題，並把他自己的觀點和「偶因論」的觀點作了顯明的對照。

為了證明身心關係問題以及他自己的觀點和「偶因論」觀點的不同，萊布尼茨採用了兩個時鐘的比喻。這就是：把身體和心靈設想為兩個時鐘，它們之間的協調一致就像兩個時鐘的走得一致。他認為這種協調一致的情況可以有三種解釋：第一種是兩個時鐘掛在同一塊木板上，由於鐘擺的振動通過木板的分子的實際傳遞而使兩個鐘互相調節以達到互相一致。他是因惠更斯實際作過這樣的實驗而得到啟示，提出這種設想的。如果以這種方式來說明身心關係，這就是認為身體與心靈實際互相影響的觀點，萊布尼茨說這是「通俗哲學的路子」，其實傳統的經院哲學也就是這麼看的。但萊布尼茨認為兩個時鐘看來是這樣，但身心之間的關係卻實際不能是這樣的，因為他從實體即單子的獨立性的觀點出發，認為實體之間是不能有實在的互相影響的。第二種方式是永遠用一個精巧的工匠來守著，時時刻刻來調節撥正兩個鐘，使它們走得一致。這就是「偶因論的路子」。因為馬勒伯朗士等人

所提出的「偶因論」，就是認為身體和心靈既是兩種不同的實體，是不能實際互相影響的，而身心之間之所以能協調一致，是由於上帝的隨時干預，卽上帝藉身體某種運動的「機緣」（「偶因」）而使心靈產生某種相應的觀念，或藉心靈產生某種觀念的「機緣」而使身體產生某種相應的運動。因此兩者之能夠協調一致，並不是直接互相影響的結果，心靈的狀況對於身體或身體的狀況對於心靈來說，都只是一種「偶因」，而其直接的、眞正的原因，則在於上帝。照萊布尼茨看來，這種觀點是在解釋自然事物時引入了 deus ex machina，並且是和上帝的「尊嚴」不相稱的，因爲這等於把上帝看成一個很笨拙的鐘錶匠，造成的鐘錶如此不準確，而必須時時刻刻守著來撥正它們。第三種情況就是這兩個鐘一開始就製造得非常精密，以致後來它們雖各走各的，卻自然彼此一致。這就是萊布尼茨自己所提出的「前定和諧」系統的路子。在他看來，上帝既然是「萬能」的，他就能夠有這樣的技巧，事先就以這樣的精確性，使身體與心靈之間各按照自身原來所接受的法則自行發展，而又能夠自然地互相一致，就好像有交互的影響一樣。或如後來他在《單子論》中所說：

> 這個體系使身體好像（自然這是不可能的）根本沒有靈魂似的活動著，使靈魂好像根本沒有身體似的活動著，並且使兩者好像彼此互相影響似的活動著。❻

這就是萊布尼茨關於身心問題的主要看法，我們看到他完全是用「前定和諧」的觀點來解決這個問題的。他認爲他這種解決辦法

---

❻　《單子論》第81節。

之所以比偶因論「優越」，就在於它能「最好」地顯示上帝的「萬能」，是「最和上帝的尊嚴相配」的!

應該說明，萊布尼茨雖然確是用兩個時鐘的比喻來說明身心關係問題，但如果因此認爲萊布尼茨是把身體和心靈看作兩個鐘一樣是相同的實體，則是不符合萊布尼茨的原意的。他只是在有限範圍內借用這種比喻來說明其間的關係而已。嚴格說來，靈魂誠然被看作是一個單一的實體，而身體照萊布尼茨的觀點則根本不是一個單一的實體，而是一個複合物，它本身是由許多部分構成的。就一個人來說，靈魂就是他的占主導地位的單子，而他的身體則又由許多單位構成，每一單位又各有其「隱德萊希」卽單子。因此，嚴格說來，心靈與身體的關係，不是兩個可以相比並立的單子之間的關係，而毋寧是一個占主導地位的單子（人的靈魂）與跟這個單子相結合的身體的無數構成單位的單子之間的關係。不管怎樣，這種關係照萊布尼茨看來總不是直接互相影響的關係，而是「前定和諧」的關係。

儘管萊布尼茨認爲「偶因論」的觀點是引入了 deus ex machina，而對他自己的學說則竭力辯解不是求援於 deus ex machina，但我們看到這種辯解是徒然的。因爲不論是上帝時時調節也好，或者是上帝預先決定也好，總是把最後的原因歸之於上帝，這在本質上有什麼區別呢？不論「偶因論」或「前定和諧」系統，都是把整個理論體系建立在一個莫須有的上帝的基礎上的空中樓閣，也都是竭力爲宗教辯護的僧侶主義，它們之間的區別，也只是「藍鬼」和「黃鬼」的區別。

但是，如果只看到萊布尼茨的「前定和諧」系統在唯心主義、僧侶主義的實質上和「偶因論」乃至傳統宗教神學的共同性

的一面，而不看到它確實也有和它們不同、甚至是以曲折的、歪曲的形式表現了它背離宗教神學的一面，則也是不全面的，甚至是很表面的看法。因為這種「前定和諧」的學說，誠然最後是把一切都歸因於上帝，但它在肯定最初是上帝預先賦予並決定了每一單子也就是每一事物以活動法則之後，在單子嗣後的活動及發展過程中，它就肯定是完全按照它自身所已接受的法則活動，而完全排除上帝的直接干預了。這就是它和「偶因論」的主要不同所在。但這點不同卻有重大意義。因為不論是身體與心靈或其他事物，雖然其活動法則最初是上帝賦予的，但當它一旦接受了這種法則之後，就只是按照這種法則活動，而不需要上帝的隨時插手干預。這樣，萊布尼茨在具體解釋事物的「自然」發展或運動過程時，事實上就完全只是按照事物本身所具有的法則或規律來解釋，而排除了一切「奇蹟」了。事實上，他是藉「和諧」已經「前定」，來否定了神對事物的具體發展的干預，也可以說是藉上帝創世之初的唯一一個最大的「奇蹟」，來否定了其他的一切「奇蹟」。這就和當時流行的「自然神論」的觀點很有接近的地方。「自然神論」也承認作為世界的最初原因或「第一推動力」的上帝的存在，但認為上帝對世界作了第一次推動以後，世界本身就按照其本身的必然規律運動，而完全不受上帝的干預，上帝就成了一個「不在家的主人」了。馬克思主義的經典作家指出這種自然神論是在當時條件下擺脫宗教的一條方便道路，它實質上是一種披著神學外衣的唯物主義思想（當然有它的不徹底性）。而萊布尼茨的「前定和諧」學說不是也實質上否定了上帝對事物的自然過程的隨時干預嗎？當然，自然神論者是把世界本身看成物質及其運動過程的，而萊布尼茨所說的事物是精神性的單子構

成的，這裡還是有唯物主義與唯心主義的兩條路線對立，決不可混爲一談，但就其排除上帝對世界事物的隨時干預來說，還是不能否認其具有某些接近之處。這種觀點，儘管仍舊承認神的存在，但實質上是對傳統宗教中的神的否定。正是在這種意義下，馬克思甚至明確地指出過：「普魯士的國家哲學家們，從萊布尼茨到黑格爾，都致力於推翻神。」❼當然不能孤立地根據這一句話就得出萊布尼茨是真正的推翻了神的無神論者的結論，但這至少表明萊布尼茨的觀點畢竟不同於傳統的封建宗教神學，在一定程度上不僅背離甚至是反對傳統宗教神學的。這本來也毫不足怪。萊布尼茨所代表的德國資產階級，雖然由於特殊的歷史條件而異常軟弱，但畢竟還是新興的資產階級，和封建勢力在根本利益上是有矛盾的，它本身也還是嚮往著那些先進國家的資產階級，還是有擺脫封建勢力的束縛而走上獨立發展道路的要求的。萊布尼茨這種排除上帝的具體干預思想，難道不可以看作正是資產階級擺脫封建束縛這種內心要求的曲折反映嗎？難道不是對上帝，實質上也就是對封建勢力的一種反叛嗎？只是由於他的軟弱性，不敢表示公開的反叛，而可以說是一種「跪著的反叛」，是在神學的範圍內對神學的背叛而已。這也就難怪萊布尼茨雖大力宣揚僧侶主義和唯心主義的哲學，雖大力反對唯物主義和無神論，卻仍舊被某些教會人士看成是「什麼也不信仰的人」了。不得不依附封建主義，又想反對封建主義，嚮往著資本主義又背叛了資本主義，結果落得兩面受敵，這就是萊布尼茨及其所代表的當時德國資產階級可悲而又可憐的處境。不管由於什麼原因，背叛了本

---

❼ 《馬克思恩格斯全集》第8卷，人民出版社1965年版，頁468。

階級的根本利益而企圖依附一個反動的敵對的統治階級來找出路的人物或社會集團，結果是必然只能落到這樣可悲又可憐的境地的。這也應該是一個歷史的鑒戒吧！

至此，萊布尼茨用前定和諧學說來企圖解決的，僅只是身心關係問題的一個方面，即身心的活動如何能彼此協調一致的問題。此外身心問題也還有其他許多方面，如兩者究竟是如何結合的呢？心靈爲什麼一定有它的身體呢？一個心靈是否可以和這個身體結合，又和另一個身體結合，即是否有靈魂的輪迴呢？身體死亡後，靈魂究竟怎麼樣了呢？是否有死亡呢？對生死問題該怎麼看呢？如此等等。對於這些問題，萊布尼茨也都有他特殊的看法。一般說來，萊布尼茨認爲每個靈魂都必須有物質的身體與之結合。因爲除了上帝之外，每個單子都既有某種完滿性，又都不是絕對完滿的，即它的知覺不是完全清晰的，而這種知覺的模糊表象，就是物質性的表現。因爲只有上帝絕對完滿，其知覺完全清晰，也就是沒有物質性的形體，其他單子都與某種物質性相結合，也就是和一定的形體相結合。總之，形體是附屬於一切被創造的單子的，形體與低級單子或「隱德萊希」一起構成「生物」，和「靈魂」一起構成「動物」，而和「理性靈魂」一起就構成「人」。每個生物的形體都是有機物的，這種有機的形體乃是一種「神聖的機器」，或一個自然的自動機，無限地優越於一切人造的自動機。他又主張不能認爲每個靈魂有一塊或一份物質，永遠爲它所固有或附屬於它，因爲一切形體都處於一個永恆的流之中，好像河流一樣，持續不斷地有些部分流出和流進，因此靈魂只是逐漸地和逐步地更換其形體，在動物中經常有形態的改變而絕對沒有靈魂的更替，也就是絕對沒有靈魂的輪迴；更沒有完

全與形體分離的靈魂，也沒有完全沒有形體的精靈，只有上帝才完全沒有形體。從這樣的觀點出發，並根據一切單子都不能自然產生和自然消滅的觀點，萊布尼茨就否定了有絕對意義的生和絕對意義的死。在他看來，不僅靈魂是不死的，而且身體也是不死的，也沒有靈魂完全離開了身體那種意義的死亡。所謂生，只是單子的與之相結合的身體的發展與增大，而所謂死，也就只是身體的器官縮小成一點，變得不可見了。萊布尼茨甚至引用了當時一些科學上的發現來企圖論證他的根本否認有絕對的生和絕對的死的觀點。當然，這種引用只能是被歪曲了的，他的這整套觀點也充滿了神祕主義的不可理解的怪誕想法。實際上也正是他肯定單子因為是沒有部分而不可分的，因而不能有自然的產生和消滅這一觀點引申出來的荒謬的結論。這種觀點，實際上否認了世界上任何舊東西的死亡和新事物的產生，也就實質上否定了真正的變化發展，是一種反辯證法的思想。萊布尼茨儘管承認單子本身也有某種意義的發展，但這種發展既不能超出一定範圍而有舊事物的消滅和新事物的產生，歸根結底就否定了真正的發展而陷於反辯證法的形而上學觀點了。

總之，萊布尼茨關於身心問題的看法，是從他的單子論的唯心主義觀點出發，實際上否認了物質的身體的實在性，把物質的身體和精神或心靈的關係，也歸結為完全是精神性的單子之間的關係，並用解決一般單子之間的關係問題的「前定和諧」原則來解決身心關係問題。這種觀點，既是唯心主義和僧侶主義的，也是形而上學的，並由此引出了如根本否認身體和心靈有絕對的生和死等等荒謬的結論。但是，在這看來十分荒誕不經的理論體系中，卻也以歪曲了的形式，包含著某種排除神的具體干預，而肯

定事物按照既定規律自行發展的思想，這實質上是對傳統神學觀念的某種背離甚至否定，並包含著一定的合理成分的。此外，它也在一種神祕主義的形式下，實際肯定了身體和心靈的密切結合，乃至一切事物之間的普遍聯繫，並在一定範圍內肯定心靈、身體乃至一切事物的變化發展，這一些也還是包含著辯證思維的因素的。而從心靈和身體既是徹底獨立的，又都按照著某種既定的必然規律行事，並形成自然的「和諧」或「協調」這種觀點出發，他也以自己的方式解決了人的行為或倫理學範圍內的自由與必然的矛盾統一問題，這也是有光輝的辯證法因素的思想。

第 五 章
萊布尼茨的認識論觀點

萊布尼茨的認識論觀點，在一定意義下，是他的「單子論」學說的一個有機組成部分。換句話說，認識論在萊布尼茨的哲學體系中，無非是關於人的靈魂這種較高級的單子所具有的較清楚的有自我意識的知覺或「統覺」的理論。因此，他的認識論觀點是以他的世界觀的基本原則爲依據，和他的世界觀的主要觀點密切聯繫著的。事實上，萊布尼茨主要地也是在確立了他的形而上學或本體論的主要原則之後，有鑒於當時以洛克爲代表的唯物主義經驗論和他的哲學原則的針鋒相對的矛盾，爲了維護自己的哲學原則，才在與洛克進行鬥爭中系統地發揮了他的認識論觀點的。

一、萊布尼茨認識論的主要傾向

要了解萊布尼茨認識論的主要傾向和歷史地位，不能脫離當時西歐哲學界在認識論問題上的鬥爭形勢。西歐自資本主義關係產生並進行早期資產階級革命以來，爲適應資本主義生產發展的需要，近代的自然科學蓬勃發展起來。與此相聯繫，探討這種科學的認識方法的方法論問題和認識論問題也成爲當時資產階級的

思想代表們所注意的一個突出問題。在英國，弗蘭西斯·培根主要從自然科學中觀察、實驗的方法著眼而首先制定了經驗的歸納法，並奠定了近代認識論中唯物主義經驗論的基礎，與此同時，法國的笛卡爾則主要從自然科學中的數學方法著眼而創導理性的演繹法，開闢了近代認識論中唯理論的路線。這種認識論上經驗論和唯理論的對立，在古代希臘的哲學中已可見其端倪，在中世紀經院哲學的唯名論和唯實論的鬥爭中也有所表現，而作為較發展了的形態，形成較鮮明的哲學派別而展開針鋒相對的鬥爭，則是在近代從培根和笛卡爾開始的。培根及其學說的系統化者霍布斯，誠然都在不同程度上，以不同的方式容納了一些唯理論的因素，還不能說是很徹底的經驗論者，但基本立場確是經驗論的；而且就近代來說，也正是他們確立了經驗論的原則，雖然他們都還沒有詳細地論證這些原則。霍布斯和法國的伽桑狄都曾站在唯物主義經驗論的立場對笛卡爾的唯心主義唯理論觀點進行了鬥爭，這可以說是經驗論反對唯理論鬥爭的第一個較大的戰役。雖然就結果看，在當時霍布斯和伽桑狄並未取得鬥爭的勝利，但這一鬥爭卻不只是認識論上兩種片面觀點的鬥爭，而且也明顯地帶有唯物主義反對唯心主義的性質。霍布斯和伽桑狄是站在唯物主義立場上的，而笛卡爾的唯理論觀點則是唯心主義的。只是由於霍布斯和伽桑狄的唯物主義本身有嚴重的形而上學和機械性的弱點，因此也還難以戰勝唯心主義。但是隨著歐洲資產階級特別是英國資產階級反對封建勢力鬥爭的深入開展，隨著英國經驗論反對大陸唯理論鬥爭的深入開展，英國經驗論的另一名代表人物洛克再次出來對以笛卡爾為代表的唯心主義唯理論觀點進行大規模的攻擊，並系統地詳細地論證了培根和霍布斯的經驗論原則。這

就是他前後花了二十年功夫所寫成的巨著《人類理智論》所完成
的任務。雖然做爲 1688 年階級妥協產兒的洛克，思想上也有很
大的妥協性和不徹底性，他在和笛卡爾進行鬥爭的同時也接受了
笛卡爾的很大影響，他的觀點中也有很多二元論和唯心主義的因
素，甚至最後也表現出向唯理論妥協讓步的傾向，但他對唯心主
義唯理論觀點如「天賦觀念」學說等的進攻畢竟取得了巨大的勝
利，而他對經驗論原則的詳盡論證也基本上貫徹和捍衛了唯物主
義的立場。洛克的著作在當時就產生了巨大的影響，雖不能說已
取得了決定性的勝利，但確實對唯理論贏得了一個回合。而笛卡
爾創導的唯理論觀點之所以不至於在洛克等經驗論哲學家的攻擊
下徹底潰敗，則因爲它雖然有其唯心主義的一面，但畢竟也是屬
新興資產階級思潮，在反封建神學和經院哲學方面也有其正確的
和進步的一面。如果說經驗論是反對神學和經院哲學的空洞煩瑣
的思辯，則唯理論者也是反對經院哲學的盲目信仰的。而且就認
識理論本身來說，唯物主義經驗論者肯定認識起源於對外物的感
覺經驗，反對唯理論者關於理性認識可以不依賴於感覺經驗的觀
點，這些無疑是正確的；但他們貶低或忽視理性認識的重要性則
也是錯誤的；而唯理論者否認認識必須起源於感覺經驗的觀點誠
然是錯誤的，但他們肯定理性認識的重要性，肯定認識事物的
本質要依靠理性而不能單靠感覺經驗，則也有其正確的一面。總
之，兩者在認識論的全體上都是錯誤的，但在一定範圍內也各有
其片面的眞理性。這就決定了兩者的鬥爭不可能以一方的完全勝
利和另一方的完全失敗而告終。正因爲如此，笛卡爾的唯理論觀
點也並不因經驗論者的批評攻擊就退出哲學舞臺，相反地，還是
得到了斯賓諾莎等重要哲學家的繼承和發展。斯賓諾莎作爲先進

資本主義國家 —— 荷蘭資產階級的思想代表，在世界觀上雖然持守一種遠比洛克徹底的唯物主義，但在認識論上則繼承並發展了笛卡爾的唯理論觀點。誠然斯賓諾莎在認識論上也力圖貫徹唯物主義的基本立場，因此一般認爲他是唯物主義唯理論的主要代表，但他的這種唯理論觀點由於否認認識起源於對外物的感覺經驗，就難免在認識論的一系列重大問題上仍舊陷於唯心主義。和洛克同年出生的斯賓諾莎，他在認識論上雖然和洛克對立，但由於他早在《人類理智論》發表前就已去世，因此不可能直接對洛克進行反駁和論戰。於是，站在唯理論立場對洛克的經驗論進行反擊，維護並進一步發展其唯理論的觀點，就成了萊布尼茨的使命和事業。只是他不是像斯賓諾莎那樣站在唯物主義唯理論的立場上，而是站在唯心主義唯理論的立場上，來反對洛克的經驗論的。這樣，他對洛克的鬥爭，就不僅具有唯理論反對經驗論的性質，同時也具有唯心主義反對唯物主義的性質。

站在唯心主義唯理論的立場上反對唯物主義經驗論，這是萊布尼茨認識論的主要傾向。對此，萊布尼茨自己也是有相當清楚的表示的。在他系統反駁洛克認識論的《人類理智新論》的「序言」中，萊布尼茨十分坦率地說：「他（指洛克 —— 引者）的系統和亞里士多德關係比較密切，我的系統比較接近柏拉圖，雖然在許多地方我們兩個人離這兩位古人都很遠。」應該說這是如實地反映了實際情況的。我們知道，亞里士多德的哲學雖然是動搖於唯物主義和唯心主義之間，但在認識論上，至少就其出發點來說，是接近於唯物主義經驗論的。他也肯定了認識必須從對外物的感覺經驗開始。經驗論的主要原則，即「凡是在理智中的，沒有不是先在感覺中的」，通常就認爲是亞里士多德首先提出來的

（雖然有人也認爲這種說法並不合乎事實）。至於柏拉圖，則確實可以說是唯心主義唯理論在古代條件下最典型的代表。他斷言我們對一切眞理的認識，都不是靠對感性事物的感覺經驗得來，而是靠靈魂「回憶」它進入身體以前在「理念世界」中所已認識的「理念」——卽被神祕化、絕對化了的一般概念——而得來的。這種神祕主義的「回憶說」，正是近代唯理論者的「天賦觀念」學說的思想淵源或最初表現。由此可見，萊布尼茨不僅在世界觀上和柏拉圖一樣是客觀唯心主義者，在認識論上也是繼承著柏拉圖路線的唯心主義唯理論的。就古代的思想淵源說，他的觀點導源於柏拉圖，而就其在近代的思想先驅來說，則無疑是直接繼承了笛卡爾。萊布尼茨在許多地方也明白地把自己和笛卡爾派相提並論，自認在反對洛克時在許多觀點上是和笛卡爾派站在一條戰線上的。

　　但是，如果認爲萊布尼茨僅僅只是簡單地繼承了笛卡爾的唯理論觀點，或僅僅只是站在唯心主義唯理論的立場反對了唯物主義經驗論，則也是不符合萊布尼茨的實際情況的。就一方面來說，萊布尼茨對笛卡爾的唯理論，也不僅僅是簡單的繼承，而是向唯心主義的方面作了進一步的發展；而就另一方面，或毋寧是更重要的一方面來說，萊布尼茨在繼承笛卡爾的同時也修正和反對了笛卡爾的某些唯理論觀點，而在反對洛克的同時也接受和容納了洛克的某些經驗論思想。這種情況，也有它的兩面性：就一方面來看，是萊布尼茨作爲軟弱資產階級思想代表所具有的一貫的妥協性和調和傾向的明顯表現；而就另一方面來看，也因爲萊布尼茨是有豐富的辯證法思想的哲學家，因此也確實表現了他竭力想克服唯理論和經驗論的形而上學片面性，而將兩者以某種

方式結合起來的企圖。雖然他的這種企圖沒有成功，也是不可能成功的，但當他在攻擊經驗論乃至批評笛卡爾的某些唯理論觀點的片面性時，也確實抓住了一些他們各自的形而上學性的真正弱點，而閃耀著萊布尼茨的辯證法思想的光輝。因此，如果因為萊布尼茨的認識論體系，作為一種唯心主義唯理論，就其全體來說是錯誤的，就予以簡單的否定或拋棄，而不對整個體系做具體的分析，積極剝取其內蘊的合理因素，是不當的，甚至是有害的。

下面我們就認識的對象和起源、認識的主體、認識的過程以及關於真理的學說等幾個方面，具體地考察一下萊布尼茨是如何在與洛克的鬥爭中來維護和發展唯心主義唯理論以反對唯物主義經驗論，又如何企圖把唯理論和經驗論的觀點結合起來的。

二、認識的對象和起源
——「天賦觀念」還是「白板」？

萊布尼茨在《人類理智新論》的序言中自述他和洛克的根本分歧時寫道：

> 我們的差別是關於一些相當重要的主題的。問題就在於要知道：心靈本身是否像亞里士多德和《理智論》作者所說的那樣，是完完全全空白的，好像一塊還沒有寫上任何字跡的板(Tabula Rasa)；是否在靈魂中留下痕跡的東西，都是僅僅從感覺和經驗而來；還是靈魂原來就包含著多種概念和學說的原則，外界的對象是靠機緣把這些原則喚醒

了。我和柏拉圖一樣持後面一種主張………❶

換句話說，心靈原來是「白板」，還是有「天賦觀念」？這是他們
爭論的一個中心問題，也就是唯物主義經驗論和唯心主義唯理論
的根本分歧所在。既然洛克之論證他的經驗論原則是從反對「天
賦觀念」和「天賦原則」、論證人心原來是一塊「白板」開始
的，萊布尼茨就首先來維護「天賦觀念」和「天賦原則」而否
認人心是「白板」。我們知道，這一爭論的實質就在於要肯定我
們的認識是否必須起源於對外界事物的感覺經驗？以及我們認識
的對象是在我們心外客觀存在的事物，還是我們心中固有的東
西？洛克和其他唯物主義經驗論者肯定我們的認識起源於對外物
的感覺，從而也肯定了我們認識的對象是在我們心外客觀存在的
事物；而萊布尼茨和柏拉圖及笛卡爾等一起，則否認我們的認識
必須完全依賴對外物的感覺，從而也把我們認識的對象歸結爲某
種我們心中固有的東西。雖然我們看到洛克除了肯定我們的認識
起源於對外物的感覺之外，還承認對我們心靈本身的活動的「反
省」也是認識的另一個來源；而萊布尼茨乃至笛卡爾也都企圖說
明我們的觀念在一種意義下也都是「反映」或「表象」心靈之外
的事物的；但這在洛克至多只是他的唯物主義經驗論的不徹底性
的表現，而在笛卡爾和萊布尼茨則實質上很可能只是企圖逃避他
們的唯理論觀點必然要導致的荒謬結論的一種遁辭，因此並不能
改變問題的實質。在這個問題上，就基本之點來說，顯然洛克的
唯物主義經驗論立場比較正確，而萊布尼茨和笛卡爾的唯心主義

---

❶　《人類理智新論》上冊，商務印書館1982年版，頁2～3。下引此
書，不注版本。

唯理論觀點是錯誤的。因爲如果否認了我們的認識起源於對外物的感覺經驗，則不論玩弄多少遁辭，實質上只能使人的認識成爲「無源之水，無本之木」，成爲主觀自生的靠不住的東西，這就完全失去了科學認識的意義。

這裡首先應該予以說明的是，我們說萊布尼茨和笛卡爾等唯理論者把認識的對象歸結爲心中固有的東西，只是就這種唯理論觀點所必然要導致的邏輯結論來說的，而在笛卡爾和萊布尼茨，特別是唯物主義的唯理論者斯賓諾莎，他們本人則都並不直接作出這一結論，而毋寧是竭力想逃避這一結論的。在笛卡爾，固然心靈本身作爲一種思想實體是他所肯定的認識對象，而和心靈截然不同的物質實體或物質世界以及這兩種相對實體所依賴的絕對實體 —— 上帝，也是他所肯定的認識對象；在斯賓諾莎，也是肯定認識的對象就是唯一的「實體」（即客觀自然界）及其「樣式」（即存在於自然界中的個體事物），認爲我們憑天賦的理性認識能力，通過「理性的直觀」就能夠直接把握自然界及其各種事物的本質；而在萊布尼茨，我們看到，誠然他認爲只是心靈（即單子）固有的知覺憑「內在的原則」自行發展的結果，但他也認爲這種「知覺」也是「反映」整個宇宙，並通過「前定和諧」而和宇宙萬物的發展變化相一致，因此毋寧說他所肯定的認識對象也是並不依賴個人的心靈而客觀存在的宇宙萬物，只是這宇宙萬物不是什麼物質實體，而是由精神性的實體 —— 單子構成的而已。

這樣就出現了一種看來似乎矛盾怪誕的情況：唯理論者否認認識起源於對外物的感覺，本來應該把認識對象僅僅歸結爲心中固有的東西，但他們卻又都以這樣那樣的形式肯定某種心外客觀存在的實體（物質實體或精神實體）是認識的對象；相反地，經

驗論者如洛克本來是肯定認識起源於對外物的感覺，因而應該肯定（在一定程度上他也確實還是這樣肯定的）外界存在的客觀事物是我們認識的對象，但他片面堅持經驗論的結果，卻得出了「物質實體」和「精神實體」都不可知的結論，實質上已把認識的對象歸結爲僅僅是我們心中的觀念（雖然他還是肯定「觀念」是反映某種雖不可知但確實存在的「實體」的「性質」的），循著這樣的思想路線發展，經驗論到了巴克萊和休謨那裡，就事實上否認了客觀事物的存在，而把認識對象完全歸結爲我們心中的知覺、印象或觀念了。這一現象是值得我們加以探討的，但詳細探討這一問題將超出本書的範圍，這裡只限於指出：除了社會階級的根源和歷史的原因之外，唯理論和經驗論、不論是唯物主義的或唯心主義的，不但都是一種片面的形而上學觀點，並且也都包含著內在的矛盾；而且，正是由於這種內在的矛盾運動，在其理論的現實發展過程中，就會各向其對立的方面轉化。這也不限於認識對象的問題，在其他一系列問題上，我們也可以看到類似的情況。

　　儘管萊布尼茨在一定意義上也是把客觀存在的宇宙萬物作爲認識對象，而並不把它單純歸結爲心中的觀念，但從他的單子論的體系出發，他認爲心靈作爲單子既然「沒有窗子可供其他事物出入」，則心靈之外客觀存在的事物，也不可能進入我們的心靈，卽不可能直接「影響」我們的心靈。就這個意義說，他實際上已經肯定了我們心中的觀念都是內在固有而不是從外物得來的，換句話說，都是「天賦」的。如果說這種「天賦的觀念」也「反映」心外的事物，它卻不是直接受外界事物「影響」的結果，而是由於「前定和諧」，卽上帝在創造每一單子時，就使它本身具

有的整個「知覺」或觀念變化發展的過程，自然會和它之外整個宇宙事物的變化發展過程相一致。這種觀點，從根本上來說，是把人的整個認識過程極端神祕化，當然是十分荒謬的僧侶主義。

就這個觀點的這一方面來說，萊布尼茨不僅是一般地維護了笛卡爾的「天賦觀念」學說，而且是把這種學說向唯心主義方面大大發展了一步，把它貫徹到底，竟至十分荒謬的地步。因為笛卡爾雖然肯定有些觀念 —— 如關於上帝的觀念以及關於幾何學的公理之類的觀念等等 —— 是天賦的，但還並沒有肯定一切觀念都是天賦的，而萊布尼茨則肯定一切觀念原則上都不可能從外界接受得來，這就是在肯定一切觀念都是天賦的了。但從另一方面來看，又可以說萊布尼茨在經驗論的攻擊面前，從笛卡爾的「天賦觀念」學說的立場上後退了一步。因為照笛卡爾看來，這種「天賦觀念」自始就已經是現成的、作為清楚明白的觀念天賦在人心之中的，而萊布尼茨則認為觀念並不是作為完全實現了的、一開始就已經清楚明白的東西天賦在人心之中的，而只是「作為傾向、稟賦、習性或自然的潛能天賦在我們心中……雖然這種潛能也永遠伴隨著與它相應的、常常感覺不到的某種現實。」❷

既然認為人心中有「天賦觀念」，萊布尼茨自然就否認洛克等所主張的心靈原來是「白板」的觀點。為了說明他自己的觀點和洛克的觀點的對立，同時也說明和笛卡爾觀點的區別，萊布尼茨曾提出了一個形象的比喻。據他看來，心靈既不是像洛克所說那樣像一塊空白的板，或一塊完全一色的大理石，也不是一塊其中已經有了完全現成的、清楚的圖像的大理石，而是像一塊天然

---

❷ 《人類理智新論》上冊，頁7。

有某種紋路的大理石。如果這塊石頭上本來有的那些紋路，表明用它來刻例如希臘神話傳說中的英雄赫爾庫勒的像比刻別的像更好，這塊石頭就會更加被決定用來刻這個像，而赫爾庫勒的像就可以說是以某種方式天賦在這塊石頭裡了，雖然也必須經過加工才能使這些紋路顯出來，加以琢磨，使它清晰，把那些阻礙這個像顯現的紋路去掉。

　　這一比喻確實形象地說明了萊布尼茨所主張的「天賦觀念」的性質，也說明了他的學說和洛克一方以及笛卡爾一方的關係：既和洛克相對立，又和笛卡爾有區別；而就另一角度來看，又是和洛克及笛卡爾兩者都相對立的。因為就其維護「天賦觀念」而反對「白板」說而言，是和笛卡爾原則上一致而和洛克根本對立的；而就其把觀念或認識看成都需要一個形成過程而不是一下完成的而言，則是和洛克及笛卡爾都直接對立的，而這種對立也意味著一種辯證法觀點和形而上學觀點的原則上的對立。我們知道，洛克和笛卡爾的觀點，誠然是彼此對立的，但他們所說的觀念，不論是洛克的從外物獲得的「簡單觀念」，或笛卡爾所主張的「天賦觀念」，都是一成不變而沒有什麼發展過程的。就這個角度看，他們的觀點都有同樣的形而上學性質。而萊布尼茨所說的觀念卻有一個發展的過程，是從僅僅作為一種「潛在」的「紋路」，通過「加工」、「琢磨」的過程，才作為「現實」的「清晰」的「圖像」出現在心中的。這樣，事實上就是把我們的認識看成是一個由本來不清楚到清楚的發展過程，甚至是一個由「潛能」到「現實」的辯證發展過程，也就是把發展的觀點引進了認識論。這當然比洛克和笛卡爾都有高明之處，是包含著有價值的辯證法因素的。

此外，萊布尼茨在其反對「白板」說而主張「天賦觀念」時所持的論據，雖然主要是以唯心主義的觀點反對唯物主義的觀點，但也同時包含著以辯證法觀點反對形而上學觀點的意義。萊布尼茨一方面是利用洛克自己觀點中的唯心主義因素，來反對他的唯物主義觀點本身。因爲洛克認爲觀念除了對外物的「感覺」這一來源之外，還有第二個來源，就是對心靈本身的活動的「反省」。萊布尼茨就藉此對洛克反駁說：

> ……所謂反省不是別的，就是對於我們心裡的東西的一種注意，感覺是並不提供我們那種我們原來已經有的東西的。既然如此，還能否認在我們心靈中有許多天賦的東西嗎？
> ❸

這實際上只是利用洛克觀點的某種不徹底性來鑽空子，並不說明萊布尼茨的觀點因此就增加了一點什麼站得住腳的理由。但另一方面，萊布尼茨也確實抓住了洛克所主張的「白板」說的真正形而上學的弱點。因爲照洛克的這種觀點看來，任何人的心靈在獲得觀念之前，作爲「白板」就都完全一樣、毫無二致；而他又認爲心靈並不永遠在思想，似乎離開了任何思想意識的內容，也還有一個作爲「白板」那樣的赤裸裸的「心靈」存在。這種看法，實際上是和把物質本身看成沒有質的區別一樣的形而上學觀點，或者毋寧就是那種機械的形而上學觀點在認識論上的表現，並且顯然是把作爲認識主體的「心靈」和認識作用或「思想」形而上學地割裂開來，因爲認爲心靈可以沒有思想，就像認爲物質可以

---

❸ 《人類理智新論》上册，頁6。

絕對靜止而沒有運動一樣。而萊布尼茨從他的肯定世界上沒有兩個事物絕對相同，以及每個單子都有自己特有的和其他單子不同的質的觀點出發，就否認能有洛克所說的那種本身毫無變異的、完全一色的「白板」；同時也從肯定一切事物都有「內在的力」而永遠在運動中因而沒有絕對靜止的觀點出發，否定了洛克那種可以沒有思想的、處於絕對靜止狀態的作爲「白板」的赤裸裸的心靈。就這方面來看，不能不說萊布尼茨是以辯證法的觀點反對了洛克的形而上學的觀點。但這也完全不是說萊布尼茨自己所主張的「天賦觀念」學說是正確的。應該說，人作爲認識主體，各自的認識能力或主觀條件是有所差別而並不是完全一色的。因此，就現實的社會的人來說，像洛克那樣認爲每個人的「心靈」都是一色無別的「白板」，確實是一種形而上學的錯誤觀點。但是說人的認識能力和主觀條件有某種差別，卻絕不是說人的心靈具有什麼「天賦觀念」。因爲這種認識能力和主觀條件，並不是什麼「天賦」的，更不是像萊布尼茨所說那樣是上帝在創造每個心靈時所賦與的，而是整個人類在長期的社會實踐基礎上形成的；即使單就人的認識器官（包括大腦及其認識功能）而言，也是「勞動」的產物，是勞動創造了人本身。而就具體的社會的人來說，其認識能力及主觀條件等的差異，除了也受在人類長期的勞動和生產實踐的基礎上所形成的身體器官的生理機能所決定之外，更重要的是受人生活在其中的社會關係 —— 在階級社會中主要就是階級關係 —— 所決定的。因爲作爲認識主體的人，並不僅僅是一個生物學上的自然人，而主要是作爲各種社會關係總和的社會的人。他的認識能力和主觀條件的差別，不能不是這樣社會關係的產物。否則就不足以說明同一客觀事物，在不同的人的

心中，特別是在不同的階級的人的心中，何以會有截然不同甚至正相對立的反映。不論是洛克或是萊布尼茨，都撇開人的社會性來談人的認識問題，當然就都不能對認識問題有眞正正確的觀點。洛克承認觀念是外物的反映，有其唯物主義的正確方面，但只看到認識之受外物決定的被動的方面，而完全不了解它也受主觀條件的影響甚至也可能是起決定性的作用的方面（至少就其「簡單觀念」學説來説是如此）。而萊布尼茨雖在一定程度上看到了認識之受主觀條件決定的方面，但把這一方面片面誇大而完全否定了它受外物決定的方面，又不能說明這些主觀條件的差別所以形成的原因，而獨斷地把它們宣布成天賦觀念，這就不僅陷入另一方面的形而上學片面性，而且完全陷入唯心主義了。因此萊布尼茨的觀點雖有如上所指出的某些辯證法因素，但就其全體來說則不僅是唯心主義的，而且也仍舊是形而上學的。其所以如此，除了階級的、歷史的根源之外，主要在於他們都不能把認識看作社會的人在社會實踐的基礎上反映客觀事物的一種辯證法運動，而只是把它看成一種抽象的自然的人的作用。這樣，在洛克那裡就看不到作爲認識主體的人主觀條件方面有什麼差別，而把它看成只是一色的「白板」了；而在萊布尼茨那裡，則看到了這種主觀條件方面的差別，但又無法說明這種差別之所以形成的原因，就只好把它說成是由於具有不同的「天賦觀念」了。由此可見，離開人的社會性，離開人的歷史發展，去觀察認識問題，就必然不能了解認識對社會實踐的依賴關係，也必然要這樣那樣地陷於各種形而上學的和唯心主義的觀點。萊布尼茨和洛克關於「天賦觀念」還是「白板」問題的爭論，也爲我們提供了一個這方面的鮮明例證，同時也爲我們提供了在理論思維上應該吸取的

一個深刻教訓。

三、認識的主體
——「物質能不能思維?」

　　萊布尼茨和洛克爭論的另一個重要問題是「物質能不能思維?」這個問題的實質在於: 能思維的認識主體究竟是物質還是精神實體?顯然,這是直接牽涉到唯物主義和唯心主義兩條哲學路線的鬥爭的。在這個問題上,洛克的觀點雖然十分不徹底和不堅定,但基本上還是站在唯物主義立場上的,而萊布尼茨則完全站在唯心主義的立場上來攻擊唯物主義。

　　我們知道,洛克的思想本來有很大的妥協性: 不僅有二元論的色彩,也有不可知論的因素。一般說來, 他對物質實體的存在是毫不懷疑的,但同時認爲精神實體的存在似乎也是不能否認的。他把我們從「感覺」得來的觀念所從之產生的那些性質所寄托的主體或支撐的「基質」叫做「物質實體」, 而把我們從「反省」得來的觀念所寄托的主體或 「基質」 叫做 「精神實體」 或「精神」。 但他認爲這些實體的觀念只是對於這樣一種支撐物的「假設」, 至於這些實體的本性究竟怎樣則是我們根本不可能認識的。 只是他認爲我們雖不能認識其本性, 卻絕不能否認其存在。由於這些實體的本性根本不可認識,所以他有時雖彷彿說是兩種實體,但他同時也認爲很可能也就只是一種實體,卽認爲所謂精神實體也未必不是物質性的,雖然他同時也認爲精神的非物質性有很大的「或然性」。總之, 他認爲:

> 我們有物質和思維這兩個觀念，但是很可能永遠不知道一
> 個僅僅是物質的東西是否能思維；因為單憑思考我們自己
> 的觀念，沒有天啓，我們就不可能發現全能的上帝是把一
> 種知覺和思維的能力賦予了某種配置適當的物質體系，還
> 是把一個思維的、非物質的實體聯結在、固定在配置適當
> 的物質上面；因為就我們的概念而言，我們既可以設想，
> 上帝如果高興的話，就能夠把一種思維能力加到物質上，
> 也同樣可以設想，上帝能夠把另一種能思維的實體加到物
> 質上。❹

可見洛克雖然表現了極大的動搖、猶疑，但他至少還是肯定了物
質本身就能思想是完全可能的。馬克思曾經指出：

> 大不列顛的經院哲學家鄧斯·司各脫就曾經問過自己：
> 「物質能不能思維？」為了使這種奇蹟能夠實現，他求助
> 於上帝的萬能，即迫使神學來宣揚唯物主義。❺

我們可以說，洛克在這裡，也正和鄧斯·司各脫一樣「迫使神學
本身來宣揚唯物主義」。他實質上毋寧是肯定物質本身就能夠思
維，即肯定思維是「配置適當的物質」的一種能力。只是仍借助
於神學本身來宣傳這一點，並且表現了極大的不堅定性而已。萊
布尼茨在《人類理智新論》中，實際上也就是認為洛克肯定了物
質能夠思維，而他也正是針對著這一點進行反駁的。

---

❹　洛克《人類理智論》第 4 卷，第 3 章第 6 節。
❺　《馬克思恩格斯全集》第 2 卷，人民出版社1965年版，頁163。

　　萊布尼茨對洛克的反駁，　就基本的方面來說，　是站在唯心主義立場上攻擊唯物主義，但也還是帶有以辯證法觀點反對形而上學觀點的性質；而當其站在辯證法的立場來反對形而上學觀點時，　甚至在一種很特殊的形式下是顛倒地以某種有唯物主義意義的觀點來反對一種由於形而上學性而必然陷入的唯心主義觀點了。

　　從萊布尼茨的世界觀的根本觀點來看，他之反對物質能夠思維的觀點是很自然的。因爲肯定物質能夠思維，無非就是肯定思維或認識的主體是物質的實體，肯定思維或意識是物質的一種能力或屬性。這就是肯定了唯物主義的根本原則。萊布尼茨作爲一個唯心主義者自然會反對這一原則。他是既根本否認物質能夠是眞正的實體，　也根本否認思維能夠是物質的能力或屬性的。因爲他在世界觀上既認爲唯一的實體只能是精神性的單子從而根本否定了物質實體，在認識論上自然也就不能承認有作爲認識主體的物質實體，而必然要肯定作爲認識主體的心靈或靈魂是非物質的。至於他宣揚這種唯心主義的目的，他自己也表示得很清楚。他說:

　　　　靈魂的非物質性這一眞理無疑是重要的。因為對宗教與道德來說，尤其是在我們這個時代（現在許多人對於單單的天啓和奇蹟是幾乎不尊重的）指出靈魂就本性說是不死的，　而如果它不是這樣則是一種奇蹟，比之於主張我們的靈魂就自然本性說是應該死的，但由於一種奇蹟的恩惠，僅僅基於上帝的恩許，它才不死，要有無限地更大的好處。❻

---

❻　《人類理智新論》上册，頁26～27。

這就是說， 他之所以要宣揚靈魂的非物質性， 其目的就在於爲
「靈魂不死」的教條提供一種似乎合乎「理性」的「根據」， 以
便誘使那些受過啓蒙思想和近代科學洗禮不再滿足於傳統宗教迷
信的人們接受這種教條，更有效地爲宗教服務。因此萊布尼茨的
觀點的僧侶主義實質和反動作用是很顯然的。

　　萊布尼茨用來反對物質能夠思維的主要論據，也只是鑽機械
唯物主義觀點的空子， 利用這種唯物主義的機械的局限性和弱
點，來反對唯物主義本身。因爲當時的機械唯物主義者自己就把
物質本身看成是死的、不能自己運動的、消極的、惰性的東西，
這樣就無法說明物質本身按其本性如何能夠思維了。萊布尼茨也
就據此認爲物質按其本性來說就能夠思維是無法理解、不能設想
的，甚至物質憑它的本性也不會有洛克所引證的牛頓所提出的萬
有引力，並且憑它本身也不會在一條曲線上運動，因爲單單從機
械論的觀點是不能解釋這種運動的。而且在事實上，從機械論的
立場出發也的確是無法說明物質本身何以能夠思維的。

　　萊布尼茨雖然是爲了宣揚僧侶主義而來利用機械唯物主義觀
點的弱點的，但他也確實抓住了這種機械論的弱點。因爲洛克自
己， 由於持上述機械論觀點，也只能承認物質如何能夠思維、甚
至如何能夠感覺， 都是單憑我們的思考所不能解決問題的。他甚
至也只能承認: 物質之不能機械地產生感覺，也和不能機械地產
生理性一樣。這樣，他就只能把物質能夠思維的原因，最終歸之
於上帝的奇蹟，卽求援於神學，陷入唯心主義了。機械唯物主義
最終導致唯心主義乃至神學，本來是有某種必然性，也是哲學史
上屢見不鮮的。萊布尼茨正是抓住了這一點，指出機械唯物主義
之肯定物質能夠思維只有依賴上帝的奇蹟一途。他說:

因此，物質能感覺和思想，並不是自然的事，它要能如此，只能由於兩種方式：一種方式是上帝使它和另一種自然能思想的實體相結合，另一方式是上帝用奇蹟把思想放在物質之中。

又說：

> 如果有人說上帝至少能把思想的功能加給一種如此準備好了的機器，則我可以回答說，如果是這樣，如果上帝把這種功能加給物質而並不同時放進一種作為這功能所依附的主體的實體（如我所設想那樣），換句話說，並不加進一種非物質的靈魂，那麼，物質就應當是被以奇蹟的方式提高了，以便來接受一種它照自然的方式不能有的能力。❼

應該說，如果從機械唯物主義的觀點出發，則要肯定物質能夠思維，確實只有求助於上帝的奇蹟，因此萊布尼茨指出這一點不是沒有理由的。而在這裡，又出現了看來是矛盾怪誕的情況，即：原來主張物質能夠思維這種唯物主義觀點的洛克不得不為上帝的萬能來作辯護；而本來宣揚僧侶主義的萊布尼茨卻要來反對這種上帝的奇蹟。照萊布尼茨看來，本來能夠「自然地」解釋的事物，是不應該仰賴上帝的奇蹟的。他認為：把自然的、可以解釋的東西與不可解釋的、奇蹟的東西區別開，就可以除去一切困難。而否認這種區別，就是承認了比中世紀經院哲學家所講的那

---

❼　《人類理智新論》上冊，頁25、26。

些完全不可理解的「隱祕性質」之類更壞的東西，這樣就是「拋棄了哲學和理性，而以一種糊塗的系統爲無知與懶惰開闢庇蔭所。」他還批評說：「說上帝平常也老是施行奇蹟，這也是荒唐無稽的。」

這樣看來，在究竟什麼是認識或思維的主體的問題上，萊布尼茨倒是主張應該按照事物的「自然」的方式來解決，而反對訴諸上帝的奇蹟。因此我們說他是以特殊的方式用一種有唯物主義意義的觀點，來反對由機械唯物主義的形而上學觀點所陷入的唯心主義觀點。這也不是在他這個問題上的一個偶然作法，而是他的某種一貫的觀點的表現。如我們在上面講他的「前定和諧」學說時，就已指出他是要以上帝創世時的唯一一個最大的奇蹟來否定其餘的一切奇蹟，否定上帝對事物具體發展過程的干預。在這裡，他也無非同樣貫徹他的這種觀點。他的這種觀點和立場，也應該說是表現了當時德國資產階級的某種進步傾向，卽背叛封建統治階級，企圖從封建勢力的具體束縛中擺脫出來的要求。

當然，這決不是說萊布尼茨自己的觀點就已經是正確的、唯物主義的觀點。恰恰相反，他在這裡之所以反對求助於上帝的奇蹟，其目的正在於反對物質能夠思維的唯物主義觀點本身。而他自己的主張只有精神實體能夠思維的觀點，又何嘗是眞正是在按照「自然」的方式解釋事物呢？其實，如洛克就指出，靈魂何以能夠思維和物質何以能夠思維一樣，都是難以理解的。這實質上表明，當時的人類科學認識水平根本還不能眞正解決意識起源的問題。機械唯物主義者誠然不能解決這個問題，唯心主義者更不能解決這個問題。而且，萊布尼茨除了武斷地肯定靈魂能夠思維彷彿就是「自然」的之外，也還是只能肯定上帝把這樣一個能思

維的「實體」放在人的身體中。不論說物質本身就有思維能力，還是說物質是與某種能思維的「實體」相結合，歸根到底都還是一樣只能求助於上帝的奇蹟。這樣看來，萊布尼茨又何嘗眞正排除了這種奇蹟呢？而且，他的整個「單子論」的體系，包括他的認識論觀點在內，其實都只是建立在上帝的奇蹟的基礎上。一個唯心主義者對一種唯心主義觀點的批判，雖然常常可以有利於唯物主義，但也決不會因此使他原來的唯心主義觀點就變成唯物主義的。

　　此外，也還要指出，萊布尼茨一方面反對了洛克認爲物質能夠思維的觀點，但另一方面也反對了笛卡爾認爲思維的主體是完全脫離了物質的身體的精神實體的觀點。萊布尼茨雖然否認物質本身是實體，但卻認爲任何一個實體，即精神性的單子，都必須與某種物質的形體相結合，只除了上帝這最高的單子才是唯一無形體的。雖然他歸根結底否認物質是實體，但也並不否認特定意義下的實體的物質性。這一方面是以徹底的唯心主義一元論反對笛卡爾的二元論中的唯物主義成分，另一方面也有反對這種二元論觀點的形而上學性的意義。無論如何，萊布尼茨實質上還是以唯心主義的歪曲了的形式，肯定了思維是不能脫離物質的身體的。只是他從當時德國資產階級要維護宗教唯心主義反對唯物主義的要求出發，頑固地不肯承認認識主體就是物質的，而要把物質「心靈化」，硬要說認識的主體只能是精神性的實體而已。這歸根結底不能不說是由當時德國資產階級的矛盾地位所決定的萊布尼茨本身的內在矛盾。

四、認識的過程
——從「知覺」到「統覺」

　　如果說在認識的對象和起源及認識的主體問題上，萊布尼茨和洛克的對立雖然也有以辯證法觀點反對形而上學觀點的性質，但主要地還是以唯心主義的觀點反對唯物主義的觀點，那麼，在關於認識過程的問題上，兩者的分歧就有更鮮明的以辯證法觀點反對形而上學觀點的意義，儘管萊布尼茨的這種辯證法觀點也仍然是建立在唯心主義基礎上的。而且在這裡，萊布尼茨的觀點不僅和洛克相對立，同時也和笛卡爾相對立。

　　洛克和笛卡爾，分別作爲經驗論和唯理論的代表人物誠然是互相對立的，但他們之間也還是有些共同之處，即他們都是以完全形而上學的觀點來處理感性和理性的關係問題。他們或是把兩者形而上學地截然割裂和對立起來，或是在某種意義下把兩者混同起來而抹煞它們之間的質的差異；而且他們兩個還都把認識或觀念看成是一下子完成的，實質上否認了認識本身有一個由不清楚到清楚或由低級到高級的發展過程。

　　洛克把觀念區分爲「簡單觀念」和「複雜觀念」，在一定意義下是想來區分感性認識和理性認識，並探討兩者的關係。他所說的從「感覺」和「反省」兩個來源得來的「簡單觀念」，大體上相當於感性認識，而他所謂「複雜觀念」，即關於「實體」、「樣式」和「關係」的觀念，大體上屬於或者至少包含著理性認識。但他一方面把兩者截然割裂開，認爲「簡單觀念」是心靈完全被動地接受的，而「複雜觀念」則是心靈用簡單觀念「任意」

造成的。這樣就在簡單觀念方面完全陷於消極被動的反映論，而在複雜觀念方面又引進了主觀隨意性而有了唯心主義的因素。另一方面，他又把複雜觀念看作僅僅是把簡單觀念加以機械的組合、並列或分開而造成的，實質上抹煞了理性認識和感性認識的本質差別，把理性認識也還原為和感性認識屬於同一水平的東西，而有把兩者混同的嫌疑。此外，不論簡單觀念或複雜觀念，在他那裡都是一下子完成的，本身並沒有一個發展過程。這些都顯然是他的觀點的形而上學性的表現。

在笛卡爾那裡，感性認識和理性認識也是截然分開的。感覺照笛卡爾看來是騙人的，是完全不可靠的，它根本不是我們真理性認識的來源而毋寧是錯誤的來源；唯一可靠的認識只是理性認識；而理性認識則根本不是依靠感覺得來，它的最初的原則是天賦的，至於其餘的真理性認識則都是藉理性演繹從這些天賦原則推論出來。這顯然是把理性認識和感性認識形而上學地割裂開來並對立起來了。但笛卡爾既然否認理性起源於感覺，實質上把理性認識變成了心靈主觀自生的靠不住的東西，則他就實際上無法區別真正反映客觀實際的真理性認識和錯誤的主觀幻想，而只能把真理的標準看成觀念本身的清楚明白，這樣也可以說他實質上還是把真正反映事物的本質的理性認識和靠不住的感覺印象等等也混同起來了。此外，笛卡爾心目中認為真理的那種天賦觀念或從之演繹出來的理性觀念也是一成不變而沒有什麼發展過程的。可見在認識論上笛卡爾的觀點和洛克的觀點一樣是形而上學的。

然而，照萊布尼茨看來，認識首先不是一成不變的，而是一個發展變化的過程。我們不是一下就得到一個完全成熟的、清楚明晰的觀念，我們的觀念都是由原來不清楚的、模糊的知覺，由

於內在原則的推動，逐漸發展成為清楚明晰的觀念。正因為他在認識論中引進了這種有辯證法意義的發展的觀點，才使他有可能在一定程度上把感性認識或理性認識聯繫起來，把它們看成一個統一的認識過程的兩個不同的階段，這樣也就在一定程度上既克服了洛克也克服了笛卡爾的觀點的某些形而上學的片面性。

在萊布尼茨的系統中，作為認識主體的心靈，也就是單子，本來就具有知覺，因此可以說認識本來就是心靈天賦的本性，心靈生來就是要從事認識的。而這種知覺有清楚的和不清楚的程度之分，並且在每一個單子中，知覺也有由不清楚到清楚的發展過程。就人的心靈來說，它既有一切單子都具有的最不清楚的「微知覺」，也有和動物靈魂共同具有的較清楚的知覺，即一般屬於感覺範圍的東西，此外還有人所特有的更清楚的知覺，即有自我意識的知覺，也就是理性，萊布尼茨也稱之為「統覺」。這種「統覺」，也是由較不清楚或較低級的知覺即感覺發展而來，它也是和感覺聯結著的，在一定意義下也只有程度上的差別而沒有什麼截然分開的鴻溝；但在另一意義下它又已經不同於那種較低級的知覺，而是有自我意識的清楚的知覺，也就是理性了。因此，人的認識是一個由較低級的知覺達到統覺的發展過程，也就是一個由感覺到理性的發展過程。感覺和理性，既是聯結著的，但在一定意義下又是有區別的。

所以，照萊布尼茨的觀點看來，認識是從感覺開始的，理性認識是從感覺發展而來的，而且這種感覺也並不是騙人的而是可靠的。這就使他的觀點同笛卡爾有了很大區別，甚至和笛卡爾對立起來了。在這一點上，萊布尼茨甚至似乎是反對笛卡爾那種唯理論觀點而毋寧是更接近洛克的經驗論觀點的。確實，萊布尼

茨甚至認爲洛克所論證的「凡是在理智中的沒有不是先在感覺中的」這一經驗論的古老原則，也是完全可以接受的，只是他覺得必須加上一點限制，即「理智本身除外」。但在加上這樣一個限制之後，實際上就把洛克學說的精神整個顛倒過來了。萊布尼茨畢竟仍舊是站在唯理論立場反對經驗論的，他不過是企圖在一定程度上容納一些經驗論的因素，克服一些唯理論的片面性，以便更好地維護唯理論的立場而已。

這是因爲，萊布尼茨雖然似乎對洛克作了一些讓步，也承認我們的認識是從感覺開始的，甚至不僅承認感覺對認識來說是必要的，而且還承認感覺不是騙人的而是可靠的，但是他的觀點歸根到底還是和洛克根本對立的：

首先，萊布尼茨雖承認我們的認識開始於感覺，但這種感覺根本不是像洛克所說是由外物引起的，而是作爲單子的心靈內在固有的，這就根本否定了洛克感覺論的唯物主義前提，而成爲唯心主義的了。

其次，萊布尼茨雖然也承認這種感覺是和外物相符合的，因而也是可靠的，但他說的這種符合是由於「前定的和諧」而並不是如洛克所主張是直接由外物所決定的，這裡也有唯物主義和唯心主義的根本對立。

最後，更重要的是萊布尼茨雖表示可以接受「凡是在理智中的沒有不是先在感覺中的」這一原則，但又認爲「理智本身除外」，這就仍舊從根本上否認了這一原則。因爲這一原則的根本精神，無非在於肯定心靈在接受任何感覺印象之前，只是一塊「白板」，是沒有任何「天賦觀念」的。而萊布尼茨加上這一限制，實際上就是肯定「理智觀念」的許多對象是作爲潛在的「傾

向、稟賦、習性」等等「天賦在我們心中」，即歸根結底他是在
維護「天賦觀念」學說而反對「白板說」的。這就實際上否定了
經驗論的根本立場。他之表示接受認識要從感覺開始的觀點，其
實質無非是把某種感覺作爲「喚醒」心靈內在固有的認識的手段
或階梯而已。這並沒有超出唯理論所能容許的範圍。因爲甚至像
柏拉圖也並不否認我們對「理念」的「回憶」可以是由某種感性
事物引起的，就像一個人看到一個朋友常用的六弦琴而「回憶」
起這位朋友一樣。但這把六弦琴顯然並不是那位朋友，因此我們
對「理念」的理性認識仍舊並不是由感性的東西得來而是別有來
源的。同樣地，萊布尼茨即使承認了認識是從感覺開始，但他說
的這種感覺其實也只是達到眞理認識的某種「跳板」，而並非一
切眞理認識都要以之爲根據的必要基礎，相反地他是肯定「有些
眞理是更有別的基礎的」。

　　由此可見，萊布尼茨雖然確實也有反對笛卡爾的片面唯理論
觀點而向經驗論作某種讓步的地方，但歸根到底仍舊是反對唯物
主義經驗論而維護唯心主義唯理論的。

　　還應該指出，萊布尼茨之反對經驗論，雖然仍舊是站在同樣
有形而上學片面性的唯心主義唯理論的立場，但他也確實抓住了
一些經驗論的弱點。例如，他在《人類理智新論》序言的第 3 節
中曾經拿「單純的經驗主義者的聯想」同「禽獸的聯想」作比，
指出：

　　　　他們以爲凡是以前發生過的事，以後在一種使他們覺得相
　　　似的場合也還會發生，而不能判斷同樣的理由是否依然存
　　　在。人之所以如此容易捕捉禽獸，單純的經驗主義者之所

以如此容易犯錯誤，便是這個緣故。

他還進而強調說：

> 誠然理性也告訴我們，凡是與過去長時期的經驗相符合的
> 事，通常可以期望在未來發生；但是這並不因此就是一條
> 必然的、萬無一失的真理，……只有理性才能建立可靠的
> 規律，並指出它的例外，以補不可靠的規律之不足，最後
> 更在必然後果的力量中找出確定的聯繫。❽

把「單純的經驗主義者」和禽獸相提並論，這誠然也表現出萊布尼茨敵視唯物主義的情緒，但應該說萊布尼茨在這裡確實還是道出了單純經驗主義的真正局限性，而他認爲要認識事物的「可靠的規律」，找出事物之間「確定的聯繫」則不能單靠經驗而只有運用理性，這是有他正確之處的。萊布尼茨的唯理論觀點，若不是建立在唯心主義的基礎上，本來也可以說包含有「片面的真理」。而他之所以能提出這樣的觀點，也和他把認識看作一個發展過程，認爲認識應由感性發展到理性，或由「知覺」發展到「統覺」這種有辯證法意義的思想分不開。

　　總之，萊布尼茨認爲認識是一個由「知覺」到「統覺」的發展過程。這種觀點一方面使他和笛卡爾那種完全否認理性認識起源於感性認識的片面唯理論觀點有區別，也使他和洛克那種把認識局限於感覺經驗而忽視或抹煞理性認識重要性的片面經驗論觀

---

❽　《人類理智新論》上冊，頁 5。

點相對立，這說明萊布尼茨有把經驗和理性兩個環節結合起來的企圖，也說明他的觀點是有一定的辯證法因素的。但他的整個學說不僅是建立在唯心主義的基礎上，而且歸根結底也仍舊是站在片面的唯理論立場來反對經驗論的；並且他雖然也似乎把「知覺」和「統覺」或「感覺」和「理性」作了區別，但由於他片面地看待連續性原則，否認發展過程中的「飛躍」，因此仍不免把兩者只看作是某種程度上的區別，而未能真正明確地說明兩者本質上的區別，並不能真正理解兩者既有聯繫又有區別的辯證關係，因此他的觀點終究也還是形而上學的。此外，由於他把「實體」的本性看作就是能動的，因此作為精神實體的心靈的認識活動，也不是消極被動的而是自身能動發展的過程，這在一定意義下也包含著認識的主觀能動性的思想，但也是完全在唯心主義的歪曲的形式下表現出來的，萊布尼茨作為一個唯心主義者當然並不能真正正確地發揮認識的主觀能動作用的思想，也不可能了解社會實踐在認識過程中的意義，因此即使他的觀點包含著某些有價值的辯證法因素，但就全體來說則是錯誤的。

五、「必然的真理」和「偶然的真理」

如果說在關於認識過程的問題上，萊布尼茨雖然站在唯理論的立場上，但也容納了一些經驗論的因素，那麼在關於真理的問題上，他的這種把唯理論和經驗論兩種因素結合起來或毋寧是把兩者折衷地混合起來的企圖，就表現得更其明顯了。

從單子完全孤立、「沒有窗子可供別的東西出入」這種觀點出發，萊布尼茨肯定一切真理都是內在固有的或天賦的，如果不

是「現實」地天賦的，至少也是「潛在」地天賦的。但他認爲有
兩種眞理: 一種是必然的、永恆的，也叫做「推理的眞理」; 另
一種則是偶然的，也叫做「事實的眞理」。「推理的眞理」或「必
然的眞理」是以「矛盾原則」爲基礎，它的反面包含著邏輯上的
矛盾，因而是不可能的;「事實的眞理」或「偶然的眞理」是以
「充足理由原則」爲基礎的。它的反面並不包含矛盾，因而並不
是不可能的，只是它和實際的各種條件不相容，和實際所處的事
物系統中的其他各種事物「不可共存」。必然的眞理是自明的，
或者說自明的原則是依靠嚴格的演繹推理而得到的;「偶然的眞
理」或「事實的眞理」則是靠歸納得來的關於經驗的知識。必然
的眞理是「統覺」或「理性」的清楚明晰的觀念; 偶然的眞理則
是多少有些不清楚的知覺，由於它的對象所處的事物系統的關係
無限複雜，不可能把它分析到完全清楚明晰的地步。

　　萊布尼茨關於必然眞理的看法,也就是唯理論者一貫的看法。
他認爲像我們在純粹數學中，特別是在算術和幾何學中所見到的
那些必然的眞理，應該有一些原則不靠舉例便可以得到證明，也
不必依靠感覺的見證，雖然沒有感覺我們是不會想到它們的。換
句話說，這種必然的眞理是不可能從經驗的例證的列舉或歸納得
來的，因爲印證一個一般眞理的全部例子，儘管數目很多，也
「不足以建立這個眞理的普遍必然性」。這也是他用來論證必須
有「天賦觀念」或「天賦原則」的論據之一。他也不止認爲純粹
數學有這種必然眞理，其餘如邏輯以及形而上學，乃至神學、倫
理學、法理學等也都「充滿」了這種眞理。這種觀點，就其指出
單憑經驗或僅僅停留在感性認識階段就不可能有關於普遍必然的
規律性的或本質的認識這一點來看，是有其正確的方面的; 但它

因此就否定了這種普遍必然的規律性知識仍須以經驗爲基礎，而把它歸之於「天賦原則」，則就是唯心主義的錯誤觀點了。

萊布尼茨之不同於其他唯理論者如笛卡爾和斯賓諾莎的地方，在於他雖然也肯定並且強調有不依賴於感性經驗的理性認識或必然眞理，但並不因此就完全否定經驗知識也有它的眞理性，卽在這種理性的必然眞理之外，也還承認有「事實的眞理」。雖然他顯然也貶低了這種知識，認爲它只是「偶然」的，但畢竟還是承認它是「眞理」，而沒有像笛卡爾或斯賓諾莎那樣認爲它是騙人的或完全不可靠的。特別值得注意的是，萊布尼茨之肯定這種關於事實的知識也是可靠的眞理，甚至有時比經驗論者還進了一步。例如在《人類理智新論》的第四卷第十一章，當萊布尼茨和洛克辯論關於知識的可靠性和範圍問題時，就不僅不否認我們直接當下看到或感知的東西是確實存在的，不否認我們對於它的認識是可靠的，而且還進而認爲這種可靠性的範圍不應該像洛克那樣限於直接感知的東西還應當有所擴大。因爲他認爲未必有人能認眞地懷疑，當他眼前沒有見到一個人時，世界上眞的就沒有人存在。此外如對君士坦丁堡在這個世界上，以及君士坦丁、亞歷山大、凱撒曾經存在過等事實，他認爲卽使有些窮鄉僻壤的農民由於沒有知識也許可能懷疑，但只要是一個有一定文化知識的人，若不是神經錯亂，是定然不會認眞懷疑的。應該指出，萊布尼茨已經看到，那種單純經驗論的原則，如果貫徹到底，就必然會陷於懷疑論或不可知論。事實上以後休謨就正是走上了這條道路。而萊布尼茨是反對這種懷疑論卽不可知論的。他在這裡對洛克觀點的反駁，雖然也是唯理論對經驗論的鬥爭的一個組成部分，但他卻並不是站在只承認理性的必然眞理而否認事實眞理或

經驗知識的立場來反對經驗論，倒毋寧是站在另一個方面來反對經驗論的。因爲他也並不把世上有人存在或君士坦丁堡存在及亞歷山大曾經存在過等「眞理」看做是靠理性的演繹或推證得來的眞理，而仍舊看做是「事實眞理」。他認爲像這樣一類事實眞理，雖沒有像數學上的公理之類的那種必然性，卻也是完全可靠而用不著懷疑的。

那麼這種必然眞理和事實眞理或偶然眞理之間的關係究竟是怎樣的呢？如果萊布尼茨能把他的辯證法觀點貫徹到底，他本來應該把兩者統一起來，承認必然眞理正是以事實眞理爲基礎而進一步發展才能達到的。但萊布尼茨沒有這樣做，卻把兩者割裂開了。如上所述，他認爲這兩種眞理是以兩條根本不同的原則爲基礎的，卽必然眞理依據「矛盾原則」而事實眞理依據「充足理由原則」。實際上，矛盾原則和充足理由原則，在萊布尼茨的整個體系中雖然有某種依存關係但終究是相互獨立的，他沒有把它們絕對割裂開來和對立起來，但也沒有把其中的一條歸結爲另一條或看做是從另一條原則派生的，更談不上具體昭示它們之間的內在聯繫。這兩條原則的二元並存是萊布尼茨哲學體系所包含的一個內在矛盾，是他自己所沒有克服也不可能克服的。而這種矛盾歸根結底也是萊布尼茨所代表的階級在當時所處的矛盾地位的反映。當時的德國資產階級由於屈服於封建勢力而爲宗教神學辯護，甚至企圖重建一套神學體系。這種神學教條當然完全不可能有什麼眞正的經驗事實作根據，因此只能依靠一套抽象的思辯。爲此目的，萊布尼茨自然就會肯定那種不依靠經驗事實而僅僅根據思維本身的無矛盾原則而建立起來的抽象思辯的神學體系，把它宣布爲眞理，宣布爲比關於經驗事實的知識更爲可靠更爲高級

的「必然眞理」。 但是，當時德國資產階級畢竟是新興的資產階級，還是有發展生產發展自然科學的要求，而萊布尼茨本人就是一位偉大的科學家。然而爲要研究科學，特別是關於客觀自然界的科學， 終究是不能單靠抽象思辯和邏輯論證， 而必須面對事實，依靠經驗的觀察和實驗。這樣萊布尼茨也就不能不承認這種關於經驗或事實的知識也是眞理，他也許正因爲如此而另外提出一條充足理由原則以爲這種知識或眞理的根據。因此矛盾原則和充足理由原則在萊布尼茨哲學體系中的二元並存，在一個意義下也是他企圖調和宗教和科學的表現。但宗教和科學實在是不可調和的，因此萊布尼茨也不可能把兩者眞正統一起來。他的這種思想其實跟中世紀末期以降的阿威洛伊主義等所宣揚的「雙重眞理論」是屬於同一類型的東西。它在特定條件下起過科學向占統治地位的宗教爭取地盤的進步作用。但由於其本身的錯誤性當科學發展到可以完全否定宗教「眞理性」的時代，就只有爲宗教神學張目的作用了。 萊布尼茨關於必然眞理和事實眞理的理論， 雖然所處時代和理論本身同中世紀的「雙重眞理論」都有所不同，但也有著某種類似的意義。雖然如果就當時整個西歐的情況看，在某些先進國家如英國、荷蘭等也已到了科學可以戰勝宗教的時代，但就德國的具體條件看，則封建的宗教勢力依然占優勢，且居統治地位，因此萊布尼茨的觀點在當時也還是包含著爲科學向宗教爭取地位的進步意義。

但是， 萊布尼茨的思想的進步意義終究是很微弱的。 因爲他雖然承認了事實眞理，彷彿對經驗論乃至唯物主義作了某些讓步，但他仍舊是對這種事實眞理或事實本身作了唯心主義的歪曲。因爲照萊布尼茨的世界觀看來， 根本就沒有「物質實體」，

因此他所謂「事實」歸根結底也不是指物質的事物而毋寧是單子的某種或多或少模糊的「知覺」；　他所謂「經驗」也不是由物質的事物直接影響我們的心靈而產生和形成的，而是心靈作為單子內在固有的；　如果說萊布尼茨有時也承認這種知覺或經驗是「反映」外界事物甚至可以說是由外界事物引起的，則他也還是把它解釋為是由於單子之間的「前定和諧」，　卻並不是真正由於外物直接影響我們的心靈，　至多也只是我們的模糊表象「以為」它是由外物引起的而已。在這個意義上他也把事實真理說成是完全「天賦」了。這樣，他事實上就把一切知識或真理都歸結為只是心靈主觀自生的東西了。誠然，他也否認這樣的真理是心靈主觀任意地產生的，但是他卻不承認它是由客觀物質世界的事物所決定的，而是由上帝在創造單子即創造世界之初所一勞永逸地決定的。這就把問題進一步引向了僧侶主義和神祕主義。此外，就一切都出於上帝的預先決定或「前定和諧」來看，則所謂「事實真理」其實也是完全必然的。只是由於決定一件事實的各種原因是無限複雜的，而且決定這一事實的原因本身也由無限複雜的原因所決定，這樣類推以至無窮，　因此就人的有限心靈來看，　就不可能把這無限的複雜原因全部認識，或分析到完全清楚明晰的地步，因此也就不能認識它的必然性。只是在這個意義下，才說事實的真理是「偶然」的。如果就「全知全能的上帝」來說，既然決定每一事實的無限複雜的原因他都一覽無遺，則他就可以見到一切都是完全必然的。但人是永遠不能達到這一地步的，否則他就成為上帝而不再是人了；既然人永遠不能達到把一切真理都認作必然的地步，　也就只能承認這許多真理是「偶然」的了。　可見，說萊布尼茨雖然也企圖把必然真理和偶然真理以某種方式統

一起來，但他事實上只是把這種統一歸之於莫須有的上帝。若就人的認識範圍來說，兩者就只是折衷地並列而始終是不能統一的。並且，當其把這種統一歸之於上帝時，實際上也就只是取消了偶然性而把一切歸之於必然性，這也不是兩者的真正的或辯證的統一，而毋寧是形而上學的混同。因此萊布尼茨關於真理的學說，歸根結底不僅是唯心主義的，而且也是形而上學的。

綜上所述，萊布尼茨在認識來源和途徑問題上，否認我們的認識起源於對物質世界的感覺而維護「天賦觀念」，在認識主體問題上，否認物質能夠思維而把認識的主體看成是作為精神實體的單子，在認識過程和真理問題上，他雖然承認認識是由「知覺」到「理性」的發展過程，但也並不能正確說明兩個階段的辯證關係，並且仍舊把理性認識所得的必然真理和感性認識所得的事實真理割裂開來和對立起來，否認前者對後者的依賴關係，仍舊表現出片面擡高理性認識、把理性認識絕對化的傾向。由此可見，萊布尼茨的認識論基本立場是唯心主義的和理性主義的，萊布尼茨是近代唯心主義唯理論的典型代表。然而萊布尼茨在與洛克的唯物主義經驗論作鬥爭的過程中，也不時地抓住洛克認識論思想中的形而上學的弱點，表現出一些充滿辯證精神的機智，並且在反對洛克的同時也吸取了洛克思想中的某些因素，在一定程度上也表現出克服唯理論觀點的片面性、將理性和經驗兩個環節結合起來的企圖。萊布尼茨與洛克之間的這一鬥爭，是唯理論與經驗論的一場針鋒相對的全面的論戰，在認識論的發展史上有著相當重大的意義，也為我們提供了理論方面可供吸取的豐富的經驗教訓，是值得我們進一步作具體深入的研討的。

第 六 章
萊布尼茨的「普遍文字」與「綜合科學」的設想

　　萊布尼茨的理性主義立場不僅鮮明地表現在他同洛克的論戰中，而且還鮮明地表現在他關於「普遍文字」和「綜合科學」的天才設想上。因爲他的這一設想的根本目標在於把向來奉爲理性學問楷模的數學的原則和方法比較嚴格徹底地移植到科學和哲學中，並建立起一個涵蓋人類知識各學科領域的理性主義大系統。

　　萊布尼茨把發明「普遍文字」創建「綜合科學」當作自己一項極其重大的使命，並爲之奮鬥了一生。一如他自己所說，他早在孩提時代就陷入了對諸如此類問題的反思，不久就萌生了創造「人類思想字母」的「靈感」，作出了「令人驚奇的發現」：「必然會創造出一種人類思想的字母，通過它們組成的聯繫和詞的分析，其他一切都能被發現和判斷。」後來他的這一天才發現由於他的學位論文《論組合術》於 1666 年的出版而公諸於世。 1674年，他於旅居巴黎期間又寫出〈論普遍性的方法〉一文，開始把他所要建立的普遍科學稱爲「文字」，並突出地強調了這種「文字」的普遍意義，指出「由於它是文字，它給語言以詞，給詞以字母，給算術以數字，給音樂以音符。」1677年，他接連寫出了〈通向一種普遍文字〉、〈綜合科學序言〉及〈關於物和詞之間的聯繫的對話〉等多篇論文，比較系統地表述了他自己的有關設

想。此後他又相繼寫出了〈邏輯演算諸法則〉（約1679年）、〈發現的技術〉（1685 年）、〈論哲學和神學中的正確方法〉（約 1686年）、〈人類學說的前景〉（1690年以後）、〈論智慧〉（約1693年）及〈數學的形而上學基礎〉（1716 年）等一系列論文，對他的普遍文字和普遍科學的設想作了更爲具體更爲詳盡的闡述，特別是在〈邏輯演算的諸法則〉、〈論智慧〉、〈數學的形而上學基礎〉中，相當具體地討論了邏輯演算的一些基本概念和基本法則。需要指出的是，萊布尼茨之所以畢生「堅定不移」地從事於普遍文字和普遍科學的反思，不僅在於他之視普遍文字爲完善人類理智的最偉大的工具，還在於他始終懷有一個高尚的道德動機，這就是對「人類普遍福利」的「熱望」。他在〈綜合科學序言〉中發誓：

> 如果上帝給我以足夠的時間，我的志向之一就是去完成這個方案，因為我一心信奉的宗教向我確保，上帝的愛在於獲得普遍福利的熱望，而理智又教導我，沒有任何東西能像理智的完善那樣對人類的普遍福利作出更多的貢獻。❶

萊布尼茨想要創建的普遍文字或綜合科學，就其最本質的內容講，無非是超數學地運用數學原理、準則和方法，質言之，就是把數學的原理、準則和方法推廣到數學範圍以外的人類知識的全部領域。萊布尼茨曾經斬釘截鐵地指出：幸福依靠科學，科學依靠論證，論證依靠數學。其所以如此，原因就在於「論證的技

---

❶ 《萊布尼茨自然哲學著作選》，中國社會科學出版社1985年版，頁14。下引此書，不注版本。

術迄今僅僅在數學中才能找到」。這又是因為在現有的各門理性學問中「唯有數學本身帶有自己的檢驗」。在數學中，當人們提出一個錯誤原理時，我們甚至無需檢查甚至了解其論證，只需通過簡易的試驗，通過簡單的演算就可以指出其錯誤。而在自然科學中，這種檢驗就相當困難，至於在形而上學中，這種檢驗則簡直不可能。那麼，為什麼唯有數學本身能帶有自己的檢驗呢？萊布尼茨給出的回答是：唯有數學是一門基於數字、符號和計算的科學。這一點，他在〈綜合科學序言〉中講得很明確：

> 我們務必注意到，這些在數學中防止推理錯誤的考察和實驗，並非由事物自身所構成，而是由我們事先用以代替事物的字所構成。

自然，他這裡所謂數學主要地和首要地是指代數和算術，因為在萊布尼茨看來，算術是一門計數的科學而代數乃是一門計量的科學，因而能夠最典型地體現數學推證的簡易性和確定性。既然如此，我們就不妨設想：如果我們在自然科學、形而上學、倫理學、神學、政治學、法學、醫學以及人類知識的所有其他領域都嚴格地採用數學一類的原理、準則、符號和方法，則所有這些科學豈不就都有數學推證的簡易性和確定性了嗎？因此，全部問題就在於向自然科學、形而上學、神學等人類知識的領域移植數學的原理、準則、符號和計算方法是否可能以及如何可能。萊布尼茨本人也正是這樣提出問題和思考問題的。他在〈通向一種普遍文字〉中曾經對這種移植的可能性提供了酷似帶有本體論性質的證明。該文在劈頭引用了早期拉丁文本《聖經》中「上帝依照重

量、度量和數量創造了萬物」這句話後接著指出:「沒有東西不被包攝在數量之中」。萊布尼茨的這句話很容易使我們想到以數為萬物始基的畢達戈拉斯(約前580~500)。既然數學中隱藏了萬物「最深奧的祕密」,既然數學具有無所不包的統攝性,則作為計數計量的代數和算術就和人類知識的所有其他領域有了一種共通性,則代數和算術的基本原理、準則和計算方法,就必然對人類知識的所有其他領域有一種普遍的有效性和適用性;而那種獲得了普遍有效性和適用性的原理、準則、計算方法及字母、符號、數字等,不是別的,正是萊布尼茨所謂普遍語言或普遍科學的別名。萊布尼茨在談到普遍語言同數學的內在關聯時曾經不無深刻地指出:

> 一般說來,這種語言的符號和文字,將會起到像計數的算術符號和計量的代數符號一樣的作用。真好像在上帝把這兩門科學授予人類時,他要我們去認識在我們的理智中隱藏著一個極其深奧的祕密,這是通過這兩門科學預示出來的。

不僅如此,萊布尼茨還更加明確地宣布:

> 數量可以說是一個基本的形而上學的形式,算術是一種宇宙的靜力學。

當萊布尼茨這樣說時,他就在賦予數量以一種形而上學意義的基礎上簡直把數學看成了具有形而上學價值的適用於人類知識所有

領域的「普遍科學」了。也許正因為如此，萊布尼茨曾把自己的「普遍科學」稱之為「數學──哲學」。

　　誠然，在萊布尼茨之前就已有人把數學引進認識論，引進哲學方法論，例如霍布斯就曾提出過「推理卽計算」的思想，但是真正比較認真和系統地用數學方法研究邏輯問題和認識論問題，決心在革新傳統邏輯的基礎上發明普遍符號，改進推理技術，創建適用於人類全部認識領域的文字系統或科學系統的，萊布尼茨還是第一人，萊布尼茨的這一「方案」雖然由於上帝沒有給他安排足夠的時間而未能完成，但是他的這一天才設想和他在這一方面所作的堅靱不拔的努力，其實就是現代數理邏輯或符號邏輯的濫觴。羅素在其《西方哲學史》中曾經說到萊布尼茨對數理邏輯很有研究，他的研究成果如果當時就公之於世，則他就會成為數理邏輯的始祖，而這門科學也就會提早一個半世紀問世。萊布尼茨在這方面的研究成果雖然很零碎，但歸結起來不外以下三個方面：以數學為藍本發明普遍文字，以數學為藍本改進推理演算，以數學為藍本創建綜合科學。

　　在萊布尼茨的「數學──哲學」體系中，普遍文字也叫做普遍字母、普遍符號、普遍語詞和特徵數字，它們同普遍語言或綜合科學的關係是一種構成系統的元素與由元素構成的系統的關係。萊布尼茨常用人類思想的「字母」與人類思想的「字母表」、人類思想的「密碼」與人類思想的「密碼學」來表達這種關係。他在〈綜合科學序言〉講「那些表達我們全部思想的字將構成一種能說的新語言」，他在〈關於物和詞之間的聯繫的對話〉中講如果沒有符號「思想就不能存在」，更是直截了當地點出了普遍文字或普遍符號在普遍語言或綜合科學中的元素地位和基礎作用。

　　旣然如此，發明普遍文字或普遍符號就成了萊布尼茨創建「數學
──哲學」系統工程中的一項基本工程。而在這方面所提出的主
要設想及所作的主要工作有如下述：

　　(1)強調了普遍文字或普遍符號的抽象性和普遍性。在傳統
邏輯裡，推理的基礎在判斷，判斷的基礎在概念，而在萊布尼茨
的「數學──哲學」系統裡，普遍文字或普遍符號雖然也「不遠
離我們熟悉的概念」，但似乎當有更高程度的抽象性和普遍性，
因爲萊布尼茨所要發明的文字和符號，不只有別於僅僅表示個別
事物的記號，而且也有別於傳統邏輯中所謂的概念，因爲他要求
這些文字或符號「對所有的觀念都適用」，能夠「表達我們的全
部思想」，亦卽「表達人類的全部知識」，不僅適用於算術、代
數，而且也適合於自然科學、形而上學、倫理學、神學、政治
學、法學、醫學以及人類知識的所有其他領域。換言之，這樣的
文字或符號必定具有相當程度的形而上學性質，這是普通的邏輯
概念所無法比擬的。

　　(2)強調了普遍文字或普遍符號的精確性和明確性。萊布尼
茨在強調普遍文字或普遍符號當具有更高的抽象性或普遍性的同
時也十分強調它們當具有更高的精確性和明確性。正是出於這樣
一種考慮，他在討論普遍文字時提出了對一切對象指派其確定的
「特徵數字」、「用數字表達各種眞理和推斷」以及「把所有的問
題簡化成數字」的設想。尋求知識和概念的確定性本來是近代理
性主義哲學的一項根本目標，但是在萊布尼茨看來，由於先前的
理性主義哲學家沒有認眞地堅持「數學的嚴格性」，未曾用數字
來表達眞理，結果便半途而廢，卽使通常認爲是「用數學方式來
寫作」的斯賓諾莎也不例外。萊布尼茨在〈發現的技術〉一文中

曾對斯賓諾莎作了嚴厲的批評。他近乎苛刻地寫道:

> 斯賓諾莎也從事於進行論證, 它們被充分地包含在他所出版的《笛卡爾哲學原理》的部分論述之中。但他的觀念卻是如此的混亂, 完全缺乏數學家的明晰, 當他想要使它們作為無可辯駁的論證為人所接受時, 往往令人不知所云。他所作的論證有時是極其複雜的, 他所使用的藉以論證另一個命題的命題, 往往比結論更加棘手。

誠然, 萊布尼茨所批評的, 還涉及到推理演算問題, 但斯賓諾莎未用數字來表達真理無疑也是萊布尼茨批評的一個內容。

(3)強調普遍文字或普遍符號的靈活性或可置換性。萊布尼茨在〈人類學說的前景〉中, 特別是在〈關於物和詞之間的聯繫的對話〉中具體地討論了普遍文字或普遍符號的靈活性或可置換性, 明確指出「這些可以被調換或相互替代而不致損害推理」, 他還進一步解釋說:「在這一方面, 字母表的各個字母有時是有用的。」應當指出: 普遍文字或普遍符號的靈活性或可置換性在萊布尼茨的整個「數學 —— 哲學」系統中占有舉足輕重的地位, 因為它直接關涉到普遍符號間的關聯性、一致性、可共存性(即相容性)、可傳性、系統性和諧和性, 此外它同推理演算也不無關係。

(4)同普遍文字或普遍符號的靈活性和系統性相關聯, 萊布尼茨還提出了表示「關係」的符號問題。他認為符號不僅有表示一類事物或對象的功能, 而且還有表示諸對象之間的關係的功能, 他在〈關於物和詞之間的聯繫的對話〉中曾以發光這個詞

爲例來解說語詞或符號的這種功能，他說發光 (Lucifer) 這個詞是由詞幹光 (Lux) 和產生 (fero) 合成的，但這個合成詞肯定對它們有一個「限定的關係」；實際上，這種關係是由發光、光、產生所指的「諸對象之間特有的一種關係」。萊布尼茨還討論了一些關係符號如「大於」等。他提出的關係符號擴大了符號之間的聯繫性和統一性，從而擴大了邏輯演算的可傳性，由於這後一個方面同他的邏輯演算思想相關，我們在後面還要討論。

(5)提出和考察了符號的級別問題。萊布尼茨雖然未曾系統地論述過符號的級別問題，但他在有關討論中也曾涉及到它。他對「符號」曾有過種種不同的說法，如字、文字、詞、語詞、字母、數字、特徵數字、算術符號、代數符號等，至於這些符號間的關係，他的說法前後也很不一致。例如他在〈通向一種普遍文字〉中一方面講要創造出一種「人類思想的字母」，另一方面又講「我們的文字能把所有的問題簡化成數字」。再如他在〈綜合科學序言〉中講「用字表達我們的全部思想」，而在〈發現的技術〉中又講「用數字表達各種真理和判斷」。現代數理邏輯學家有人把非符號的事物叫做 0 級符號，把表示 0 級符號的符號叫做 1 級符號，把表示 1 級符號的符號叫做 2 級符號。萊布尼茨在自己的「數學 —— 哲學」系統中儘管沒有使用這些術語，關於符號等級的意識想必他還是有的。

(6)萊布尼茨雖然強調以數學爲藍本發明普遍文字，但他的普遍文字不僅在應用範圍上（如上所說）不限於數學，而且在意涵上也與表示數量的算術符號和代數符號不盡相同。萊布尼茨在〈通向一種普遍文字〉、〈論哲學和神學中的正確方法〉、〈人類

學說的前景〉及〈數學的形而上學基礎〉都曾強調過這一問題。例如他在〈通向一種普遍文字〉中在強調「數量可以說是一個基本的形而上學的形式」的同時又指出：

> 可是有許多東西，即凡是不受力或動力影響的東西，並不能加以估量；任何不可分割成部分的東西也難以度量；

他在〈人類學說的前景〉中更明確地指出：

> 代數的最大的優點是字的藝術這一唯一的實例，後者用途不限於數字或量值。因為如果這些字母表明許多點時，我們可以構成某一種計算或運算，它完全不同於代數，但仍然具有和代數同樣的優點。

他甚至強調說：

> 在某種意義上，符號邏輯或代數也隸屬於這門科學。

萊布尼茨在其〈論哲學和神學中的正確方法〉中曾對他作出這種強調的動機作出過說明，這就是「建立真正的和必然的實體概念」，因為在他看來無論如何不能把「物質的實質」僅僅歸之於有量的規定性的「廣延」，而為了完成「物質的概念」，我們就必須「對廣延或多樣化的概念」加上僅有質的規定性的「力」的概念或符號。這或許是萊布尼茨的「數學 —— 哲學」既超越傳統邏輯又超越現代數理邏輯的優點。

(7)萊布尼茨的「數學 —— 哲學」既超越傳統邏輯又超越現代數理邏輯的另一個優點在於他注重和強調了普遍文字或普遍符號同事物及其關係的「親屬關係」。萊布尼茨曾十分詳盡地討論了這一問題。一方面他強調了普遍符號或普遍語詞的人為性質，指出像「圓」或「橢圓」、「發光」這些詞（普遍文字）顯然都是人類和數學家造出來的，但是另一方面他又強調這些詞或普遍文字都同對象或對象的關係有一種「相似性」或「親屬關係」，並把這種親屬關係或相似性看做「真理的基礎」。他在〈關於物和詞之間的聯繫〉中曾突出地強調了這一點。他說：

> 即使文字是如此獨斷，但在應用和聯繫中，仍然有確定的而不是獨斷的某些東西，那就是，在它們和事物之間存在著一種親屬關係，使得在所有不同的文字之中的限定的關係習慣於表達同樣的事物，這個聯繫是真理的基礎。

他由此而得出的結論是：真理既存在於思想之中，也存在於事物之中，既存在於我們自己的本性中，也存在於事物的本性中。

萊布尼茨的「數學 —— 哲學」系統的第二項基本工程是以數學為藍本改進推理演算。這是一項同發明普遍文字或普遍符號密切相關且以之為基礎的極其重要的工作。他在許多篇論文中都曾討論過推理演算或邏輯演算問題。例如他在〈綜合科學序言〉中不僅提出了「幸福依靠科學，科學依靠論證」的著名命題，在〈邏輯演算諸法則〉中枚舉和證明了邏輯演算的一些基本公理，在〈論智慧〉中具體地討論了運用科學原理的技術，特別是關於恰當推理技術和發現尚未了解的真理的技術，並把掌握這些技術

看做智慧的根本表徵，在〈數學的形而上學基礎〉中集中討論了比數學分析更爲廣泛的分析技術，卽邏輯演算技術。我們可以把他的有關主要觀點概述如下：

(1)提出了推理卽文字變換或符號演算的思想。他在〈通向一種普遍文字〉中就曾提出過在把所有的問題簡化成數字後進行「數字計算」，建立一種算術靜力學的設想，在〈綜合科學序言〉中又提出在數學中尋找「論證技術」的問題，並強調說：「所有依靠推理的探究都要通過字的變換和某一種演算」。應當強調指出的是，萊布尼茨所謂文字變換或符號演算並非是霍布斯推理卽計算思想的簡單重申。因爲於霍布斯所謂推理卽計算無非是講一個命題中主項與其諸謂項間的加減關係，而於萊布尼茨所謂推理卽文字變換或符號演算則包含著遠爲深廣的意涵，它不僅是一項證明的技術，而且還是發現的技術，不僅是一項發現眞理的技術，而且還是一項發現謬誤的技術。

(2)制定了一套「恰當」推理的技術。他認爲這套技術由下列準則組成：①避免武斷和偏見，只承認不容置疑的事物，只把事物本身包含的東西歸之於事物。②如果無法達到上述確信或不容置疑，我們在等待更大的啓發時必須滿足於可能性。③從一個眞理推斷出另一個眞理時，我們必須不間斷地保持一定的鏈條，例如A等於B，B等於C，以及C等於D，因此A等於D。這就是說，決不能把前提中所沒有的東西放在結論中去。這也就是著名的「萊布尼茨定律」。

(3)制定了一套發現的技術。萊布尼茨在〈論智慧〉一文中不僅制定了一套「恰當」推理的技術，而且還制定了一套發現的技術。他認爲這套技術由十項準則組成，其中最主要的有下列幾

條：①爲了認識一個事物，我們必須考察它的全部先決條件，包括先決條件的先決條件，最終達到通過事物自身才能理解的若干性質的考察，即達到所考察事物的「完全的知識」。 ②「完全的知識」的標誌是被考察的事物必須是能被計算的，並且不會遇到這樣的情況，即它的出現不能被事先預見。③我們必須經常從最一般的最簡單的事物開始探究，也就是從那些易於進行實驗和計算的事物開始探究，循序漸進，直到最後用完整的順序和完全徹底的組合或綜合由因推果地說明事物的根源。

(4)制定了邏輯演算的一些基本法則。萊布尼茨在〈邏輯演算諸法則〉中枚舉和論證了邏輯演算的一些基本公式或基本法則，他稱之爲公理。這些公理是：A包含B且B包含C，所以A包含C（公理1）；QB包含B或QB是B（公理2）；對一個項的雙重否定是對它的還原：不是非A是A（公理3）；非眞是假（公理4）；如果一個結論是諸前提的結果，而那個結論是假的，則諸前提中之某一個將是假的（公理5）；如果B是眞的，那麼QB不是C是假的（公理6）；如果B是C是假的，則QB不是C是眞的（公理7）。

(5)提出了一系列命題連接詞。命題連接詞是我們用簡單命題組合複合命題進行邏輯演算（命題演算）的一項基本工具或基本媒介，因而也是萊布尼茨推理演算設計中的一項重要內容。現代數理邏輯中這種命題連接詞主要有五個，即「非」（否定詞，由它可以從A作出非A），「且」或「與」及「和」（合取詞，由它可以作出「A且B」或「A與B」或「A和B」），「或」（析取詞，由它可以作出「A或B」）；「如果 —— 則」（蘊涵詞，由它可以作出「如果A則B」或「A蘊涵B」），「等於」或「等價於」、

「等值於」(等值詞，由它可以作出「A等於B」或「A等價於B」、「A等值B」)。令人驚奇的是，即使從萊布尼茨的〈邏輯演算諸法則〉中所論列的七項公理及其證明中我們就可以看出，萊布尼茨早在十七世紀末葉就已經發明和運用了這些命題連接詞，無怪乎現代數理邏輯學家要把萊布尼茨看作自己的理論先驅。

(6)拓寬了邏輯推理的範圍。我們知道傳統形式邏輯囿於一種狹隘的主謂式命題結構，把任何語句都分析成「A為B」或「A是B」的形式，這就大大地縮小了邏輯的應用範圍。萊布尼茨由於把數學中的關係詞如「大於」、「小於」、「包含」、「等於」等引進了判斷和推理中，這就大大地擴充了邏輯推理的範圍及其可傳性，從而得以建立起一切必要的推理鏈條。例如我們在前面提到的「A等於B，B等於C，以及C等於D，因此A等於D」以及「A包含B且B包含C，所以A包含C」等都是明證。

(7)深化了邏輯推理的意涵。萊布尼茨把關係詞或關係符號引進邏輯推理不僅拓寬了它的範圍，而且也深化了它的意涵。他在討論量度時曾經指出，在量中有許多不同類的關係，例如，在兩條直線間的使它們的總和完全等於一個不變長度的關係，而在兩條直線之間，也能存在這樣一種關係，那就是它們平方的和的平方根等於一個常數線：$x^2 + y^2 = a^2$。就前面一種關係言，會有無限多的直線的對子「x+y」能夠滿足 x+y=a 的條件，就後一種關係言，它同樣會有無限多的對子滿足這個等式的值。萊布尼茨在這裡談的是否同現代數理邏輯中的「變元」或「函數」有什麼直接關係對我們並不十分重要，重要的是萊布尼茨從中發現了它們的形而上學意義，從中「導出」了他的「連續性定律」。他非常得意也非常深刻地指出：

> 從這裡，導致連續性定律，……由於它，靜止中的事物的
> 定律，在某種意義上，只是運動著的物體的普遍法則的一
> 個特殊的事例，等式的定律，在某種意義上只是不等式定
> 律的一個事例，曲線的定律同樣是直線定律的一個亞種。
> ❷

這樣看來，萊布尼茨從代數中借用過來的「關係」概念獲得了
一種遠遠超出通常數學概念所有的形而上學意義，即矛盾同一的
意義。這樣的關係概念是現代數理邏輯所或缺的也是它無法解釋
的。

萊布尼茨認為，一旦我們發明了普遍文字或普遍符號，一旦
我們有了一套邏輯演算的規則和技術，我們就可以建立起涵蓋人
類知識所有領域的「綜合科學」或普遍科學。這裡我們面臨的第
一個問題就是我們建立這樣一種普遍科學或綜合科學的可能性問
題。萊布尼茨對此似乎畢生持守一種相當樂觀的態度。他在〈人
類學說的前景〉中曾經指出：既然我們能夠發明所有的普遍字
母，既然我們能夠依照一定的規則制定出一個字母表，則我們就
一定能根據字母表「計算出人類所能表達的真理的數目」，我們
就能

> 確定可能包含所有可能的人類知識的一部著作的規模，在
> 人類知識中會有的能被認識、書寫或發現的一切，甚至比
> 這些還要多，因為它不僅可能包含那些我們所能斷言的真

---

❷　《萊布尼茨自然哲學著作選》，頁59。

命題，也包含那些假命題，甚至還可能包含那些並不意味任何東西的表述。

他還進而強調：

> 假定人類總是盡可能前進……最終一切也必然竭盡，一個未曾早已寫成的小說再也不能被寫成，一個新的夢也同樣不可能。❸

這樣看來，萊布尼茨對人類認識能力的至上性毫不懷疑，他對人類知識的前景的樂觀估計一點也不遜於弗蘭西斯‧培根。當年培根曾誇口說，只要通過一兩代人的努力就可以發現全部自然規律（他稱之為「形式」），現在萊布尼茨則進而宣布：「我相信有幾個經過挑選的人，在五年內，就會完成全部工作」，他甚而誇口說只要上帝給他安排足夠的時間，即使他一個人也可以單獨地建立起這門「綜合科學」。接著而來的是建立綜合科學的方法問題。數學方法無疑是萊布尼茨建構綜合科學的一個基本方法，但是萊布尼茨從來沒有把自己的「新方法」局限於數學方法，更沒有把自己的「新方法」歸結為數學方法。他在〈綜合科學序言〉中聲明說：

> 真正的方法，就其整個範圍來說，對我一直是一個完全未知的東西。……我認為，即使在數學自身中，這種方法也

---

❸ 《萊布尼茨自然哲學著作選》，頁41。

是非常不完善的。

他在〈發現的技術〉中似乎已經開始把數學方法放到「補充」或「從屬」的地位，強調要以普通文字來「確定」我們的觀念，並補充以「數學的證明」或「數字的考查」。他甚而指出：「幾何學中的代數的方法是可靠的，但卻不是最佳的。」（當然，他這句話也包含有幾何學方法稍遜於算術和代數的方法的意思）。如果說他在這裡對數學方法的從屬地位規定得還嫌含糊的話，則他在〈人類學說的前景〉中就表述得相當明確了。他直接用普遍科學同數學（代數）對照比較，指出「普遍語文或普遍文字」是

> 那種關於同一和多樣，相似和不相似，絕對和相對的科學，像通常數學論述一和多，大和小，整體和部分那樣。我們甚至可以說，在某種意義上，符號邏輯或代數也隸屬於這門科學。

他接著說：

> 代數的最大優點是字的藝術這一唯一的實例，後者用途不限於數字或量值。因為如果這些字母表明許多點時，我們可以構成某一種技術或運算，它完全不同於代數，但仍然具有和代數同樣的優點。

他甚至強調說：「我在一開始進行研究時，就想到這一點。」在談到普遍文字或綜合科學的表達方式時，萊布尼茨指出：

我也曾注意到，有一種組合的計算，其中成分不是一個集體，而是一個由個別組成的總體，那就是，其中組合的東西除了替換而外，並不結合在一起，這個計算也有完全不同於代數的六條規律，總之普遍語文包含無數的表達方式而代數只包含一種。❹

值得注意的是，萊布尼茨在〈數學的形而上學基礎〉中甚至宣稱：「數學的大部分完善的方法」是從他所創造的新方法或新技術中「借用」來的。尤當注意的是萊布尼茨在同一篇論文中把「質」同「量」對照起來予以說明，指出：

量或量值是對事物的確定，這些事物在眾多事物中，之所以能被認識，只是由於它們的直接的同時發生的連帶性。可是，質是當我們各個地考慮事物和事物本身時，對可以被我們認識的事物的確定，因而，對它們假定共同存在是完全不必要的。全部屬性都歸之於質，對這些屬性是能夠通過它們所承認的一羣特性來說明的。

他由此得出的結論是：

整個代數不過是量的組合科學的一個應用，是屬於形而上學的或普遍文字的抽象學說的一個應用。❺

---

❹ 《萊布尼茨自然哲學著作選》，頁40。
❺ 《萊布尼茨自然哲學著作選》，頁58。

萊布尼茨強調自己不囿於數學方法，其意圖是不難理解的。因為數學的符號，即便是算術和代數的符號，是不可能完全適用於包括倫理學、神學在內的精神科學的，更不適用於完全沒有量的規定性的「單子」以及萊布尼茨的以單子論為核心內容的形而上學的。由此也可看出，萊布尼茨不遺餘力地尋求和建立新的推證技術，甚至把連續律和矛盾同一的思想引進到自己的方法論中決非偶然，這是由他決意建立涵蓋人類知識全部領域的勃勃雄心所驅使和推動的。

關於普遍科學或綜合科學，萊布尼茨談得較多的另一個問題是它的「巨大的效用」問題。他在〈通向一種普遍文字〉中曾滿懷信心地說：

> 一旦人們對最大部分的概念建立起特徵數字，那時人類將會擁有一種新工具，它提高智能的能力，遠勝過光學工具之加於人眼，而理智之優越於視力，將和顯微鏡及望遠鏡之取代視力一樣。它的用途之大，猶如給水手以指南針，它比星座帶給所有在海上從事調查和實驗的人的用途更大得多。

接著他在〈綜合科學序言〉中又重申和強調了這一觀點，並不無誇張地宣稱：「這是人類心靈的最高成果」，「這種語言肯定是理智的最偉大的工具」。具體說來，從我們掌握的材料看，萊布尼茨認為普遍科學或綜合科學的「巨大效用」主要有下述幾點：

（1）由於普遍科學或綜合科學能夠提供出「驚人的簡易方法」，所以人類憑藉它可以極大地提高和完善自己的理智，以致在最短

的時間內釋讀宇宙的「密碼」，掌握最必需的學問。萊布尼茨在〈通向一種普遍文字〉中指出這種普遍的語言和文字既然包含發現新命題的技術，又能包含對這些命題的批判的考察的技術，因而它們將會起到像計數的算術符號和計量的代數符號一樣的作用，只要

> 通過由它組成的聯繫和詞的分析，我們就可以發現和判斷一切。因此，掌握了它們就等於掌握了打開宇宙最深奧的祕密的合適的鑰匙，就可以釋讀宇宙的全部密碼，認識在我們的理智中隱藏著的全部深奧的祕密。

他甚至強調說：「我所提供的這一新的方法，並不比任何其他程序包含更大的困難，也不太遠離熟悉的概念和通常的書寫方式」，一些人「在任何情況下，只要兩年功夫，就會精通這門在實際生活中最必要的學問。」後來他在〈人類學說的前景〉中更是烏托邦式地說道：既然全部人類知識都能通過字母表的字母表達出來，那麼我們便可以說：「凡是懂得字母表的用法的人就能認識一切。」

　　(2)普遍科學或綜合科學的另一個「巨大的效用」在於它可以打破民族語言的界限，成為一種適用世界各民族的語言。例如他在〈通向一種普遍文字〉中，就曾宣稱：

> 在「普遍語言」或「文字」中，各種各樣的概念和事物都能用一個合適的順序加以組合，借助於它，不同民族的人才有可能相互交流思想，把一種外來語的書寫符號譯成他們自己的語言。

再如，他在〈綜合科學序言〉中也強調指出：

> 那些表達我們全部思想的字將構成一種能寫能說的新語
> 言。由於它的巨大的效用和驚人的靈巧，它將很快被人所
> 接受，它還會在接受它的不同民族的交往中，極好地服
> 務。

(3)普遍科學或綜合科學的第三項「巨大效用」在於它不僅能夠使我們的所有推理演算獲得跟算術和代數一樣有無比精確性和明晰性，而且它還是校正我們推理的「唯一」途徑。萊布尼茨認爲我們的推理之所以往往錯誤，我們之所以對我們推理中的錯誤長期熟視無睹，我們之所以對許多問題爭論不休，我們之所以缺乏校正推理的工具和手段，根本的問題就在於我們所使用的語言缺乏明晰性和精確性。既然如此，一旦我們掌握了普遍文字或普遍科學，我們的推理演算就能夠獲得和在算術及代數中同樣的明晰性和精確性，我們就能夠像在算術和代數中那樣擁有檢驗我們推理演算的簡易手段，從而獲得校正我們推理的唯一途徑。因爲在萊布尼茨看來，一旦人們運用了普遍文字，則任何種類的不合邏輯的推理都無非是一種「計算的錯誤」；這樣，所有的爭論，甚至兩個哲學家之間的爭論，也不會比兩個會計之間的爭論有更大的必要性。因爲當人們將要爭論時，只消他們拿枝筆，坐在計算桌旁，相互說一聲：「先生，讓我們來演算一下吧！」是非便立時澄清。這也就是他所謂「通過筆墨解決問題」。萊布尼茨在〈綜合科學序言〉中還通過對「化圓爲方」推理的校正給我們作了一個示範。他指出要駁倒圓積法，要駁倒 π 的假值根本無

須通過事物本身，只要通過代表事物的「文字」，通過實驗和計算就足可以了。令人驚奇的是，直到1882年哥尼斯堡的林德曼才對用圓規和直尺作出和一個已知的圓面積相等正方形之不可能作出了證明，然而萊布尼茨卻憑藉他的普遍文字和綜合科學早在一百多年前就指出了它的不可能性。

(4)普遍科學或綜合科學的「巨大效用」從根本上說來就在於它的內容本身，質言之，就在於它不僅是一套恰當推理的技術和發現的技術，而且還是一套喚起和提高人們識別能力和預見能力的技術。正因為如此，萊布尼茨也把普遍科學或綜合科學稱為「智慧」之學。他在〈論智慧〉一文中就曾把「智慧」定義為「所有科學原理以及應用它們的技術的完全的知識」。而且也正是在這一篇論文中，萊布尼茨把擁有「事先預見」事物出現的能力看做完全認識事物的根本標誌。

(5)促成了哲學和宗教神學的內在和諧。如前所述，促成哲學和宗教神學之間的和諧一向是萊布尼茨從事哲學研究的一個根本目標，但是他認為為要實現這一目標就必須從根本上「革新」托馬斯以來的神學，把數學引進神學研究中，「在神學研究中扮演數學家的角色」。在他看來，笛卡爾雖然提出了上帝存在的證明，但由於他沒有堅持「嚴格的科學性」，終究沒有把他的哲學和神學協調起來。而他則由於堅持了恰當的推理技術，不僅從物體的體積、形狀而且從物體的運動中推證出了「實體的真正的和必然的概念」，得出了「物體是延伸的活動力」的思想，這就不僅解決了「聖體共存」說中的「同一物體在幾個地方」的難題，而且也解決了「化體」說中的「幾個物體在一個地方」的難題，同時也就從根本上論證了作為「力」的目的因及萬物終極因的上

帝的存在，從而從根本上實現了哲學和神學的內在的和諧，促成了「人類心靈的持久的寧靜」和人類的「普遍福利」。

由此看來，萊布尼茨的普遍文字和綜合科學的設想內容是十分宏富的。他的這一設想固然如羅素所說是現代數理邏輯的濫觴，但是羅素的這一評價絕對沒有窮盡萊布尼茨關於普遍文字和綜合科學設想的歷史意義。誠然，在萊布尼茨的上述設想中，在許多方面都表現出一種盲目的樂觀，都表現出一種唯有青年人才容易滋生的幻想，然而這一切正如後來康德在討論先驗理念時所說，這是一種出於人類天性的「自然的和不可避免的幻想」，它充分表達了人類對自己所擁有的現存知識進行更高綜合統一的自然本性和不可壓抑的強烈欲望。我國當代著名科學家錢學森先生把思維科學看做是一個由多學科構成的有機聯繫的多層次的整體、現代科技大部門，並把它分為工程技術層、技術科學層、基礎科學層和哲學層四個層次。誰能保證他的這一思維科學巨系統的設想以及當代的人工智能系統研究同萊布尼茨的「綜合科學」的設想毫無關聯呢？如果說萊布尼茨的有關設想充滿著種種烏托邦，那麼在他那個時代當他想用代數的演算技術改進傳統的三段式推理時，他的同代人不是也可能把他的設想看做烏托邦嗎？而且當他發明二進制算術原理時，人們不是也有理由把那看做烏托邦嗎？然而時至今日，人們不是把萊布尼茨尊為數理邏輯的創始人和「計算機之父」嗎？如果再考慮到萊布尼茨關於普遍文字和綜合科學的有些論著還未曾整理這樣一個事實，我們便可以不無理由地說，萊布尼茨的普遍文字和綜合科學的天才設想即使今天還依然是一個大有開發價值的寶藏。

第七章
萊布尼茨的自由學說與樂觀主義

　　上面曾經提到，萊布尼茨把自由與必然的問題，同連續性與不可分的點的問題一樣，看做我們的理性最容易陷入迷宮的重大問題。這個問題之所以重大，就在於它是一個「困惑著幾乎整個人類」的問題，它不僅關涉到「關於必然性的認識」問題，而且也關涉到「人的自由和上帝的正義（即樂觀主義）」問題。萊布尼茨之所以把他生前所發表的唯一一部篇幅較大的著作稱作《關於上帝的善，人的自由和惡的起源的神正論》，其立意也正在此。

一、「人的自由」與「道德的必然性」

　　自由與必然的關係問題歷來是哲學中最棘手的且使哲學家們爭論不休的問題，康德在《純粹理性批判》裡把它宣布為理性無力解決的一個二律背反，萊布尼茨在《神正論》裡把它宣布為使人類理性在其中常常迷路的一座「迷宮」，這些都是不無根據的。人們在自由和必然的關係問題上爭論的焦點之一是對「必然性」概念的理解問題。古代唯物主義哲學家德謨克利特曾明確宣布過「一切都是由必然性而產生」。跟萊布尼茨同時代的斯賓諾莎也

宣揚這種機械決定論，斷言自然中「沒有任何偶然的東西」。這就從本體論上否定了自由存在的可能性。對於德謨克利特等人來說，問題不在於他們強調了事物運動的必然性，而在於他們把這種必然性絕對化了，以致沒有給偶然性、沒有給人的自由選擇留下任何餘地。萊布尼茨高出他們一籌的地方，在於他沒有使自己囿於德謨克利特和斯賓諾莎所強調的那種唯一的和絕對的必然性，而是明確地提出並區分了兩種必然性：「絕對的、形而上學的必然性」和「假設的必然性」與「道德的必然性」。就「形而上學的必然性」言，它是絕對的，無例外的，不可改易的，其反面是包含矛盾而不可能的，如那種「同一陳述」或「分析命題」（「Ａ是Ａ」，「直角三角形是三角形」之類）所具有的就是這種必然性；而「假設的必然性」和「道德的必然性」則不然，它只是「造成傾向」而非「迫使必然」，或者說它只是「勢有必至」而「理無固然」。萊布尼茨所說的這後一種必然性，在一定意義下其實也就是偶然性。萊布尼茨對這種偶然性是非常重視的，他在討論其哲學所依據的基本原則時提出充足理由原則和圓滿性原則，在認識論中於「必然真理」之外另提出「偶然真理」，要強調的也正是這樣一種偶然性。在一定意義上我們甚至可以說，萊布尼茨在《神正論》裡之所以要討論必然和自由的問題，主要地也就是為了要解決這種道德的必然性或偶然性問題。因為正是這種偶然性問題提出了事物發展的諸多可能性問題，提出了認識主體和道德主體面對著諸多可能性進行自由選擇的問題，提出了人的「自發性」和自由意志問題。

應當強調指出的是：萊布尼茨雖然把自由同「絕對的、形而上學的必然性」對立起來而僅僅同「道德的必然性」或偶然性聯

繫起來，但這並不意味著他把人的「自由」理解爲一種純粹的隨意性。因爲在他看來所謂人的自由只是在於人在面對事物的諸多可能性時進行選擇的自由，而這種選擇並不完全是任意的，而是自覺不自覺地受圓滿性原則支配的，也就是說是受對自認爲最好的東西的欲望支配的。換言之，所謂人的自由也就是一種爲自己的欲望所決定所驅使的活動。因此，自由的眞諦不在於不受任何決定，而在於不受自身之外的「他物」的決定。更爲重要的是，對於萊布尼茨來說，眞正的自由還不止於此。因爲在他看來，自發性或自由選擇雖是自由的必要條件，但並非自由的充分條件。誠然如果根本不是出於自發或自由選擇而是由他物迫使或受他物限定，就根本無自由可言。但是光有自發性或自由選擇還不足以稱爲自由，它充其量只是無理智的實體如禽獸之類的行爲的屬性，只有自發性或自由選擇加上理智才能構成眞正的屬人的自由。正因爲如此，萊布尼茨對自由下的定義是：「自由是自發性加上理智。」●

　　爲什麼理智能夠成爲構成眞正的屬人的自由的不可或缺的又一個條件呢？這是因爲從根本上講唯有理智才能使人權衡諸多可能性事物，從中選擇出最佳者，換言之，唯有理智才能使人作出合乎自己本來欲望的最佳選擇，從而使自己的選擇眞正成爲屬人的和自由的選擇。由於這個問題至關緊要，萊布尼茨在討論人的自由問題時曾經詳盡地討論過與此緊密相關的「無區別狀態」問題。

　　什麼叫「無區別狀態」呢？這是指兩種事物沒有自身的內在

● 轉引自羅素《萊布尼茨哲學述評》，劍橋1958年版，頁193。

特點而只是「號數」上不同，即兩個完全一樣的東西，因此似乎
沒有理由來讓人決定選擇其一而不選擇其他，這樣就使人處於猶
豫不決或「平衡」的狀態，彷彿一架天平，兩邊的砝碼一樣重，
天平就不會偏向一邊而處於「平衡」了。因此這種狀態也可以叫
做「不偏不倚」或「不分軒輊」的狀態。有人就以這種狀態的存
在作爲自由的條件或依據。彷彿只有處於這種狀態，人才能進行
自由選擇；或者兩件事物本來不分軒輊，但人還是可以選擇其一
而不選其他，彷彿只有如此才正好說明或證明人的意志自由。而
萊布尼茨則反對這種觀點。如上文所說，萊布尼茨根據他的「不
可辨別者的同一性」原則，是肯定世上不可能有兩件毫無差別的
事物的，世上找不到兩片完全一樣的樹葉。因此實際上不存在
「無差別狀態」，若就抽象的理論上說來，則「最無差別狀態」
就是「無物」(Le Rien)，這是一。其次，根據萊布尼茨所提出
的「充足理由原則」，如果兩件事物確實毫無區別，則人就沒有
理由來選擇其一而不選擇其他，如果肯定人在這種狀態下還能進
行選擇，就是違背了「充足理由原則」。甚至上帝也不能毫無理
由創造出兩件毫無區別的事物。再次，如果世上真有兩種完全難
以區別的事物而又要人作出選擇，則事情就會像萊布尼茨曾指出
的，這人就會像「布里丹的驢子」那樣處在等距離的兩袋麥子中
間不知走向哪一邊好而永遠處於猶豫不決狀態，即「平衡狀態」
或「無區別狀態」，恰恰是最不自由狀態；因此，「一種無區別的
自由是不可能的」，而自由恰恰在於擺脫這種「無區別」即「猶
豫不決」的狀態，而要自行作出決定。因此自由不是以「無區別
狀態」爲條件而是以「受理性決定」爲條件，只是所受的決定是
自身理性的決定而不是他物的決定而已。

　　萊布尼茨之所以要把自由定義爲「自發性加上理智」，其目的在於要在形而上學的必然性和道德的必然性之間建立一種內在的和諧。正因爲如此，他曾在《人類理智新論》中討論了自由的「兩種不同的意義」：一種是相關於理智的自由，一種是相關於我們的意志的自由。在談到相關於我們的理智的自由時，萊布尼茨指出，這種意義的自由是當我們把它和心靈的不完善或心靈的受奴役相對立時所說的，這樣當一個人的心靈爲巨大的情感所占據時他就是毫無自由的，因爲在這種情況下這人就不能像他應當的那樣來意願，就是說他不可能進行必要的深思熟慮。斯多葛派說，只有完全依照理智生活的哲人才是自由的，就是在這個意義上講的。但是若從最嚴格的意義上講，只有上帝才是完全自由的，而被創造的心靈只有在當他超越情感的範圍內才有一定程度的自由。在談到相關於我們的意志的自由時，萊布尼茨指出，這種意義的自由是當我們把自由同絕對的必然相對立時說的，它是一種相關於我們的赤裸裸的意志的自由。這種意志的本質在於：

　　　　人們意欲理智呈現於意志之前的最強有力的理由或印象，也不阻止意志的活動成爲偶然的，而不給它一種絕對的、和可以說是形而上學的必然性。而正是在這種意義下，我習慣於說，理智能夠按照占優勢的知覺和理由來決定意志，其決定的方式是：即使它是確定無疑的，它也只是使意志傾向於什麼而不是必然地逼使它怎樣。❷

----

❷　《人類理智新論》上冊，頁163。

萊布尼茨把自由定義爲「自發性加上理智」，並從道德的必然性中引申出偶然性和自由，這同他的自由實現程度和獲得自由途徑的思想是緊密相關的。因爲按照萊布尼茨的單子論學說，人的心靈和其他一切單子一樣，是徹底孤立而完全依照自己固有的內在原則運動變化的，因此每個人的心靈也就都是獨立的、自主的和自決的，除了最初由上帝創造之外，根本就不存在受在它之外客觀存在的事物及其規律所制約或決定的問題。如果把自由理解爲不受自身之外的其他事物的約束，則照萊布尼茨的觀點來看，應該說每個人以至每個單子、每件事物都是徹底自由的，或毋寧說根本就無所謂不自由的問題。因此對於萊布尼茨來說，問題不在於人是否能夠自由，而在於人如何獲得更高程度的自由。萊布尼茨認爲人類逐步獲得更高程度的自由的可能性是存在的。因爲依照他的單子論學說，一切單子都有知覺和欲望，而人的心靈作爲一種較高級的單子，其知覺就表現爲自覺的意識或理性，而其欲望就表現爲自覺的意志。而且人的心靈作爲高級的單子除了本身特有的性質之外，也包含有一切較低級的單子的性質，因此人的心靈同時也都包容有種種模糊的知覺、衝動和動物性本能。然而根據他的「連續性原則」，這種模糊知覺和自覺的意識、盲目的衝動與自覺的意志之間並沒有截然隔開的鴻溝，而只有程度上的高低之分。這樣每個心靈基於自己的「內在的活動原則」，就會有一個從模糊知覺向自覺意識、從盲目衝動向自覺意志的持續前進運動；而這種運動在一個意義上也就是一個不斷提高自己自由程度的過程。

值得注意的是，萊布尼茨在討論自由的實現程度和實現途徑時還提出和區分了「法權上的自由」和「事實上的自由」。他在

談到「法權上的自由」時說:「照法權上的自由來說,一個奴隸是毫無自由的,一個臣民也是不完全自由的。」❸這說明萊布尼茨在討論自由時不僅注意到了自由的個體性,而且也注意到了自由的社會性,看到了從根本上講人的自由的實現程度是由他所在的社會制度,尤其是由他所在的社會的政治法律制度決定的;人們在不同的社會制度下會享受程度不同的自由。這是很有見地的。同時這也充分表達了他的從根本上徹底廢除農奴制度和封建君主專制制度的強烈願望,表達了他對一個能夠保證法律面前人人平等的未來社會的憧憬,這在當時是有明顯的進步意義的。在談到「事實上的自由」時,萊布尼茨指出「事實上的自由或者在於如一個人所應當的那樣去意願的能力,或者在於做一個人想做的事的能力。」而且這種自由「是有程度的不同和各色各樣的」❹。如果說萊布尼茨在談到「法權上的自由」時關涉的是自由的社會性,那麼當他在談「事實上的自由」時則關涉的主要是自由的個體性。在萊布尼茨看來,「法權上的自由」主要同社會制度的完滿性相關,而「事實上的自由」則主要同個人的完滿性相關。如上所述,人的心靈雖然屬於同一等級之內的單子,但其完滿性程度卻大不相同。這種差異性首先表現在各個心靈「知覺」的清晰程度方面。人的本性越完滿,其知覺越清晰,具有自覺的意識卽理性的程度越高,他也就越加自由。因此同樣屬於人類,每一個人由於完滿程度不同,按理性行事的能力不同,其自由的程度也就不同。至於人類以下的動物或其他實體,由於其知覺未達到自我意識或理性的程度,就充其量只有自發性而無自由可言。人的心

---

❸　《人類理智新論》上冊,頁162。
❹　《人類理智新論》上冊,頁162。

靈的完滿性程度的不同除知覺清晰程度的差異外，還表現在欲望
層次的差異上。一般來說，人的心靈作爲人的心靈雖屬於同一等
級，都具有程度不同的自覺的意志，但是各人的意志的自覺程度
及其同理性的協調程度也不盡相同，同時如果考慮到「連續性原
則」，則大多數人就難免或多或少地具有一定程度的動物本能乃
至更低級單子所具有的衝動。既然根據圓滿性原則，眞正的自由
不僅在於做自己所意欲的，不僅在於去實現自己所認爲最好的或
最圓滿的，更在於去做對自己眞正是最好的或眞正是最圓滿的，
這就要求追求自由的道德主體具有高度的自覺的意志，具有一種
溶自己的意志與自己的理智於一體的睿智或玄覽，具有一種渴望
人類普遍福利的「善」；因爲在萊布尼茨哲學裡，最圓滿者無非
是「存在的最大的量」的同義語。一個人越是具有這種自覺的意
志，越是具有對人類普遍福利的熱望，越是具有善的意志，他具
有的自由也就越多。因此雖然同屬於人類，每一個人由於其所具
有的自覺的和善的意志不等，其所選擇的對象不同，其自由實現
的程度也就不同。至於有些人完全缺乏自覺的和善的意志，單憑
動物的本能辦事，看起來十分自由，充其量只是一種盲目衝動而
已。這樣，萊布尼茨就在討論人的自由的實現程度時提出和討論
了自由的實現途徑問題。關於這後一個方面的問題，我們可以把
萊布尼茨的思想歸結爲如下兩點，人們要想獲得和保持自己的自
由，一是要依靠社會制度的完善，依靠法律制度的完善，二是要
依靠社會成員自身在理智上和道德上的完善。應該說，萊布尼茨
的這些見解至今還是十分耐人尋味的。

如果我們把萊布尼茨的自由觀與他同時代的斯賓諾莎的自由
觀比較一下，就更可看出萊布尼茨自由觀的劃時代意義了。我們

知道，斯賓諾莎雖然也談自由，並在實質上把自由理解爲「認識了的必然」。但由於他片面地強調必然性而完全否認偶然性，宣布「自然中沒有任何偶然的東西」，這就難免會同否定自由的宿命論合流。而且像他那樣片面地強調必然性而完全否認偶然性，儘管看起來是要擡高必然性，而恰恰是把必然性降低到偶然性的水平，貶低乃至毀壞了必然性。而就自由與必然的關係問題而言，如果把必然性理解爲完全排斥偶然的、無可改易、也無選擇餘地的絕對的必然性，那麼就理論上說也就只能是與自由根本對立，從而完全否定了自由。這樣的必然性卽使被認識了，應該說對人的行爲也並無多大意義。因爲旣然一切都是必然的，都是無可改易也無選擇餘地的，則人就完全沒有主觀能動性可言，不僅不能主動地改變環境或客觀事物，連主動地順應必然性也不可能。因爲是否順應也是被必然性決定了的，人對此也並無發揮主動性的可能。這樣認識了的必然卽使稱之爲「自由」，實際上又有何意義，有什麼眞正的自由可言呢？斯賓諾莎一方面強調一切都是必然的而完全否認偶然性的客觀存在，另一方面又仍舊承認了人的自由。他這樣作如果不是把自由變成了一句無意義的空話，就是陷入了自相矛盾，不管他自己是否覺察到這一點。在自由和必然的關係問題上，萊布尼茨超越斯賓諾莎的根本之處，正在於他在承認必然性的同時也承認了偶然性和事物發展變化的多種可能性，從而爲自由和自由選擇留下了餘地。同時他把形而上學的必然性同道德的必然性區別開來，把絕對必然性和「受決定」區別開來，一面承認自由的活動是偶然的而非絕對必然的，同時又承認自由的活動仍是受決定的，不過不是受他物的決定而是受自身的自覺的意識（卽理智）和自覺的意志的決定。這就避免了斯賓

諾莎的上述矛盾，同時使自由成爲可以實現的、有實際意義的了。此外，如果我們考慮到斯賓諾莎只是把自由埋解爲「服從統治權的命令」，理解爲一種「不受政權支配」的「心的自由」卽「思想的自由」或「哲理思辯的自由」，如果我們再考慮到萊布尼茨之後的康德所要捍衛的也只是「筆的自由」，那麼萊布尼茨在「事實上的自由」之外甚至在其之前提出「法權上的自由」，我們對萊布尼茨的自由觀就更應該刮目相看了。

二、人的自由的個體性與主體性

　　前面說過，萊布尼茨的自由學說超越斯賓諾莎的地方，在於他區分了形而上學的必然性與道德的必然性，在於他於必然性之外提出了偶然性，從而爲自由和自由選擇提供了現實的可能性。然而萊布尼茨的自由學說的優越性並不止於此。他對斯賓諾莎的超越更根本的也更重要的，乃在於他提出和強調了人的自由的個體性與主體性。

　　眞正說來，斯賓諾莎雖然把必然絕對化，但他也確實並沒有因此而完全否認「自由」，他所否認的與其說是自由本身，毋寧說是作爲普遍實體樣式的個體事物（包括個體的人）的自由。因爲他對於普遍實體的自由或神的自由倒是非常強調的。他在其主要著作《倫理學》的「論神」部分中曾經給自由下了一個明確的定義。這就是：「凡是僅僅由自身本性的必然性而存在、其行爲僅僅由它自身決定的東西叫做自由（Libera）。」依照這個定義，究竟什麼東西才能享有自由呢？這就是他所說的唯一普遍的實體或神。因爲根據他的理解，唯有實體才是「在自身內並通過自身

而被認識的東西」，唯有神才是「絕對無限的存在，亦卽具有無限『多』屬性的實體」，而且「神是唯一的」，「宇宙間只有一個實體」；這樣，在他這裡，那種「僅僅由自身本性的必然性而存在，其行爲僅僅由它自身決定的東西」就不可能是任何別的東西，而只能是這唯一的普遍實體或神，從而，也只有這個唯一普遍實體或神才有眞正的自由。換言之，在斯賓諾莎看來，從根本上講，從本體論上講，所謂自由就只是唯一實體的自由，他常常把唯一的實體或神稱爲「自由因」也正是基於這一理由。至於世界上現實存在的個體事物，包括個體的人，從它（他）本身講，從本體論上講，是根本談不上享有這種自由的。因爲在斯賓諾莎看來，所有的個體的事物，包括所有個體的人，其存在和活動都是按一定的方式爲他物所決定，以他物爲原因，因而也就都是必然的，都是處於一條不間斷的因果必然鎖鏈之中的。因爲所謂必然，在他看來沒有別的，只是意指一物的存在及其活動均按「一定方式爲他物所決定」。正因爲如此，他斷然否定任何形式的偶然性，並斷言，一些人把一些事物看成偶然的，這除了暴露出他們的知識有「缺陷」，對個體事物產生的原因無知外，不能說明任何問題。斯賓諾莎沿著否定個體事物或個體的人的存在及其活動的偶然性和自由的道路比這走得更遠。因爲他不僅一般地否認作爲實體樣式的個體事物或個體的人的存在及其活動的自由，而且還從根本上否認作爲實體樣式的人的心靈的自由和意志的自由。他斷然宣布：

　　在心靈中沒有絕對的或自由的意志；而心靈之有這個意願或那個意願乃是被一個原因所決定，而這個原因又同樣爲

別的原因所決定，如此遞進，以至無窮。❺

由此看來，斯賓諾莎所強調的只是一種屬神（即唯一實體）的自由，在他的形而上學體系中，在他的本體論裡，是根本沒有個體的人及其意志的自由的地位的。

與斯賓諾莎不同，萊布尼茨強調的不是那種唯一普遍實體的自由或作為「類概念」的神的自由，而是一種個體性的自由，一種個人的自由。誠然，他們之間也有某種共識。例如，他們兩個都把實體概念看做自己哲學的最高概念。這在斯賓諾莎那裡是不言而喻的，在萊布尼茨亦復如此。我們知道，萊布尼茨也是十分推崇實體概念的，他自己就曾明確說過「實體概念是了解深奧哲學的關鍵」，而他把自己的哲學叫作「單子論」，也正是表明他自己的哲學實質上就是一種關於實體的學說。不僅如此，他們兩個還都把自己的自由學說同自己的實體學說聯繫起來，都把自由理解為屬於實體的自由或基於實體的自由，因為萊布尼茨和斯賓諾莎一樣，也把實體（對他來說就是單子）宣布為是「自因」的，也把「實體」理解為「是僅僅由自身本性的必然性而存在、其行為僅僅由它自身決定的」，是「在自身內並通過自身而被認識的」。因為他曾不止一次地宣布「單純的實體是一定存在的」，單子是徹底獨立和徹底孤立的，因而是徹底自立、徹底自由的，因為單子既然是一種「不可分割」的「單純實體」，既然它「沒有可供事物出入的窗子」，任何一種外在的原因「都是不可能影響到它的內部的」，都是不可能「在它的內部造成變化或改變」的。因

---

❺　斯賓諾莎：《倫理學》第二部分，命題48。

此，單子只能是「自因」的，其自然變化也就只能是「從一個內在的原則而來」的❻。但是他們的實體概念也還是有原則性的差別乃至對立的。就斯賓諾莎的實體概念來說，它要強調的是一種唯一的抽象的統一性和普遍性。雖然斯賓諾莎的形而上學內蘊著普遍實體、特殊者（思維和廣延）和個別者（樣式）這樣三個基本環節，但他並不把個別性或個體性所寄託的樣式看成本質的東西，他的樣式（個體性）在本質中並不是本質本身的一環，而是消失在本質中，即歸於他那個「唯一的實體」。這就是說，在斯賓諾莎這裡，只有神這個「類概念」是唯一的實體，自然界中的所有個體事物都只不過是實體的變相、樣式，因而並不是實體的東西和自由的東西。所以黑格爾曾尖銳地批評斯賓諾莎把個體事物不理解為實體而僅僅理解為實體的樣式，是把個別性或個體性理解成了一種「惡劣的個別性或個體性」，他甚至批評「斯賓諾莎主義是無世界論」，譴責「斯賓諾莎的普遍實體違背了主體的自由的觀念」。與斯賓諾莎的這種整體主義不同，萊布尼茨則把實體加以個體化，或把個體加以實體化；在他看來，個體就是本質，就是實體。對萊布尼茨來說，哲學中最重要的原則不是別的，正是個體性原則。如前所述，萊布尼茨學生時代的一篇論文就是以〈論個體性原則〉為題的，後來他把自己的實體概念稱作單子（即不可分割的單純實體），並提出「不可辨別者的同一性」原則，都是在進一步強調和論證他的哲學的個體性原則的。黑格爾在談到萊布尼茨和斯賓諾莎在實體學說方面的差別時，深刻地指出：

---

❻　參閱《單子論》第 1～11 節。

萊布尼茨的哲學是形而上學，是與斯賓諾莎主義根本地、
尖銳地對立著的；斯賓諾莎主張一個唯一的實體，認為在
這個實體中一切確定的東西都是暫時的東西。萊布尼茨與
斯賓諾莎的單純普遍的實體相對立，以絕對的眾多性、個
體的實體為基礎，他依照古代哲學家們的先例，把這種個
體的實體稱為單子。

他又指出

斯賓諾莎是主張普遍的唯一實體的。……萊布尼茨的基本
原則卻是個體。他所重視的與斯賓諾莎相反，是個體性，
是自為的存在，是單子。❼

這是頗中肯綮的。應該說，反對抽象的普遍的無視個體存在的自
由觀，突出和強調具體的和個體的人的自由，突出和強調本身即
為普遍者的個別者的自由，是萊布尼茨自由觀的最鮮明的特徵之
一，也是萊布尼茨自由觀的最重大的優點之一，是他的自由觀超
越斯賓諾莎的自由觀的又一突出表現。

　這是因為肯定個體性原則以及由此派生出來的人的個體性原
則是肯定人的自由的必要的理論前提。如果人根本不具有獨立
性，不是一個獨立的個體，而是依附於別的東西的東西，則就勢
必為別的東西所決定，嚴格說來也就無自由而言。在宗教世界
觀下人不僅是上帝的創造物而且時時事事都依賴於上帝，本是根

---

❼　黑格爾：《哲學史講演錄》第 4 卷，商務印書館1978年版，頁169、
　　164。

本無自由可言的。而某些神學家既宣揚天道神意決定一切的宿命論，又硬要人為自己的行為負責以便接受上帝的賞罰，就硬說上帝決定人的意志是自由的，這自然只能是自相矛盾的詭辯。斯賓諾莎雖反對那種神學觀點，但他把人看作僅僅是依附於唯一實體的「樣式」，是受實體決定的，而並非獨立的「實體」，嚴格說來就很難肯定個人的自由，他的關於人的自由學說也就不能不包含矛盾。萊布尼茨既然肯定了每個人都是一個獨立的實體，這就為個人行為的「自發性」或「自主性」提供了必要的條件，也就從根本上避免了上述矛盾。尤為難能的是，萊布尼茨雖然十分突出地肯定和強調了自由的個體性即個人的獨立性和自由，但他也並不把人看做可以不顧他人、不顧整體而一意孤行、任意行事的，而是通過其「前定和諧」學說實際上肯定了個人與宇宙萬物，也包括與社會人群是處在普遍和諧的關係中，而構成一個和諧的整體；同時如上所說，他所強調的個人自由是以其按照理性行事為條件，是受自己理性決定的。這就在理論上克服了斯賓諾莎自由觀中的一些困難而向前邁進了一步。這種進步既是理論上的一個貢獻，在社會作用上也更符合資產階級反封建的利益。我們知道，封建制度是以封建主土地財產所有制為基礎的一種人身依附制度。要打破這種過時的落後制度就必須否定人身依附制度而使個人從封建關係束縛下解放出來，成為自由獨立的個人。以突出和強調個人自由為基礎的個人主義在當時是最足以表現資產階級的階級本性和階級利益的意識形態。它在資本主義初期反封建的鬥爭中是有強烈進步意義的革命的思想武器。而萊布尼茨的強調個體性原則的單子論，以及他的以單子論為基礎的人的個體性和獨立性的思想，可以說是為資產階級的個人主義建立最適合的哲

學基礎的理論，在當時也還沒有任何其他理論能更好地爲個人主義提供這樣的哲學基礎。而在這樣的哲學基礎上建立起來的關於個人自由的思想，也可以看做是當時比較最「完滿」的關於自由的哲學和政治、倫理思想。因此它的社會進步作用，也有勝過他同時代其他資產階級思想家的理論之處。

萊布尼茨的自由觀超越斯賓諾莎的地方不僅在於他提出和強調了自由的個體性問題，還在於他提出和強調了自由的主體性問題。誠然，斯賓諾莎和萊布尼茨一樣，都把實體的自由同實體的「自因」聯繫起來。但是斯賓諾莎把實體的「自由」同實體的「自因」的複雜關係簡單化了，而且他對這兩個概念的理解也太狹隘了。他說：「自因，我理解爲這樣的東西，他的本質卽包含存在，或者它的本性只能設想爲存在著。」❽至於自由，如上所述，他也把它僅僅理解爲「由自身本性的必然性而存在」。這就是說，在斯賓諾莎這裡，自由成了自因的同義語，而自由和自因又都成了「自在」的同義語。黑格爾在談到這一點時，說斯賓諾莎的這個思想很偉大，因爲它「直接揚棄」了外因，一方面使結果與原因對立，另一方面在這個概念裡由於「自因只是產生出自身」，原因和結果就又「合一」了。所以他肯定自因是個很重要的名詞，是「一切思辨概念中的一個根本概念」。但是，黑格爾又認爲，斯賓諾莎的自因或自由的概念太空泛、太乾癟了，因爲他沒有進一步去發展自因和自由裡面所應當包含的東西，這樣他的實體就是「僵化」的和「死板」的實體，他的自由也就成了沒有主體性的自由了。

---

❽　斯賓諾莎：《倫理學》第一部分，界說 1。

　　黑格爾的這種批評主要基於下面兩個理由：其一是斯賓諾莎只把實體的自由理解爲自因，理解爲自身的獨立存在，而沒有進而把它理解成「自身活動的、活生生的」東西，因而成了一種「沒有任何發展」、「沒有任何能動性」的東西。其二是斯賓諾莎雖然看到了普遍者（實體）、特殊者（屬性）和個別者（個體事物）的區別，但他沒有進而看到個別者就是普遍者，沒有從自因和自因概念裡引申出個別者向普遍者的「回歸」運動。這就是說，在黑格爾看來，斯賓諾莎的實體學說的根本弊端就在於他只是把實體理解爲實體，而沒有進而又把它理解爲主體，由此而來的是，斯賓諾莎的自由學說的根本弊端也就在於他只是把自由理解爲普遍實體的自由而沒有進而又把它理解爲主體的自由。

　　當然，我們也不能簡單地把這種片面的實體觀和自由學說單單歸咎於斯賓諾莎，因爲自亞里士多德以來，實體歷來被規定爲與主體相區別同時又與主體相對立的東西。不管哲學家們對實體的看法如何對立，但有一點是共同的，這就是，實體都只是被看成獨立存在的自滿自足的東西，只是被看成萬物的基礎與本質。亞里士多德就是把實體理解爲「既不可以用來述說一個主體又不存在於一個主體裡的東西」。他的這個定義在十八世紀以前的哲學中是有代表性的。然而事情正如黑格爾所指出的：「一切問題的關鍵在於：不僅把眞實的東西或眞理理解和表述爲實體，而且同樣理解和表述爲主體。」❾值得注意的是，黑格爾的這句話是在他批評謝林和斯賓諾莎一樣犯了把實體與主體對立起來的錯誤時講的，但是萊布尼茨在黑格爾之先就早對斯賓諾莎的這種錯誤

---

❾　黑格爾：《精神現象學》上卷，商務印書館1979年版，頁10。

作出過類似的批評，並在自己的自由學說裡事實上提出了實體和
主體的統一及自由的主體性問題。

　　跟斯賓諾莎的實體自因的觀點不同，萊布尼茨的實體的「內
在的原則」不僅是一個實體獨立存在的原則，更根本的乃是一個
實體的「自然變化」的原則。我們知道，萊布尼茨畢生都在反對
笛卡爾和斯賓諾莎的實體概念，在他看來，無論是廣延也好，無
論是獨立性和自在性也好，都不是實體的本質屬性，離開了「自
己活動」的概念，離開了「力」的概念，是不可能闡明實體概
念的。因此他在自己的哲學觀點定型以後反覆強調的就是這一思
想。例如，他在給伯利松的信中寫道：「沒有活動，就不可能有
實體。」他在給布克的信中寫道：「如果從實體那裡抽掉活動，
那就不能斷言實體的存在應當是怎樣的。」他在《動力學實例》
說：「活動是實體的特性。」他在《神正論》中說：「如果把活動
從實體那裡抽掉，從而把實體和偶性混為一談，那就陷入斯賓諾
莎主義，即一種以誇大形態表現出來的笛卡爾主義。」他在給漢
施的信中說：「只有活動才構成真正實體的基礎。」他在給弗‧霍
夫曼的信中說：「只有借助於活動力，才能把事物和神的實體區
別開。」他在《人類理智新論》中說：「活動屬於實體的本質。」
他在《單子論》裡到處強調的都是「單純實體的內在活動」。他
在《自然和神恩的原則》中把實體定義為「一種能夠活動的本
質」。此外，萊布尼茨之所以把「力」的概念引進他的實體學說中
來，之所以強調「實體的形式的本性在於力」，之所以宣布單子
即為「力的中心」，其目的也正在於強調實體的活動本質，強調
實體的主體性質。因為在萊布尼茨看來，唯有這種「力」才是實
體的「內在活動的源泉」，才能使實體成為「無形體的自動機」。

　　萊布尼茨的實體學說的主體性質，更突出地表現在他所說的實體活動是一種本身爲普遍者的個體者向普遍者的前進運動，一種作爲主體的實體自己實現自己的運動。如前所述，在萊布尼茨看來，凡實體固然都是單純實體，都是不可分割的單一，但是單純實體的這種單一並非只是一種抽象的單一，而是一種自身就包含著「多」的單一，一種能夠表象整個宇宙的「單一」。這種包含並表現單純實體裡面的一種「多」的暫時狀態，萊布尼茨稱之爲知覺，這種知覺能力雖爲所有的實體（單子）所具有，但由於其所屬的等級不同，各個實體對宇宙的知覺的明晰程度也就不同，儘管人的心靈屬於同一等級，但各人的心靈表象宇宙的明晰程度也有很大的差異。不過，由於我們心靈的內在活動原則即自覺的意志的推動，我們的心靈就能不斷地從一種知覺進展到另一種知覺。一如萊布尼茨所說：「誠然，欲望不能總是完全達到它所期待的全部知覺，但是它總是得到某個東西，達到一些新的知覺。」❿這就表明，按照萊布尼茨的觀點，實體的變化運動儘管未必都能如願，但它終歸是一種實現自己欲望（意志）的活動，一種努力向主體所設定的目標前進的活動，一種自我實現的活動，一種自主自由的活動。黑格爾把萊布尼茨的「實體」稱爲「自爲的存在」，是很有道理的。

　　需要指出的是，萊布尼茨強調實體的主體性質，強調自由的主體性原則同他強調實體和自由的個體性原則是一而二二而一的東西。因爲那裡沒有區別的原則，那裡沒有既區別於他人又區別於舊我的原則，那裡就沒有個體性原則，就沒有自我活動和自我

---

❿　《單子論》第15節。

實現的原則，也就沒有人的自由的主體性原則。反過來講也是如此。萊布尼茨也是這樣看待自由的主體性原則和自由的個體性原則的關係的，也就是說，他也是把自由的主體性原則看做是一種更爲基本的原則的。而且在他看來，正是由於這條原則，他的實體學說和自由學說才同笛卡爾和斯賓諾莎明顯地區別開來。他曾經強調指出：

> 事物的實體本身就在於它的活動力和被動力。如果把事物的這種力量抽掉，那麼事物就僅僅是上帝的短暫的變體和幻影，或者上帝本身就是唯一的實體。—— 這是一種聲名狼藉的學說。⓫

由此便可看出實體的主體性質及自由的主體性原則在萊布尼茨心目中的地位了。

我們說斯賓諾莎強調唯一普遍實體卽神的自由，從原則上（或從本體論上）根本否定人的自由的個體性和主體性，這在任何意義上都不是說斯賓諾莎根本不談「人的自由」，相反，他在其主要著作《倫理學》的最後部分裡曾專門地討論了「人的自由」問題。只是他所說的人的自由不是一種基於人的意志的自由，不是一種屬於道德 —— 實踐主體的自由，而只是一種爲理性所決定的自由，一種純粹屬於認識主體的自由，一種認識論上的自由。我們知道，在斯賓諾莎的自由觀中，是根本沒有人的意志的地位的。如上所述，斯賓諾莎曾明確宣布「意志不能說是自由因，只

⓫　轉引自《費爾巴哈哲學史著作選》第 2 卷，商務印書館1979年版，頁31。

能說是必然的或被強迫的」，其理由是：「無論怎樣理解意志，有限的也好，無限的也好，都有原因以決定它的存在與動作。」不僅如此，他還把意志同欲望絕對對立起來而同理智簡單等同起來。他在《倫理學》第二部分中斷然宣布：

> 我認為意志是一種肯定或否定的能力，而不是欲望，我說，意志，是一種能力，一種心靈藉以肯定或否定什麼是真、什麼是錯誤的能力，而不是心靈藉以追求一物或避免一物的欲望。

他又說：

> 意志與理智是同一的。
> 除觀念以外，沒有意願。

因此我們還可看出：斯賓諾莎所謂「意志與理智的同一」還有更深一層的含義，這就是他由於把意志同欲望完全對立起來，並在事實上使意志成了理智的附屬品。這就在原則上否定了人的意志在人的自由中的積極作用。當他談到「布里丹的驢子」問題時，他毫不含糊地說：

> 我宣稱我完全承認，如果一個人處在那種均衡的狀態，並假定他除卻饑渴外別無知覺，且假定食物和飲料也和他有同樣的距離，則他必會死於饑渴。假如你問我像這樣的人究竟應認為是驢子呢還是認作人？那我只能說，我不知

道；同時我也不知道，究竟那懸樑自盡的是否應認為是人，或究竟小孩、愚人、瘋子等是否應該認為是人。❷

斯賓諾莎不僅提出和強調「意志與理智的同一」，而且還提出和強調「欲望與理智的同一」。欲望問題是斯賓諾莎人的學說尤其是其人的自由學說中的一個至關緊要的問題。他在其《倫理學》中甚至宣布「欲望即是人的本質」。但是他的這一說法並不意味著他在把人的欲望同人的自由直接聯繫了起來。因為在他看來，卽使我們所有的欲望本身也都只是一種「出於我們性質的必然性」。因此，人能否有主動性、能否有自由從根本上講並不在於他是否有欲望，而在於他到底有的是什麼樣的欲望：是「起於理性的欲望」呢還是一種「盲目的欲望」？所以他說：「人的主動性固由於某種意欲，而人的被動，也由於同種意欲。」一個人只有有了「起於理性的欲望」，卽有了理性指導下的欲望，他才有主動性和自由可言。相反，一個人如果沒有「起於理性的欲望」，則對他來說就只有「人的奴役」而根本談不上「人的自由」。因此，對於斯賓諾莎來說，自由的問題從根本上講是一個理性問題，一個對必然的認識問題。他在《倫理學》中說：「只有通過理智的力量，我們才可以說是主動的。」又說：「自由人，亦卽純依理性的指導而生活的人。」他有一句名言，叫做「至善在於知神」。他所謂的「至善」涵指個人的最高德性和人的最大自由，而他所謂的「神」，主要地就是涵指統攝一切的普遍性和必然性。因此，他最終還是把人的自由歸結為一種對普遍性和必然性的認

------

❷　斯賓諾莎：《倫理學》，第二部分，命題48～49。

識，歸結爲一種認識論上的自由，一種認識主體的自由。

　　與斯賓諾莎把人的自由僅僅理解爲人的作爲認識主體的自由的片面作法不同，萊布尼茨不僅把人的自由同時理解爲人的作爲認識主體的自由與人的作爲道德實踐主體的自由，而且同斯賓諾莎極力把人的作爲道德主體的自由歸結爲或還原爲人的作爲認識主體的自由的作法相反，他極力強調人的作爲實踐主體的自由。如前所述，在萊布尼茨的實體學說中，欲望或意志居於更爲重要的地位。他在《單子論》中曾經明確地指出：

> 在上帝之中有權力，權力是萬物的源泉，又有知識，知識
> 包含著觀念的細節，最後更有意志，意志根據那最佳原則
> 造成種種變化或產物。這一切相應於創造出來的單子中的
> 主體或基礎、知覺能力和欲望能力。⑬

在萊布尼茨的這段話中有兩點值得特別注意：一是他不是像斯賓諾莎那樣把「意志」和「欲望能力」看做相互對立的東西，而是把它們看做是相互一致的東西；二是他使用了「最後更有意志」這個短語，這就是說，在他的實體學說和形而上學體系中，「意志」或「欲望能力」是一種高於「知覺能力」的東西。必須指出：萊布尼茨在這裡使用這一短語，把「意志」或「欲望能力」看做是一種比「知覺能力」更爲重要的能力決不是偶然的，這是因爲他的這一說是直接從他的實體本性的思想裡推斷出來的。既然實體（亦即他的認識主體和道德主體）的本質屬性是「活動」，既

---

⑬　《單子論》第48節。

然實體活動和變化的內在原則不是別的，正是欲望或意志，則欲望或意志之爲萊布尼茨的人的自由的基礎和源泉的地位也就不言自明了。

誠然，我們也不能因此而得出結論說，在萊布尼茨的自由學說中，理性或人的知覺能力無關緊要，但是，這至少可以表明萊布尼茨是反對斯賓諾莎把意志和人的欲望同一於或隸屬於理性或人的知覺的做法的，而是極力想在這兩者之間建立一種互存互動的和諧的。而且在這種努力中，他也確實表現出高揚人的意志、把人的意志或人的欲望看做自爲存在的人的更基本的一面的傾向。在他看來，人作爲一個認識主體，作爲一個具有知覺能力的主體，一個有自我意識或理性的主體，固然是一個自爲的存在，是一個不斷地從一個知覺變化或過渡到另一個知覺的活動或過程。但是，人之所以能夠具有這種作爲認識主體的自由，從根本上講首先就在於他是一個道德 —— 實踐的主體，一個具有自覺意志的主體，換言之，首先就在於他享有一種道德主體的自由。「那種致使一個知覺變化過渡到另一個知覺的內在原則的活動，可以稱爲欲求。」萊布尼茨在《單子論》中所說的這句話強調的正是這個意思。

還需指出的是：萊布尼茨在他那個時代裡，尤其是在那個當時農奴制度普遍復辟的國度裡，提出並強調人的自由的個體性和主體性問題，而且在人的作爲認識主體的自由之外提出和強調人的作爲道德 —— 實踐主體的自由，且初步地提出了人的意志能力高於人的知覺能力（理性能力）的思想，是相當難能可貴的。因爲他的這些思想對於他所在的時代是偉大的和重要的，對於後來哲學發展的影響是相當深廣的。因爲他的這些思想不僅開了康德

之實踐理性高於理論理性的觀點的先河，而且他也先於黑格爾在事實上提出了實體與主體同一的哲學原則。至於他所強調的人的自由的個體性和主體性及人的意志能力高於人的理性能力諸觀點，更對現當代西方哲學，尤其是現當代西方哲學人本主義產生了重大的影響。至少從他的自由學說方面看，我們有充分理由宣布：萊布尼茨是位劃時代的哲學家。

三、樂觀主義與惡的起源

按照萊布尼茨自己的觀點，他的《神正論》有兩項基本內容：一個是「人的自由」問題；再一個就是善惡問題，也就是「上帝的善」與「惡的起源」問題。後者是一個同萊布尼茨的「樂觀主義」直接相關的問題。

萊布尼茨「樂觀主義」的首要內容和基本前提，乃是所謂現存世界是「一切可能世界中最好的世界」。照萊布尼茨看來，既然上帝的智慧是無限的，在他的觀念中就必定有無數個可能的世界存在。但實際存在的世界卻只能有一個，這就是我們這個現存的世界。但其所以會只有我們這個世界存在，必定有一個「充足理由」使上帝選擇這一個而不選擇另一個。而這個理由只能存在於這些世界所包含的適宜性或完滿性的程度中，因為每一個可能的世界都是有理由要求按照它所含有的完滿性而獲得存在的。但為什麼只有我們這個世界存在呢？其原因不是別的，就是因為我們這個世界的完滿性程度最高，是個最完滿的世界，是個最好的世界。為什麼上帝造出我們這樣一個世界呢？一般地說，這是由上帝的本性決定的，是由上帝的智慧、意志和力量決定的：是上

帝的智慧使他認識了這個最好的世界，是上帝的善使他選擇了這
個世界，是上帝的萬能的力量使他產生了這個世界。然而若特殊
地說，上帝之所以要造出我們這樣一個世界，首先是由他的善的
意志決定的。這是因為上帝的理性和智慧在創世中固然重要，但
是若上帝沒有力量，若他不是萬能的，他就只能永遠滯留在對最
好世界的理性認識上，也就是說，這個最好的世界就永遠實現不
出來，但是要創造出我們這樣一個世界，單靠了上帝的力量和萬
能還不行。因為上帝既然是萬能的，他就既可以創造出我們這樣
一個最好的世界，也可以創造出一個完滿性程度低於我們這個現
存世界的世界。因此，為要創造出我們這樣一個最好的世界，就
需要在上帝的「全知」和「全能」之間建立起一種協調關係。而
在萊布尼茨的宗教哲學體系中，協調上帝「全知」與上帝「全
能」關係的東西不是別的，正是上帝的善的意志。因為既然上帝
的意志是善的，而且是至善的，則他既認識到了我們這個現存世
界是諸多可能世界中最好的世界，則他就勢必要依照自己的善的
意志去限制並集中自己的力量來創造這個最好的世界。

　　但是這樣一來，就引出了「惡」的問題或「惡的起源」問
題。人們不禁會問：既然現存世界是可能世界中最好的世界，那
麼，為什麼現存世界中還存在著「惡」呢？一個存在著「惡」的
世界能算得上是一個諸可能世界中最好的世界嗎？而且，如果上
帝理解的可能世界中最好的世界就當存在惡，這是否同上帝的善
的本性和意志相牴牾呢？對諸如此類問題的回答，不僅涉及到對
現存世界中的惡的起源的簡單說明，也不僅涉及到對現存世界中
的惡的存在的正當性進行辯護的問題，而且更是一個直接關涉到
如何對神的善的本性進行辯護的問題。萊布尼茨把自己這部討論

「惡的起源」問題的著作稱作《神正論》，大概就是出於這樣一種考慮。

在萊布尼茨看來，現存世界存在惡同現存世界是可能世界中最好的世界這兩種情況絲毫沒有矛盾。而人們之所以會誤認它們之間存在著不可調和的矛盾，乃是由於這些人只是從我們人的有限的理智出發來看問題，從而看不出惡的眞正起源及惡的眞正意義，卽看不到惡同上帝的善的本性的內在關聯，看不到惡的存在的必要性或重大意義。反之，如果從理性、意志、力量三爲一體的上帝出發，則我們就不難發現惡的性質、起源和意義，就不難發現現存世界存在惡同現存世界是可能世界中最好的世界之間的和諧。這是因爲對於上帝來說，他的無限的善（意志）同他的無限的智慧（理性）是一而二二而一的東西。這樣，他在諸多可能世界中進行選擇時，一方面是絕對自由的，另一方面又總是受規定的，因而便不是絕對隨意的。我們說上帝是自由的，並不是說上帝可以隨意幹什麼事情，可以作任何「不顧理性或者違背理性的事情」，只是說上帝是按照自身的理性和智慧做事的，是被自身的理性和智慧規定的。所以萊布尼茨說：

> 上帝自身的理性和智慧是他的裁判者。永恆眞理和智慧的對象，對於朱彼特來說，比斯提克斯河更加是神聖不可侵犯的。⑭

既然上帝的意志和理性是和諧統一的，則他在可能世界中進行選

---

⑭　《神正論》第121節。

擇時就一定是「經過計算和審核」的，因此他就不只是想要（就
其意志而言）創造一個最好的世界，而且還必定能夠（就真理性
和力量而言）創造出一個最好的世界。

誠然，我們也可以想像可能會有一些完全沒有罪惡和不幸的
世界；可是我們可以肯定的是，這樣一些世界遠遠比不上我們的
世界。換言之，一個沒有罪惡和不幸的世界肯定不是可能世界中
最好的世界，不然的話，全知、全能、全善的上帝就不會選擇我
們現在這個世界而去選擇別的可能世界了。一個沒有罪惡和不幸
的世界之所以不可能是可能世界中最好的，就在於它不符合上帝
的無限理性，不符合上帝在選擇中所依據的理性原則，亦卽我們
在前面所提到的圓滿性原則。按照萊布尼茨的理解，所謂圓滿性
原則就是一條關於存在的最大量的原則，或者說是一條肯定無限
多樣性和無限豐富性的原則。這樣看來，一個沒有罪惡和不幸的
世界就必定是一個不符合圓滿性原則的世界，因而也就必定不是
一個最好的世界。誠然，美德和幸福是創造物的最珍貴的品質，
但它們並非事物的唯一美好的品質。卽使是最珍貴、最美好的東
西，如果僅有此物而別無他物，則這個世界也就必定依然是一個
最貧乏的世界。當愚蠢、貪婪的國王米達斯（Midas）在從狄俄
尼索斯那裡學到點物成金術因而僅僅擁有黃金後，他便成了世界
上最貧窮的人了，以致他幾乎要因此而被餓死。

此外，單就上帝的意志和目的言，一切理性創造物的幸福固
然是他所關注的目的，可是這不是上帝的全部目的，甚至也不是
他的最終目的。因為如果理性創造物的幸福是他的唯一目的，那
我們這個世界就自然會既沒有罪惡，也沒有災害了。而且，卽便
是我們這個世界有什麼罪惡和災害的話，萬能的上帝也會千方百

計地排除這些罪惡和災害的。但是這麼一來，這個世界就不再是一個具有無限多樣性和無限豐富性的世界。正因為如此，在上帝創造的我們這個世界中，除了理性存在者外，還有非理性的東西，還有動物、植物乃至無生命的物體。這樣一來，某些對非理性創造物為好的東西，對我們理性創造物就有可能是罪惡的和災害的。但是，在非理性的創造物中也有某種使我們理性創造物施展理性能力的東西。萊布尼茨反問道：如果根本沒有非理性的事物，那麼我們理性存在物還有什麼事情可幹呢？如果沒有任何運動、物質和感覺，那麼理性存在物還思考什麼呢？

　　由此看來，在現存世界存在惡與現存世界是可能世界中最好的世界之間非但不存在矛盾，而且現存世界之存在惡對於現存世界是可能世界中最好的世界來說還不是可有可無的東西，而是一種絕對必需的東西。萊布尼茨把這種對最好世界是絕對必需的、其存在具有絕對必然性的惡稱之為形而上學的惡。然而，他又指出，這種惡雖然必然存在，但卻不是獨立於善的一項特殊的原則，而僅只是一種「純粹的不完善性或局限性」。這就是說所謂惡不是別的，只是一種善的「匱乏」。他強調說：

> 如果我們企圖借助於一個特殊的惡的原則來解釋惡的原因，那就是對現象作出一種最膚淺、最簡單的解釋。惡不需要原則，正如寒冷和黑暗不需要原則一樣；既沒有寒冷的原則，也沒有黑暗的原則。惡僅僅產生於剝奪，產生於匱乏。⑮

---

⑮　《神正論》第153節。

他又說:

> 正如比較輕微的惡是一種善，同樣地比較微末的善也是一種惡。

由此也可看出，萊布尼茨所說的形而上學的惡同他的基於對立面的同一的連續性原則是直接相關的。

萊布尼茨不僅從「質」上把「惡」(形而上學的惡) 理解爲「善的匱乏」，理解爲「比較微末的善」，而且還從「量」上對「惡」作了規定。他明確反對培爾過分地渲染現存世界存在惡的作法。後者在其《歷史批判辭典》中專門有一個條目:「到處都是監獄和醫院，到處都是絞架和乞丐。」萊布尼茨批評說:「培爾在世界上只看見醫院和監獄; 可是，住宅比監獄多得多。歐里庇得說得很對: 人所獲得的幸福勝過於災禍。」萊布尼茨承認，在形而上學的惡之外甚至還有「物質的惡」和「道德的惡」，前者就是所謂「痛苦」，後者就是所謂「罪孽」。這兩種惡雖然跟形而上學的惡不一樣，它們不是必然的，卻也畢竟是可能的，而且也是由於永恆和無限的眞理的緣故。但是萊布尼茨強調的是惡的局部性和有益性。他指出: 惡之所以爲惡，僅僅是就一個被限制的局部而言，而不是就宇宙而言，不是就事物的廣泛聯繫而言。在局部中表現爲混亂的東西，在整體中卻是井然有序的。他還強調說，這樣的惡本身對善是有裨益的，因爲大家知道，善往往是由惡所引起的，沒有惡，就不能獲得善。兩種惡加在一起往往產生出大善，兩種毒藥加在一起往往被證明具有醫療的功效。

由此看來，萊布尼茨對惡的起源和神的善的品格的關係的解

說雖然從本質上講是一種僧侶主義，但卻觸及到他終生思考的一個根本問題：建立哲學、科學和宗教神學之間的和諧。在一定意義上，我們可以說，萊布尼茨之所以要寫作《神正論》主要地也就是要建立起這樣一種和諧。儘管人們常常把萊布尼茨寫作《神正論》的動因歸於蘇菲婭・夏洛蒂的要求，這並非完全沒有道理，但這充其量只能算作萊布尼茨寫作《神正論》的一個誘因。這件事的更為本質更為內在的動因，當如費爾巴哈 (1804～1872) 所指出的，是由培爾所提供的。因為正是培爾在其《歷史批判辭典》中向萊布尼茨提出了挑戰，並以世界上存在惡這個事實來證明對神的善的信仰同理性的不相容性。但是，理性與信仰以及與之相關的理性與意志、哲學（科學）和神學的關係問題是哲學史中一個十分古老的問題。萊布尼茨在對理性與信仰、哲學和神學的辯護中，超出先前的教父學家與經院哲學家的地方在於，他不是像那些先哲那樣，一味地用理性去證明基督教教義的具體信條，而是從哲學與神學的思辨基礎中去尋找它們之間的和諧。他看出了神學的基礎在於上帝的意志，而哲學的基礎在於上帝的和人的理性，因此他便努力著手從這個基礎上入手來建立哲學和神學的、理性和信仰的和諧。結果，他一方面對上帝的意志加以限制，使意志成為理性所制約、所規定的意志，另一方面他又對以理性為基礎的絕對必然性加以限制，在形而上學的絕對的必然性之外又提出了假設的和道德的必然性，從而為意志、為自由和自由選擇留下了廣闊的餘地。這樣，世界就不再只是意志的產物，而且是理性或理性所制約的意志的產物。世界作為意志的對象是偶然的，作為理性的對象則是必然的，而且必然是它實際上是的那個樣子。如是，我們在萊布尼茨這裡就可以發現解答後來康德

在《純粹理性批判》中提出的第三個「二律背反」之謎的謎底。
此外，萊布尼茨在爲他的觀點進行辯護的過程中，還提出了應該
從全局的觀點及相反相成的觀點來看待一件事物的意義的見解，
這也是一些深刻的辯證法思想，表現了萊布尼茨的睿智。

即使對萊布尼茨的「樂觀主義」思想的社會歷史作用，我們
也不能採取片面的和膚淺的觀點。誠然，如果我們把他的這一思
想放進他當時所處的具體歷史場景中看，其保守作用是相當顯然
的。因爲當時的德國正如恩格斯在其《德國狀況》中所說，是
「一堆正在腐朽和解體的討厭的東西」，「簡直沒有一線好轉的希
望」，而萊布尼茨卻把這樣一個世界說成是一個「一切可能世界
中最好的世界」，其保守性自不待言。稍後的法國著名啓蒙思想
家伏爾泰（1694～1778），在其小說《老實人》中，曾對萊布尼
茨的「樂觀主義」大加嘲笑，是事出有因的。但是我們還必須看
到問題的另一面。恩格斯（1820～1895）在其《費爾巴哈與德國
古典哲學的終結》這一著作中曾對黑格爾的「凡是現實的都是合
理的；凡是合理的都是現實的」這一哲學命題作過全面深刻的分
析。他指出，這個命題雖有替現存的一切辯護、替專制制度祝福
的一面，但它也同時內蘊著革命的內容，因爲它其實也意味著
「凡在人們頭腦中認爲合理的一切，都一定要變成現實的東西，
不管它跟現存的、好像是現實的事物如何相牴觸。」這就是說，
現存的東西，儘管有它存在的理由，但當條件變化了時，它就變
成不合理，也就不是現實的了，就應該而且必然要爲合理的東西
所代替，而那合理的東西就是現實的了。

誠然黑格爾自己並沒有明確地作出這樣的結論，但這卻是他
的命題根據他的方法必然要得出的結論。對於萊布尼茨的「現存

世界是一切可能世界中最好的世界」這個命題，大體上也可以作如是觀。因為萊布尼茨的命題除了它顯然為現存制度辯護的一面之外，確實也包含著另一方面的意義。因為他的這種樂觀主義思想，畢竟不是腐朽沒落階級所能有的思想，而是某種新興的、有前途的階級的思想。事實上當時真正反映反動沒落的封建階級的世界觀的乃是天主教教義，而天主教毋寧是宣揚這個現實世界充滿了罪惡和痛苦，教人對現世不存在任何希望，因而本質上是一種悲觀主義而非樂觀主義。萊布尼茨雖然有同現存世界妥協的一面，但他內心終究也積蘊著對現存制度的憤懣而嚮往著一個更為完滿的世界。因而，他的這種樂觀主義，毋寧是反映了近代資產階級對一個「最好」世界的神往，同時也反映了它對在這現實世界裡就能實現這樣一個最好世界的信心。他在《人類理智新論》中寫道：

> 當我考慮到，在所有那些一旦處於這種幾乎毫無可以感覺到和當下的吸引力的生活進程中的人們之中，野心或貪欲能完成多少事業時，我一點也不失望，並且我主張，德性既伴隨著那樣多堅實的善，將會產生無限地更多的效果，要是人類的某種可喜的革命一旦使德性流行起來並且成為好像是時髦的東西的話。⓰

看！萊布尼茨不是也明明看到「野心」、「貪欲」等等壞事嗎？而他不是也希望來一個「人類的某種可喜的革命」，深信「德行」

⓰ 《人類理智新論》第 2 卷第21章第37節。

終將「流行起來」並且終將產生出「無限地更多的效果」，因而
「一點也不失望」嗎？應該說，這才是他的「樂觀主義」的精髓
和眞諦。

第 八 章

萊布尼茨哲學對後來哲學發展的影響

萊布尼茨作為一位科學家，特別是作為一位偉大的數學家，對人類文化的發展作出了重大的貢獻，在歷史上有崇高的地位，這是不容置疑的，但就萊布尼茨的哲學思想來說，則情況就比較複雜。就整個西歐的情況看，當時已進入早期資產階級革命時期，機械唯物主義是資產階級用以進行反封建鬥爭的主要思想武器，在當時是有巨大進步意義的。而萊布尼茨的哲學唯心主義，卻主要是針對這種機械唯物主義的，在一定意義上可以說是對這種機械唯物主義的一種反動，也可以說是當時西歐資產階級思潮中的一股逆流，無疑有其保守的一面。但是，就當時德國的情況來說，資產階級既然還處在十分軟弱的地位，要產生公開反對封建宗教神學的唯物主義思想，尚無現實的客觀條件。這樣，資產階級的微弱的進步願望，便只能以隱蔽的、曲折的形式表現出來，而萊布尼茨的哲學，恰恰是以隱蔽的、曲折的形式表現了德國資產階級的這種要求擺脫封建束縛、發展資本主義生產的願望，因而也還是包含著進步成分的。

再就另一角度來看，萊布尼茨之攻擊機械唯物主義，固然攻擊了當時起進步作用的唯物主義本身，但同時也攻擊了這種唯物主義的機械性和形而上學的缺陷。這就在兩方面對哲學的發展起

了促進作用：一方面，唯物主義由於萊布尼茨的這種攻擊，就要來克服自己原有的一些弱點，以使本身建立在更正確、更鞏固的基礎上，這就使唯物主義本身的發展達到了一個更高的階段。從這一方面看，我們可以說，萊布尼茨的哲學從反面促進了唯物主義的發展。但在另一方面，萊布尼茨在攻擊當時唯物主義的機械性和形而上學性的同時，也發揮了一些「非常深刻」很有價值的辯證法思想。這些思想也為以後的進步思想家批判地吸收，而對人類認識的發展起了積極的促進作用。因此，萊布尼茨的哲學是包含著這樣一種兩重性的，它對後來哲學發展的影響是比較複雜的。現在我們就來具體地考察一下他對後來哲學發展的重大影響。

一、萊布尼茨對十八世紀法國哲學的影響

萊布尼茨的哲學活動既不限於德國的範圍，他的思想也決不會僅限於德國的國界的。首先對於十八世紀法國的思想界和哲學界，萊布尼茨的影響就不容低估。如上面已一再提到的，跟萊布尼茨同時代的法國思想家培爾，就已經和萊布尼茨親身作過針鋒相對的鬥爭。培爾實在是十八世紀法國啟蒙運動的先驅，他的《歷史批判辭典》在當時是法國進步思想界的一面旗幟。他對萊布尼茨的論爭，包括他對萊布尼茨的「神正論」和「前定和諧」學說的批判，在一定程度上也是十八世紀法國啟蒙思想家們反對萊布尼茨的鬥爭的前奏。

十八世紀法國啟蒙運動的領袖伏爾泰，曾對萊布尼茨的思想進行過尖銳的鬥爭。如前所述，他在其著名小說《老實人》中，

就曾對萊布尼茨的那種「樂觀主義」和「前定和諧」學說，作過辛辣的諷刺和嘲笑。在《牛頓哲學原理》中，伏爾泰也把牛頓的觀點和萊布尼茨的觀點鮮明地對立起來，並且是明確地站在牛頓的立場來反對萊布尼茨的。伏爾泰作爲十八世紀法國資產階級的思想代表，是要求對現實的社會制度加以否定的，因此他必然要反對萊布尼茨那種在他看來是爲現存制度辯護的盲目「樂觀主義」思想，這是完全可以理解的，他對萊布尼茨的批評當然也是有進步意義的，他之站在牛頓的立場來反對萊布尼茨，也意味著站在「物理學」或「科學」的立場來反對作爲神學支柱的「形而上學」，也是反映了先進資產階級的要求和社會進步的利益的。但伏爾泰對萊布尼茨哲學的積極方面，特別是他的辯證法因素，並沒有理解，不免是把澡盆裡的「小孩」和「髒水」一起倒掉了。

跟伏爾泰同時的另一位法國啓蒙思想家和哲學家孔狄亞克，也對萊布尼茨進行了批評。孔狄亞克是在法國宣揚洛克唯物主義經驗論學說的主要代表，他的著作《感覺論》力圖把洛克的感覺論觀點貫徹到底，在一定程度上克服了洛克學說中某些不徹底性，例如他拋棄了洛克的「反省」是觀念的另一個獨立來源的觀點。雖然他的認識論學說也仍舊在許多地方滑到主觀唯心主義和不可知論中去了，但其基本立場卻還是唯物主義的。孔狄亞克曾對萊布尼茨的認識論學說進行過系統的研究和分析，他在批評萊布尼茨認識論觀點的同時，在一定意義下也對之作了一些肯定的評價。例如，他認爲萊布尼茨的學說還是能自圓其說的，並不能像有些人那樣在不認眞研究萊布尼茨學說的情況下就倉卒地責備他常常陷於邏輯上的自相矛盾。只是他根本反對萊布尼茨認識論的根本出發點，他之反對萊布尼茨實際上也意味著感覺論或經驗

論原則同唯理論原則的根本對立，雖然也有唯物主義反對唯心主義的意義，但主要的毋寧也是以一種片面的形而上學觀點反對另一種片面的形而上學觀點，孔狄亞克對於萊布尼茨的某些辯證法思想的積極意義也是缺乏體認的。

特別值得我們注意的是十八世紀法國唯物主義和萊布尼茨的關係。十八世紀法國唯物主義者，如拉美特利（1715～1780）以及通常被稱爲「百科全書派」的狄德羅（1713～1784）、愛爾維修（1715～1771）、霍爾巴赫（1723～1789）等人，是十八世紀法國革命資產階級中最先進階層的代表，他們的學說比十七世紀的資產階級的唯物主義大大前進了一步，達到了一個新的高峰，成爲唯物主義發展中的第二種形態 —— 機械的、形而上學的唯物主義的典型形式。這當然主要是由階級鬥爭形勢的發展和自然科學的發展所決定的。就階級鬥爭形勢言，十八世紀法國資產階級比十七世紀西歐各國資產階級有了更強大的經濟力量，也有了更堅決的革命性，他們已不需要對封建勢力作很大的妥協，也有條件抛棄一切宗教外衣而完全在政治的基地上對封建勢力展開公開的鬥爭了，就自然科學言，十八世紀在數學和天文學等方面，比十七世紀有了進一步的發展。法國著名的數學家和天文學家拉普拉斯（1749～1827）在其《宇宙的體系》中，已經提出了關於天體演化的「星雲假說」，他在其整部著作中對神隻字未提，公開宣稱「我的假說不需要神」。但是，這些哲學家在唯物主義的發展上之所以比十七世紀前進了一步，就哲學理論本身來看，卻可以說恰恰是因爲他們克服了萊布尼茨所攻擊的十七世紀機械唯物主義的某些弱點，同時又在唯物主義的基礎上批判地吸取了萊布尼茨的某些辯證觀點，才使他們自己的唯物主義學說得以達到更徹

底的程度，建立在更穩固的基礎上。這正是萊布尼茨的思想從正反兩方面促進哲學向更高階段發展的具體表現。

作爲革命的資產階級的思想代表、堅決的唯物主義者和戰鬥的無神論者，拉美特利、狄德羅等人對萊布尼茨的那種爲宗教張目、作神學支柱的唯心主義思辯體系，當然是堅決反對和徹底否定的。但他們超越同時代的其他思想家之處，乃在於他們既沒有迴避萊布尼茨向唯物主義提出的挑戰，也沒有對萊布尼茨作簡單的全盤否定，而可以說是奪取了萊布尼茨手中的武器加以根本改造之後，用來更堅決也更有效地捍衛了唯物主義的理論陣地。尤其是狄德羅，把這種戰鬥藝術運用得特別出色。

我們知道，萊布尼茨用來反對唯物主義、否定物質實體的一個主要論據，是認爲占有空間的、僅有量的規定性的物質微粒或原子，總是無限可分的，因此就不能有這種作爲最後的不可分的點的物質實體。對此，狄德羅認爲，雖然就抽象的理智上來說，物質微粒是無限可分的，但這種微粒或「分子」的「進一步分割」是「出乎自然的法則之外」；並且也是「出乎技術的能力之外」的；因此，這種無限可分性「僅只是一種理智上可以與日俱增的事情」，而不是自然中實在的事情。就實在的情況來說，「在這種最後分割狀態中的一種元素的分子，是以一種絕對的不可分割性而不可分割的。」❶ 而他是根本反對「在頭腦中來把握物體」，堅決主張「在自然中來把握物體」的。這樣就反擊了萊布尼茨而堅決捍衛了唯物主義的重要基礎。雖然限於當時的科學水平，狄德羅對「分子」的絕對不可分割性的看法是不對的，但他

---

❶　參閱江天驥、陳修齋、王太慶譯《狄德羅哲學選集》，三聯書店1957年版，頁103。

捍衛唯物主義、肯定物質實體的存在，及其反駁萊布尼茨對此的攻擊的基本立場則仍舊是正確的。然而在另一方面，在肯定「物質的分子」存在的基礎上，狄德羅卻幾乎完全吸取了萊布尼茨的「單子論」體系中一切有辯證法意義的觀點。在一定意義上，我們甚至可以說，如果把萊布尼茨的精神性的「單子」換成了物質性的「分子」，則萊布尼茨的「單子」所具有的那些物質特性，也正是狄德羅的物質的「分子」所具有的特性。例如，和「單子」本身具有「力」一樣，狄德羅的「分子」也是本身具有活動的力而能夠自己運動的；和「單子」具有知覺一樣，物質「分子」也是本身就具有感受性的；跟不同等級「單子」具有的「知覺」有模糊和清楚的區別一樣，物質本身的感受性也有「遲鈍」的和「活躍」的區別；跟每一單子都具有各自不同的質一樣，物質「分子」也都具有不同的質，因為狄德羅也是十分強調物質的異質性的，甚至跟萊布尼茨主張宇宙間一切「單子」構成一個無限的連續系列而沒有間斷一樣，狄德羅也肯定宇宙間一切物質事物是構成一個連續的整體，而其間是沒有什麼空檔的。如此等等，不一而足。至於「單子」本身的徹底孤立以及由此導致的上帝決定的「前定和諧」等觀點，則為狄德羅所拋棄，他用來取而代之的是肯定物質事物本身永遠處於作用與反作用的交互作用之中的觀點。由此可見，萊布尼茨世界觀體系中一切有價值的辯證法觀點，幾乎無一不為狄德羅所吸取，至於其世界觀體系中的唯心主義的和神學的基礎以及由此導致的某些形而上學觀點，則為狄德羅所否定或拋棄了。因此，狄德羅對萊布尼茨哲學觀點的吸取並不是簡單的因襲或「抽象的繼承」，而是經過批判和根本改造的繼承。狄德羅的辯證法觀點，誠然是從萊布尼茨那裡吸取來

的，也可以說和萊布尼茨的觀點有某種「同一性」，但他們之間又是有區別的。因此，如果只看到狄德羅觀點和萊布尼茨的某種類似，而抹煞他們之間的原則區別，說什麼狄德羅就是「法蘭西的萊布尼茨」，是不恰當的。因為這樣一來就完全混淆了唯物主義和唯心主義、無神論和有神論的界限。但如果看不到兩者之間的聯繫，不承認兩者之間存在著滲透和轉化的辯證關係，也是不妥當的。

其實，狄德羅在一定意義下從萊布尼茨那裡批判吸收來的上述觀點，其中最主要的如肯定物質本身具有力而能自己運動以及物質本身具有感受性等等，也是其他法國唯物主義者所共同具有的觀點。而這些觀點也正是使十八世紀法國唯物主義，超出十七世紀的唯物主義達到更高水平的關鍵所在。因為正是由於肯定了物質本身具有活動能力而能自己運動，才使他們得以徹底排除從物質世界之外來推動自然界的「第一推動力」的觀點，即克服十七世紀資產階級思想家通常採取的「自然神論」，而達到在自然觀上的徹底的唯物主義和無神論的水平；也正是由於肯定物質本身具有感受性，才有可能使他們在歷史上第一次較正確地解決了意識與物質的關係問題：既沒有把意識歸結為某種特殊的物質（如古代的樸素唯物主義那樣），也終於克服了把意識看作脫離物質而獨立存在的精神實體的二元論思想和唯心主義觀點，而肯定了意識是物質的屬性這一比較正確的觀點。這也是十七世紀唯物主義所未能最後達到的。因為即使是在十七世紀唯物主義哲學家當中貫徹唯物主義原則比較徹底的斯賓諾莎，其哲學中也還是有把廣袤和思維看作實體的兩個同等並列屬性這種「心物平行論」或近乎二元論的色彩；至於洛克，他既承認物質實體也承認

精神實體，其二元論傾向就更其明顯了。霍布斯雖然反對二元論，但由於他把意識看得和物質的機械運動並無區別，自然也未能正確地說明意識和物質的真正關係。雖然十八世紀法國唯物主義者因為不了解意識產生的歷史性和人類意識的社會性，跟意識和物質的關係問題的最終正確解決還有很遠一段距離，但確實已比前人大大前進了一步，大大加強了唯物主義的陣地，從而能更好地反擊唯心主義對唯物主義基礎的攻擊。從此以後，那種宣揚脫離物質而獨立存在的精神實體即不死的靈魂之類的粗鄙的宗教唯心主義，在受過啟蒙運動和科學洗禮的人們中間已很難再起作用，而迫使唯心主義也不得不採取更精巧、更隱蔽的形式了。此外，如狄德羅之肯定物質本身具有質的多樣性的觀點，也由於其克服了機械唯物主義者把物質本身看成只有量的規定性而沒有質的區別的形而上學觀點，因而能夠更好地堅持按照自然的本來面目來說明自然的唯物主義立場，並且因此而堵塞了機械唯物主義向主觀唯心主義轉化的一條通路。

十八世紀法國唯物主義雖然總的來說依舊是機械的、形而上學的，並且如上所說，正是這種機械的、形而上學的唯物主義的典型形式，但這也並不排除它依舊包含有某些辯證法因素；而且我們看到正是這些有辯證法意義的觀點使它得以在自然觀上比較徹底地堅持唯物主義的立場，使唯物主義達到一個新的、更高的水平。如果我們說，其所以能如此，就理論本身的發展方面來說，其原因之一，正是由於萊布尼茨的正反兩方面的促進，照上面所說的情況看來，應該並非過甚其辭。雖然我們不能把它看做是唯一的原因，但無疑是一個很重要的原因。

二、萊布尼茨對十八、十九世紀
德國古典哲學的影響

　　萊布尼茨對其母邦德國後來哲學的發展，影響自然更其巨大而且也更爲直接。有人稱他爲「德國哲學之父」，也不是毫無理由的。這不僅因爲就時間上看萊布尼茨是德國歷史上第一個有巨大影響的哲學家，而且也因爲他的思想的確是後來德國哲學發展的一個直接的、主要的思想來源。萊布尼茨可以被看做十八、十九世紀德國古典哲學的一個理論先驅。

　　萊布尼茨在德國的直接繼承者是約翰·克利斯底安·沃爾夫（1679～1754）。在十八世紀，萊布尼茨和沃爾夫的名字通常是連在一起的，他們的哲學也就被稱爲萊布尼茨 —— 沃爾夫派哲學。但沃爾夫實在可以說只是繼承了萊布尼茨的唯心主義和形而上學的糟粕，而把萊布尼茨哲學中有價值的成分尤其是其中的辯證法因素都拋棄了。因此，與其說他對萊布尼茨的哲學作出了貢獻，倒不如說是給它帶來了損害。不過，他對萊布尼茨哲學還是起了傳播作用的，這也是不能否認的。沃爾夫在當時的德國是一位著名的哲學教授，他最早用德文寫了一系列適合於用作大學哲學教科書的著作，他自己也致力於在大學中用德文講授哲學，而拋棄了當時一般人用拉丁文講授的傳統習慣。

　　由於沃爾夫的努力，萊布尼茨 —— 沃爾夫派的哲學就漸次成爲當時德國、尤其是普魯士的大學哲學講壇上占統治地位的學說了。爲了更好地適應統治階級的要求，成爲便於在課堂上講授的官方哲學，沃爾夫盡力把萊布尼茨的原本不夠系統的觀點弄成一

個嚴整的體系，而把其中顯得矛盾和不一貫的觀點加以拋棄或作某種調和。 例如， 在萊布尼茨的哲學所依據的原則中，「矛盾原則」和「充足理由原則」本來是作爲兩條彼此獨立的原則並列著的。而沃爾夫就企圖把兩者調和起來，使「充足理由原則」從屬於「矛盾原則」， 作爲是可以從「矛盾原則」引申出來的原則。在作了如此這般處理後， 沃爾夫就恰恰是把萊布尼茨哲學思想中，同唯心主義的和形而上學的體系相矛盾的辯證法因素和其他有價值的成分「清除掉」， 而只剩下一個純粹唯心主義的和形而上學的體系了。但沃爾夫也不是沒有加上他自己的一些東西，只是這些加上去的東西也只能使其體系陷於另一種更壞的不一貫，並把萊布尼茨的觀點庸俗化。例如，沃爾夫就是以宣揚一種極淺薄的「目的論」而著名的。照這種觀點看來，貓被創造出來是爲了來吃老鼠，而老鼠被創造出來是爲了給貓吃。這就並不是萊布尼茨的觀點。總之，沃爾夫對萊布尼茨哲學理論本身實在沒有作出什麼特別有價值的貢獻而毋寧是對其有所損害，但他在宣傳萊布尼茨哲學，擴大萊布尼茨哲學的影響方面， 還是起了很大作用的。

康德在其早年就在學校中接受了萊布尼茨 —— 沃爾夫的哲學，並成爲這派哲學的信徒。只是到了中年，他對萊布尼茨 —— 沃爾夫哲學的信念才因接觸到休謨的懷疑論而發生了動搖。一如他自己所說，休謨的哲學驚醒了他的「獨斷主義的迷夢」。 的確在一定意義下從這以後康德的思想起了很大的變化，甚至進入了一個新的時期，卽所謂「批判時期」，也就是以他自己的所謂「批判哲學」代替了原來的「獨斷主義」的信念。康德自認爲他的批判哲學是旣反對所謂「獨斷主義」又反對所謂「懷疑論」的。而

在實際上，他是在企圖克服前一階段哲學中認識論上的唯理論和經驗論這兩種思潮的片面性，而把兩者以某種方式結合起來。但康德並不能眞正完成這一任務，而毋寧只是把不可調和的兩種傾向，甚至是把唯物主義和唯心主義折衷地包容進他自己的體系中了。與其說康德把當時哲學中的矛盾克服了，倒不如說他是使這種矛盾更尖銳也更深刻化了。我們知道，在康德的認識論體系中既有唯物主義的成分又有唯心主義的成分，既有休謨的不可知論卽「懷疑論」的成分又還是有萊布尼茨 —— 沃爾夫派的唯理論或「獨斷主義」的成分。例如，他之承認「自在之物」不可知，顯然是由於休謨的不可知論的影響；但他之承認在「現象界」範圍之內我們的科學知識有其絕對的普遍必然性，而我們對於「現象界」之所以能夠具有這種普遍必然性知識，歸根到底又是由於這種「現象界」的規律本來是認識主體本身所固有而加給了這種作爲認識對象的「自然界」的緣故，所有這些又顯然依舊是萊布尼茨的唯理論觀點的某種改頭換面的再現。康德所講的那種認識主體所固有的「先天的直觀形式」 —— 時間、空間，以及先天的知性「範疇」，實質上也無非是由萊布尼茨的「天賦觀念」蛻化而來的東西。

其實，「萊布尼茨的學說形成了康德心靈中的一種經常的氣氛……把康德描述爲一個改正了和發展了的萊布尼茨比把他和任何另外的人放在這樣的關係中都更好」，這是像托馬斯・希爾・格林（1836～1882）那樣可以被看做新康德主義代表之一的資產階級哲學家也承認的。這種看法是不無理由的。不管康德自己怎樣看，其實他始終都未能眞正擺脫早年所受的萊布尼茨 —— 沃爾夫哲學的影響。而且，這種影響還不只是對某一個別問題的無關

緊要的影響，毋寧是決定著康德先驗唯心主義主要方向的重大影響。因為正是以萊布尼茨為代表的這種唯心主義唯理論觀點使康德認識到：從經驗中是得不出普遍必然的規律性的知識來的，我們歸根到底只能到經驗之外即到認識主體本身中去尋找這種知識的根據，這就勢必走向先驗唯心主義了。儘管康德哲學中還包含著某些唯物主義的因素——如承認「自在之物」的存在等——但先驗唯心主義是它的主要方向，則是無可懷疑的。

康德是十八世紀末至十九世紀初的德國古典唯心主義思潮的開創者。萊布尼茨通過對康德先驗唯心主義方向的決定性作用，其影響也貫穿了德國古典唯心主義的整個發展過程。康德以後的德國古典唯心主義主要代表費希特（1762～1814）、謝林（1775～1854）和黑格爾（1770～1831），除了在唯心主義的基本方向上受萊布尼茨的影響之外，他們的一些主要觀點也都可以從萊布尼茨那裡找到蛛絲馬跡。例如，費希特的那個創造一切的原始的「自我」跟萊布尼茨的「單子」之間就不是沒有某種聯繫的。萊布尼茨的「單子」是在自身中「反映」——也可以說就是「包含」——全宇宙的，而所謂全宇宙也可以說就是單子自身固有的「知覺」的一種自發的發展或展開；費希特的「自我」也是從自身中自發地產生出「非我」即整個世界的。同樣地，謝林的那個無所不包的「絕對同一」，也很像萊布尼茨那個既為最高的單子又為創造一切單子的單子的「上帝」。甚至黑格爾的「絕對理念」和萊布尼茨的「上帝」，以及作為其「絕對理念」發展過程中的環節的「概念」，和萊布尼茨的「單子」之間的聯繫，也不是沒有某種蛛絲馬跡可尋。當然，這些哲學概念之間都是有各種各樣的區別的，我們決不能抹煞它們之間的差別或作簡單的比附，但

它們之間的思想聯繫卻也是不能否認的。

就上述的情況看，萊布尼茨對其後德國古典唯心主義哲學發展的影響是十分深刻的，也是富有成果的。他的一些辯證法思想，爲其後來的德國古典唯物主義所繼承並且大大地向前推進了，到了黑格爾，終於形成了自覺的、完整的唯心辯證法體系。如果把黑格爾辯證法思想的形成和發展完全歸功於萊布尼茨的影響固然有失偏頗，但黑格爾的辯證法思想也決不是憑空產生的，而是先前哲學發展中辯證法思想的總結和進一步發展。近代以來，資產階級哲學中占統治地位的是形而上學思想；十八世紀以前，像萊布尼茨那樣有豐富辯證法思想的哲學家並不多見；因此，萊布尼茨的那些光輝辯證思想的因素，就不能不是黑格爾在其建立系統的辯證法思想時所吸取和借鑒的主要思想資料之一。事實上，萊布尼茨在唯心主義歪曲形式下，所表現出來的關於宇宙萬物的普遍的有機聯繫的觀點，以及被看做由單子構成的事物的變化發展的觀點等一切有辯證法意義的思想，都無一不被吸收入黑格爾的辯證法的體系之中且又被大大地豐富和發展了。在一定意義上我們可以說，也正是黑格爾用從萊布尼茨那裡吸取過來又加以發展了的辯證法觀點，才把在萊布尼茨那裡二元並列著的「矛盾原則」和「充足理由原則」辯證地統一起來了，從而在唯心主義的基礎上克服了萊布尼茨思想的內在矛盾，把本質與存在、思維與感覺、必然與偶然、內在與外在、必然與自由辯證地統一起來了。由此可見，萊布尼茨對後來德國古典唯心主義特別是對黑格爾辯證法思想的發展，是有其不可忽視的影響的。馬克思和恩格斯在談到十八、十九世紀德國古典哲學的歷史發展時曾經深刻地指出：「十七世紀的形而上學，在德國哲學中，特別是

在十九世紀的德國思辯哲學中， 曾有過勝利的和富有內容的復辟。」❷ 誠然，如果說十九世紀德國哲學所「復辟」的只是萊布尼茨的內蘊著豐富辯證觀點的 「形而上學」 體系， 未免言過其實，但無論如何說萊布尼茨的辯證觀點是十九世紀德國哲學，特別是這一時期的德國思辯哲學的主要思想淵源，是並不過分的。

概括地說來，在唯心主義的體系中內蘊著辯證法的合理內核和進步因素， 是十八、十九世紀德國古典唯心主義哲學的一項基本特徵，而這恰恰也是萊布尼茨哲學的一項基本特徵 —— 儘管它們在程度上有所區別；而這一時期德國古典唯心主義的這種特徵，實際上正是萊布尼茨哲學的理論特徵的繼續和發展。我們說萊布尼茨是德國古典唯心主義的理論先驅，主要地就是在這個意義下講的。其所以如此，也不是偶然的，而是有深刻的社會根源和歷史根源的，也就是說萊布尼茨的哲學和後來的德國古典唯心主義是在基本相同的階級基礎和歷史背景下產生的。從萊布尼茨的時代一直到黑格爾的時代，德國的社會雖然也有所發展，但社會的性質基本未變，德國資產階級的兩重性質也依舊未變，他們同樣是屈服於封建勢力而又有某種要求進步的願望。這就決定了他們的哲學具有大體相同的方向，卽在適應統治階級政治要求的唯心主義體系中，用一種唯心的辯證法思想隱蔽地、曲折地反映某些進步的乃至革命的要求。只是中間經過十八世紀末的法國大革命的影響，才使得德國資產階級的兩重性質顯得更其尖銳，也更其深刻了。一方面法國大革命啓廸了他們的進步要求，使他們對革命的嚮往更趨強烈；另一方面法國大革命的群眾風暴又使他

---

❷ 《馬克思恩格斯全集》第二卷，人民出版社1965年版，頁159。

們感到恐懼，使其更加依附封建統治階級了。這也就是在唯心主義和辯證法兩方面，德國古典唯心主義比萊布尼茨都有了進一步發展的主要原因。德國古典唯心主義主要沿著兩個方面在萊布尼茨哲學的基礎上向前推進了；從一個方面看，它比過去更加精巧了，也更趨徹底了；從另一個方面看，辯證法也大大前進了。在萊布尼茨那裡辯證法還是一個自發的、尚未形成體系的東西，而到了黑格爾那裡則終於形成了一個自覺的、系統的和完整的體系了。然而，儘管如此，就整個哲學的基本方向和基本特徵來說，從康德直到黑格爾的德國古典唯心主義，都和萊布尼茨的哲學沒有什麼原則區別，因而我們還是可以說他們的哲學是萊布尼茨的哲學的繼續和發展。而這也就可以很清楚地說明，萊布尼茨同德國古典唯心主義之間的密切聯繫和他對後者的巨大影響了。

　　萊布尼茨對十八、十九世紀德國古典哲學的影響，不僅突出表現為通過康德對這期間的從費希特到黑格爾的古典唯心主義的影響，而且也明顯地表現為對唯物主義和人本主義哲學家費爾巴哈（1804～1872）的影響。費爾巴哈早年曾對萊布尼茨作過系統、深入的研究，即便在他成為唯物主義以後，他對萊布尼茨的研究也沒有停止。寫於1836年的《對萊布尼茨哲學的敘述、分析和批判》一書，在一定意義下可以說是費爾巴哈的第一部哲學專著。後來，他在編纂自己的全集時，把這部著作收入《全集》第5卷，並從唯物主義觀點補寫了「對萊布尼茨的靈物學的批判」和「對萊布尼茨的神學和神正論的評論」兩節及許多注釋。費爾巴哈寫這部著作時雖然還是個唯心主義者，但他對萊布尼茨的理解卻相當深刻，以致向來對唯心主義哲學持激烈批判態度的列寧1914年閱讀《費爾巴哈全集》（波林版）時，唯一對其中這部著

作作了「摘要」，並極力稱道費爾巴哈對萊布尼茨的敍述非常「精彩」、非常「出色」，而且該著作大部分章節都很「出色」，竟使得他從中摘下「某些特別出色的地方」時感到「很不容易」。費爾巴哈對萊布尼茨的精心研究對他的人本主義哲學框架，及一些基本觀點的形成無疑有重大的和直接的作用。

費爾巴哈在敍述自己的哲學思想發展過程時曾經指出：「我的第一個思想是上帝，第二個是理性，第三個也是最後一個是人。」這就是說，費爾巴哈是由一個神學家逐步轉變成一個人本主義哲學家的。究竟是什麼動力推動費爾巴哈實現這種轉變呢？能歸因於笛卡爾、斯賓諾莎和黑格爾這些思辯哲學家嗎？不能。因爲儘管這些哲學家對費爾巴哈也產生過這樣那樣的影響，但既然費爾巴哈看出「思辯哲學的祕密是神學」，則他們的思辯哲學便斷然不能把他引向人本主義，而只能成爲他的一種批判對象。而費爾巴哈用以批判傳統神學和思辯哲學的許多重要武器就是從萊布尼茨那裡取來的。因爲費爾巴哈通過對萊布尼茨的研究終於從萊布尼茨哲學裡發現了「人」，發現了「比較令人舒暢的人類學的神學」。他在《關於哲學改造的臨時綱要》(1842) 中明確宣布：「只有人」「才是萊布尼茨的『單子』的根據和基礎」。後來他在增補《對萊布尼茨哲學的敍述、分析和批判》時又強調指出：萊布尼茨的神學是對下述見解的一個相當通俗的證明，「神學的祕密就是人類學」。因爲萊布尼茨在一封信中說過，「上帝觀念包含在人們的觀念之中」，這就清楚表明所謂神不是別的，只是排除了完滿性限制的人。他還強調說：萊布尼茨即使在《神正論》裡主要談的也是人，也是人的今世生活，「僅僅 en passent（附帶地）談到來世生活」。

　　尤其值得注意的是，萊布尼茨不僅促成了費爾巴哈「將神學轉變爲人本學」，而且還促成了費爾巴哈把人本主義建立在自然主義基礎之上。我們知道，在費爾巴哈的人本主義哲學裡，不只有人還有自然，而且人的基礎和根據不是別的，正是自然。費爾巴哈的這些觀點顯然也受到過萊布尼茨的啓示。因爲萊布尼茨雖然把人看做自己哲學和神學的基礎和根據，但他還是承認自己的哲學和神學另有根據。他認爲上帝關懷人、愛人、希望人幸福，這是很眞實的，可是人並不是上帝的唯一對象，他還關懷整個自然或「整個宇宙」。換言之，上帝不僅代表人，而且代表非人的存在物，他不僅是人的上帝或人的本質，而且是自然界的上帝或自然的本質。正是基於對萊布尼茨哲學與神學的這樣一種評價，費爾巴哈把萊布尼茨宣布爲「半個基督教徒」，說他「既是有神論者或基督教徒，又是自然神論者。」又說：他用智慧、理性來限制上帝的恩惠和萬能。但這種理性無非是自然科學的研究室，無非是關於自然界各個部分的聯繫、整個世界的聯繫的觀念。因此，他用自然論來限制自己的有神論；他通過對有神論的否定來肯定、維護有神論。需要注意的是，費爾巴哈是在肯定萊布尼茨批評培爾把上帝想像得過於像人，而他自己又把培爾宣布爲「一個地道的基督教徒，地道的有神論者」的場景下講上述一番話的。如果考慮到這種語言環境，則費爾巴哈對萊布尼茨關於自然在人之外的思想的肯定、欣賞，以及這種思想同費爾巴哈的基於自然主義的人本主義的關聯，就益發顯然了。誠然，萊布尼茨畢竟是個有神論者，他的自然論也同費爾巴哈的基於無神論和唯物論的自然主義有原則的區別，但其間的潛在聯繫還是隱然可見的。

更爲重要的是，費爾巴哈的「人性」學說也同萊布尼茨的哲學有一種比較直接的聯繫。我們知道與先前的思辯哲學家僅僅把人理解爲一種思維實體，理解爲一種理性存在的作法不同，費爾巴哈不僅把人理解爲一種理性存在者，更把人理解爲一種自然存在者或感性存在者，特別強調人的欲望和其他自然屬性。在《未來哲學原理》中，他指出：

> 人之與動物不同，決不只在於人有思維。人的整個本質是有別於動物的。不思想的人當然不是人；但是這並不是因爲思維是人的本質的緣故，而只是因爲思維是人的本質的一個必然的結果和屬性。

他明快地把「無意志的存在」宣布爲「漠不關心的存在」，而把人理解爲一種「借助於意志的存在、作爲意志的存在」。他甚至進而把他所說的「人性」同思辯哲學所說的「自爲的理性」對立起來，宣稱「新哲學的認識原則和主題」不是「自爲的理性」，而是「實在的和完整的人的實體」。「如果舊哲學說：只有理性的東西才是眞實的和實在的東西，那麼新哲學則說：只有人性的東西才是眞實的和實在的東西。」晚年他在《幸福論》中針對思辯哲學家「我思故我在」的命題，更鮮明地提出了「我欲故我在」的著名命題。他寫道：「人的最內祕的本質不表現在『我思故我在』的命題中，而表現在『我欲故我在』的命題中。」他的這些思想顯然同萊布尼茨的哲學有某種聯繫。因爲正是萊布尼茨在其「單子論」中衝出傳統思辯哲學的樊籬，把「欲望」（意志）同知覺（理性）並置起來，同等地看做是「單子」（亦卽個體的人）

的最內在最基本的規定，並進而把欲望宣布爲「使一個知覺變化
或過渡到另一個知覺的內在原則的活動」，這無疑等於宣布欲望
是「單子」（個體的人）的更內在更基本的規定。誠然，作爲一
個理性主義哲學家，萊布尼茨的目的只是在於在理性和意志、知
覺和欲望之間建立起一種和諧，但他畢竟是近代大哲學家中第一
個把欲望或意志擡高到與知覺或理性並列的地位，把前者理解爲
理性運動的動因，並在事實上把欲望和意志理解爲先於理性且使
理性實現出來的東西。費爾巴哈在其《對萊布尼茨哲學的敍述、
分析和批判》中反覆地討論並引申了萊布尼茨的上述有關思想。
例如，他在討論「單子的規定性」一節中，在轉述了「欲望、願
望、情欲是內在原則的活動，通過這種活動引起變化，使表象相
繼出現」之後，接著引申說：欲望和表象之間的聯繫，或者說得
更確切一點，欲望和表象的不可分割性，表現在：表象表現爲決
斷，而心靈的規定性直接表現爲情緒，表象這樣或那樣地、愉快
或不愉快地刺激著心靈。對我們來說，沒有任何一個知覺是絕對
無所謂的。再如，他在討論物質的永恆性時，又引申了萊布尼茨
關於上帝是存在的創造者的思想，指出：

> 理性是最初的本質、最初的原因；因爲理性表象著本質。
> 什麼東西先於本質呢？——上帝；上帝是第二個原因，因
> 爲上帝只有借助於自己意志的威力才能使理性得到實現。

所有這一切同他後來提出的「我欲故我在」都有一種邏輯上的聯
繫。

　　萊布尼茨不僅影響了十八、十九世紀的德國古典唯心主義哲

學，而且還直接影響了這一時期的德國人本主義哲學或唯物主義哲學。不管人們對萊布尼茨是「德國哲學之父」作何評論，對萊布尼茨是十八、十九世紀德國古典哲學之父，是不當有什麼歧義的。

三、萊布尼茨對現代西方哲學的影響

萊布尼茨不僅對近代法國哲學和德國哲學產生了直接的和巨大的影響，而且還以直接或間接的方式對現代西方哲學產生了深廣的影響。

我們知道，現代西方哲學主要有兩大思潮，一是哲學人本主義思潮，一是分析哲學 —— 科學哲學思潮。就分析哲學 —— 科學哲學思潮而言，萊布尼茨的影響主要是通過羅素實現出來的。我們常常說羅素是現代數理邏輯邏輯主義分支的主要代表，說他是現代分析哲學的重要代表，但是我們不能忘記：羅素首先是一位萊布尼茨研究者。他的1900年出版的《萊布尼茨哲學述評》是他寫作和出版的最早的兩部著作之一，至今還被西方哲學界公認為研究萊布尼茨的權威性著作。而他也把萊布尼茨看做是自己在所有先哲中研究最力、研究成果超人的唯一一位哲學家，對此，他在1947年出版的《西方哲學史》的「美國版序言」和「英國版序言」中都曾申明過和強調過。問題並不在於羅素曾經寫過《萊布尼茨哲學述評》這個簡單的事實，因為如果這本書是在於 1970 年臨終前他感到無事可做時而隨意寫出來的，則這樣一個事實對於我們現在討論的問題就幾乎沒有什麼意義。然而我們所面對的事實卻正相反：羅素是在他研究萊布尼茨的過程中走上哲學之路

的，這就使得他的萊布尼茨研究給他後來的哲學觀點造成這樣那樣的影響，打上這樣那樣的烙印。羅素在《我的哲學發展》一書中，曾把1899～1900年看做他的哲學著述活動的「一個主要的分界線」，說這幾年他哲學思想的變化是「一場革命」，而「其後的改變」則只具有「漸進」的「性質」。誠然從表面上看來，羅素思想上的這場革命的標誌，是他在這幾年「採納了邏輯原子主義的哲學和皮阿諾在數理邏輯中的技術」，但是我們完全可以追問：是什麼動因促使他採納原子主義的哲學和皮阿諾（1858～1932）在數理邏輯中的技術呢？如果我們考慮到1899～1900年正是他寫作和出版《萊布尼茨哲學述評》的年代，問題便不言自明了。羅素在1900年以後在哲學方面主要幹了些什麼呢？主要是兩件事：一是確立邏輯和數學的聯繫，建構「數理邏輯」；一是確立邏輯和哲學的聯繫，建構分析哲學。可以說，他的這兩項工作都是在他所理解的萊布尼茨哲學的「陰影」下或規範下進行的。

　　在完成《萊布尼茨哲學述評》以後，羅素接著就在前人取得已有成果的基礎上，發展和推進數理邏輯。他的這項工作從形式上看是直接接著皮阿諾而來的。皮阿諾是邏輯演算論的系統化者和初步完成者，羅素則繼承他的研究，從各個方面把他的工作和理論完善化了。皮阿諾利用前人關於命題演算和謂詞演算的成果來推導數學，而羅素則把這兩部分搞完備了。皮阿諾對自然數給出五個公理，羅素則從集合論而對自然數作出定義，證明（而不是假設）自然數滿足皮阿諾的五個公理。他在這些方面的一系列研究成果，最初表現在於1903年出版的他一個人獨著的一卷本《數學原理》裡，隨後又匯總在於1910～1913年出版的他與懷特海合著的三卷本《數學原理》中。但是如果從本質上看問題，我

們就會發現，羅素作的所有這些工作在一定意義下也可以看做是他的萊布尼茨研究工作的繼續和發展。因爲如果我們要想對羅素在《萊布尼茨哲學述評》出版後立即投入數理邏輯研究這件事作出一個比較合理的解釋，我們把這歸因於羅素在這一研究中充分體悟到了數理邏輯的巨大的認識功能，以及他對一直湮沒了二百年之久的萊布尼茨的有關研究成果的震驚，是再自然不過了。羅素對萊布尼茨在數理邏輯方面的成就一直給予高度評價的，即使在他本人在這一領域已經取得了巨大成就後他還是不改初衷地宣布：萊布尼茨是「數理邏輯的一個先驅，在誰也沒認識到數理邏輯的重要性的時候，他看到了它的重要。」❸ 而且如我們已經引述過的，羅素甚至斷言：「萊布尼茨的研究成果當初假使發表了，他就會成爲數理邏輯的始祖，而這門科學也就比實際上提早一個半世紀問世。」既然如此，誰能說羅素對萊布尼茨數理邏輯研究成就的發現及隨之而來的震驚，不是他隨後從事數理邏輯研究的一項直接動因呢？誰能說萊布尼茨關於普遍符號和綜合科學的種種設想，對羅素的數理邏輯研究沒有什麼影響呢？

　　跟當初萊布尼茨以把代數和算術方法引進邏輯始引進哲學終的思路相一致，羅素在大體完成了自己的數理邏輯研究工作之後便立即用這種新的邏輯分析方法來改造哲學，建構一種與邏輯同格的分析哲學。他在1914年出版的《我們關於外部世界的知識》中，首次明確地把邏輯分析規定爲哲學的基本任務。他寫道：

　　　……只要是真正的哲學問題，都可以歸結爲邏輯問題。這

---

❸　羅素：《英國哲學史》下卷，頁119。

並不是由於任何偶然，而是由於這樣的事實：每個哲學問題，當經受必要的分析和澄清時，就可以看出，它或者不是真正的哲學問題，或者是具有我們所理解的含義的邏輯問題。

我們知道，羅素在這裡所強調的與哲學同格的「我們所理解的含義的邏輯問題」，不是別的，正是他的以命題演算和謂詞演算為基礎的「邏輯原子主義」。在哲學史上，對哲學的任務和目標提出這樣一個新的看法，羅素算是第一個。他之所以要以邏輯分析取代哲學，固然同他陶醉於現代邏輯在處理傳統哲學中的某些問題時所取得的表面成就有關，但同他對萊布尼茨的研究也不無關係。因為卽使在羅素研究萊布尼茨哲學的早期，在他的心目中事實就已經模模糊糊地把萊布尼茨的哲學邏輯化了。他在《萊布尼茨哲學述評》中就明確指出：「萊布尼茨的哲學開始於命題的分析」，並特別地強調了「命題分析」對哲學的基本重要性。他寫道：

是否凡命題都可以還原為主謂項形式這個問題對於所有的哲學都具有基本的重要性，對於運用了實體概念的哲學更是如此。因為實體這個概念，如我們將會看到的，是由主謂項的邏輯概念派生出來的。❹

後來羅素在其《西方哲學史》中又強調指出：萊布尼茨堅信邏輯

---

❹ 羅素：《萊布尼茨哲學述評》，頁12。

不僅在它本門範圍內重要，當作形而上學的基礎也是重要的。他拿「矛盾原則」和「充足理由原則」這兩個邏輯原則作爲他的「哲學的基礎」。這兩條原則就依據「分析命題」這個概念。所謂「分析命題」就是謂項包含在主項中的命題，例如「所有白種人是人」。這話甚至對必須看成是關於事實問題的經驗命題也適用。羅素的結論是：「就萊布尼茨的隱祕的思想來說，他是利用邏輯作爲解決形而上學的關鍵的哲學的一個最好的實例。」❺ 因爲這類哲學從巴門尼德發端，柏拉圖用相論來證明種種邏輯範圍外的命題，把它又推進一步。斯賓諾莎屬於這一類，黑格爾也在這類之內。但是在根據句法給實在世界作出推論方面，他們兩人誰也不像萊布尼茨作得那麼鮮明清楚。由此看來，無論是在其行動上，還是在其心目中，羅素都是以萊布尼茨的「基於命題分析」的哲學爲樣板來構建他自己的分析哲學或「邏輯原子主義」的。甚至在他的分析哲學的一些具體細節方面，例如「絕對多元論」、「理想語言」、「不對稱關係」、「語言與世界在結構上的同型性」以及「主觀空間與客觀空間的關係」諸問題，我們都隱然可見萊布尼茨「數學 —— 哲學」的投影。

如果說在分析哲學方面，萊布尼茨的影響主要是通過羅素實現出來的，那麼在現代西方哲學人本主義思潮方面，萊布尼茨的影響則首先和主要地是通過叔本華（1788～1860）實現出來的。叔本華是意志主義的創始人，因而也是現代西方哲學人本主義思潮的創始人。然而他的意志主義哲學卻是以經他改造過的萊布尼茨的充足理由原則爲基本前提的。事情的確如康德所說，充足

---

❺ 參閱羅素《西方哲學史》：第11章〈萊布尼茨〉。

理由原則自萊布尼茨提出後，便一直受到「普遍的注意」，尤其是爲富於思辯精神的德國哲學家們所重視和討論。首先是萊布尼茨的門徒沃爾夫，他雖然對充足理由原則的形而上學意義缺乏認識，有把充足理由原則還原爲矛盾原則的傾向，但他畢竟注意到了並強調了萊布尼茨基於這一原則所作出的「可能的」與「可共存的」的區別，並進而對「生成因」、「存在因」和「認識因」作了嚴格劃分。接著是康德。康德作爲批判哲學家高度評價了萊布尼茨的充足理由原則，把它說成是萊布尼茨形而上學的主要「特點」，說萊布尼茨找出這樣一個原則「可以算是一個新發現」，並進而宣布：這個基本原則不只是個「主觀的原則」，不只是個「關於理性的批判的原則」，而且還是一個「綜合原則」，即「綜合判斷的原則」，亦即一條給事物提供出「實在根據」的原則。這樣，他就把充足理由原則同他的先天綜合判斷如何可能的問題，同他的整個先驗唯心主義及他的物自體學說聯繫了起來。

　　至於黑格爾，更是賦予萊布尼茨所提出的這項原則以辯證的意涵。他在《小邏輯》第 8 章第121節的附釋裡不無肯定地說：

> 萊布尼茨說到「充足理由原則」時，他所意謂到的和他要勸人研究事物所採取的觀點，應是指總念而言。萊氏心中所欲反對的，乃是現時仍甚流行，許多人都很愛好的單純的機械式的觀認方法。

依照後面這種方法，人們在尋求充分具體的總念式的知識時僅滿足於「抽象的理由」，例如把血液循環的有機過程僅解釋爲心臟的收縮。他斷言，對於如此空疏的充足理由原則，萊布尼茨自然

是不會滿意的，「也就是這些理由使得萊布尼茨辨別致動因與目的因的不同，力持勿僅滯留於致動因，須進而達到目的因。」❻這裡，照黑格爾的解釋，萊布尼茨的充足理由原則還不僅只是個存在的原則，而且還是一個從「致動因」達到「目的因」、從「必然」達到「自由」、從「在他」達到「在己」的原則，一句話，是一條「本身自決」的原則。

叔本華和沃爾夫、康德、黑格爾一樣，也很重視充足理由原則的研究。他的博士論文如其標題〈論充足理由原則的四重根〉所示，就是專門討論充足理由原則的。他對充足理由原則的理解和解釋顯然是受了他的德國前輩（主要是沃爾夫和康德）的影響的。例如，他之強調充足理由原則的「根」(the Root) 在知覺或理智中 (in a knowing consciousness or intellect) 以及他之強調充足理由原則的先驗性，斷言「充足理由原則既是說明所依據的原則，則它自身就不能再加以說明，也不需要說明。每個說明都要先假定它，只有通過它才有意義」，顯然是受了康德的影響。再如，他之斷言充足理由原則的「根」雖然只有一個，但卻有四種表現形式，因而有他所謂充足理由原則的四重根，即「存在的充足理由原則」，「生成的充足理由原則」，「行為的充足理由原則或動機律」以及「認識的充足理由原則」，這顯然是受了沃爾夫的影響。因為沃爾夫不僅如前所說對生成因、存在因和認識因作過嚴格劃分，而且還曾在「因果」這一題目下討論過「衝動因或決定意志的理由」。然而叔本華在對充足理由原則的理解方面，也不只是簡單地因襲前人的研究成果，而是有所

❻ 黑格爾著，賀麟譯：《小邏輯》，三聯書店1954年版，頁271。

發現、有所推進因而有別於前人的。

叔本華區別於前人的地方首先就在於他跟沃爾夫、康德和黑格爾不同，充足理由原則不只是他諸多研究對象中的一個東西，而是把他帶上哲學道路的東西，一個為他自己明確宣布為構成其哲學起始點或哲學基礎的東西。這一點叔本華在其代表作《作為意志和表象的世界》的序裡曾經非常明白地交代過。其中他在談到向讀者提出的「第二個要求」時， 明確指出：「在閱讀本書之前，請先讀本書的序論」。 而他所謂「序論」如他自己隨後解釋的， 正乃他的博士論文〈論充足理由原則的四重根 —— 一篇哲學論文〉。他強調說：

> 不先熟悉這個序論，不先有一段預習的功夫，要正確理解本書是根本不可能的。本書也處處以那篇論文的內容為前提， 猶如該論文就在本書的篇幅中似的。❼

事實上，充足理由原則還不只是他的哲學的一個序論，而是構成其哲學真正基礎乃至哲學主體的東西。因為他的這部代表作用了近乎一半的篇幅來討論充足理由原則以及與此相關的東西。例如其中第一篇〈世界作為表象初論〉討論的是「服從充足理由原則的表象」， 而其中第三篇〈世界作為表象再論〉討論的是「獨立於充足理由原則以外的表象」。

如果說在把充足理由原則看做自己哲學的出發點和基礎方面，叔本華跟康德有某種類似，至少可以說大體上還是跟著康德

---

❼　叔本華著， 石冲白譯：《作為意志和表象的世界》， 商務印書館1982年版，頁3。

走的，那麼在無情地反對充足理由原則的僭越使用方面，叔本華則大大地超越了康德。叔本華在其博士論文裡曾作出兩個結論：(1)既然充足理由原則的「根」在知覺或理智中，則它就只對相對於知覺或理智來說的客體有效，而不能超出這個範圍使用。(2)既然它不能超出自己的範圍僭越使用，那就表明在其適用的領域裡不可能有什麼普遍的、絕對的根據。這就十分突出地強調了充足理由原則的相對性及其應用範圍的有限性，明確表達了他的反對這一原則僭越使用的哲學立場。

　　其實，叔本華之所以要對充足理由原則作出自己的闡釋，其目標正在於表明這種立場，因為在他看來這正是他超越康德之處。他在批評康德的《純粹理性批判》時曾經指出，康德這部著作的「主要缺點」就是「他所選擇而用以提出自在之物的方式」，因為他把自在之物的假定建立在「遵守因果律的推論」之上，即是說建立在經驗的直觀「必須有一個外因之上」。這就把因果律即把充足理由原則僭越地用到了表象範圍之外。他強調說：客體和主體作為「認識」的「首要條件」時，便已經走在一切認識之前，因之也根本走在充足理由原則之前；因為充足理由原則只是一切客體的形式，只是客體所以顯現的一貫方式；可是一提到客體就已先假定了主體，所以「這兩者之間不可能有根據和後果的關係」。「我」的論充足理由原則那篇論文「正是要完成這一任務」。然而，宣布自在之物在充足理由原則的有效範圍之外，也就等於宣布自在之物在理性應用的範圍之外，宣布理性不僅不能達到自在之物的「本質」，而且也不能達到自在之物的「存在」。可見，正是他的這種極端的「不可知論」立場竟使他得以反轉過來克服了康德的「不可知論」。因為正是他的這種立場逼使他徹

底拋棄對人類理性認識能力的「幻想」，去探求自在之物「存在」的獨特方式以及獲得自在之物本質認識的獨特途徑。他在這種探求中終於發現：自在之物不是以其思維而存在的，而是以其欲望、以其意志而存在的，欲望和意志也就是這自在之物本身。於是他以「我欲故我在」取代了笛卡爾的「我思故我在」，把非理性主義寫到自己的哲學旗幟上。而且在他看來，要得到這樣一種哲學認識，根本無需任何煩瑣的邏輯推證和無盡的理性演繹，人們只須借助自己的內部經驗，反觀自身，便垂手可得。真是踏破鐵鞋無覓處，得來全不費功夫！

　　在現代西方著名哲學家中，看到並論到充足理由原則有限性的，除叔本華外還有海德格爾。海德格爾雖然跟羅素和叔本華不一樣，不是通過研究萊布尼茨、研究充足理由原則走上哲學道路的，但他作為一位存在主義大師也對萊布尼茨的充足理由原則表現出濃厚的興趣。他於1955～1956年期間曾多次作「充足理由原則」的講演和報告，事後於1957年他將有關講稿結成《充足理由原則》一書。海德格爾認為，我們不應當把萊布尼茨提出的充足理由原則表達為「沒有什麼東西是沒有什麼理由的」，而應當把它表達為「沒有什麼東西無理由而存在」。這就是說，他在告誡我們無論如何不要漏掉這條原則中最重要的東西——「存在」。他指出：就這條原則所表達的內容看，它是一個自古以來為人們最熟悉最受信賴的觀念，然而它竟在人們的意識中潛伏了兩千三百年之久，只是到了萊布尼茨才把「這個小小的、幾乎未被人專門考慮過的命題」，變成了「完整地和嚴格地把握住的強有力的根本命題」，變成一項「偉大的、強有力的、眾所周知的、最崇高的原則」。這條原則之所以「崇高」，就在於它是同人的主體性

聯繫在一起的。因爲只有「完整地說明理由」，才能使人從整個
世界中超拔出來，並支配和統治它。正因爲如此，所以自近代以
來，在人類歷史上便開始了一個由充足理由原則進行強有力統治
的時代。充足理由原則向人們發出了普遍的、幾乎不容否定的
「遞交理由」的要求，正是由於聽命於這種要求人們不倦地追問
爲什麼，因而造成了科技的巨大進步，使人類進入了原子時代。
於是人們在處處感受到充足理由原則的近乎無限的威力的同時，
也逐步感受到充足理由原則的無限僭越與無限威脅。因爲在「沒
有什麼東西無理由而存在」中人們逐漸體悟到它不僅是個關於存
在者的命題，而且還是個關於存在者「存在」以及它如何「存
在」的命題，因而歸根到底是個關於「什麼叫存在」的命題，一
個使「存在」淪爲「理由」的「同僚」甚至「僕役」的命題，一
個使「存在」不再成爲「存在」的命題。於是，海德格爾代表
「此在」（權且這麼説）向充足理由原則的貪婪要求和僭越行爲
提出抗議，要求充足理由原則卽理性放棄自己的無限要求，收斂
自己的僭越行爲，恢復它曾經有過的同「此在」的「對話」。這
樣看來，面對著充足理由原則的無限要求和僭越行爲，康德所作
的是對傳統理性哲學的抗議，叔本華所作的是對康德的矯正和對
黑格爾思辯哲學的抗議，而海德格爾則以一個受害者的身分，直
接向這條原則所支配和統治的時代和社會提出了抗議。正因爲如
此，海德格爾所抗議的似乎並不完全是萊布尼茨加以規定的充足
理由原則本身。因爲就萊布尼茨本人來說，他是已經充分注意到
了充足理由原則的相對性和應用範圍的有限性的。他反覆強調，
就人來說我們並不能夠對個體的存在者或存在，提供什麼充足的
或絕對必然的理由，唯有上帝才能做到這一步，因爲上帝本身

就是世界上所有個體存在者或存在所以存在的「充足理由」。這樣，他便借助上帝宣布了人的理性的有限性，宣布了屬人的充足理由原則的有限性。在他看來上帝是一種絕對必然的存在，他的存在是無需給出也是不能給出什麼理由的，這正像在海德格爾那裡「在者」之所以「有」其充足理由就是「在」，而「在」或「此在」本身之所以「在」是無需給出也是給不出什麼理由一樣。因此，在這個意義上我們可以說，萊布尼茨的充足理由原則並沒有向人提出無限遞交理由的要求，他在這一方面倒是同叔本華和海德格爾一致的。

應當說明的是：如上所述，萊布尼茨的哲學確實給羅素的分析哲學、叔本華的意志主義及海德格爾的存在主義產生過一些影響，但是萊布尼茨對現代西方哲學的影響決不限於他們三個，也決不限於同他們三個相關的現代西方哲學領域，例如在他的個體性原則同現代西方哲學人本主義之間，在他和「微知覺」學說同以弗洛伊德（1856～1939）為代表的「精神分析學」之間，就不能說完全沒有聯繫，至少它們之間存在著某種程度上的邏輯聯繫是無可懷疑的，也是不容否認的。然而，即使從我們上述的簡單考察中，我們也會強烈地感受到萊布尼茨對現代西方哲學的深廣影響。由此看來，羅素在本世紀四十年代所說的那句話：「萊布尼茨畢竟是個大人物，他的偉大現在看來比以往任何時代都明顯」❽，至今仍不失一句至理名言。當年萊布尼茨的同代人腓特烈大帝曾贊揚萊布尼茨「本人就是一所科學院」，現在我們站在後人的角度，可以說萊布尼茨的思想是一處我們永遠挖掘不盡的

---

❽　羅素·《西方哲學史》下卷，頁124頁。

精神寶藏，而且我們可以預言，卽使我們的後代，面對著萊布尼茨思想這個「文本」，也會持續不斷地進行著這樣那樣的對話，作出這樣那樣的詮釋。也正是在這個意義上，我們贊同萊布尼茨在《單子論》中所提出的一個著名觀點：「嚴格意義下的絕對的死」是沒有的，因爲萊布尼茨本人就是一個明證。

後　記

1. 陳修齋先生是大陸研究萊布尼茨的權威學者，早在四十年代末，他就寫出長篇論文〈黑格爾對萊布尼茨思想中矛盾律與充足理由律二元並列問題的解決〉。其後，即使在長期身處逆境的情況下也未曾中斷過這項研究。他在極其艱難的情況下，奮力譯出了《人類理智新論》、《萊布尼茨與克拉克論戰書信集》及《關於實體的本性和交通的新系統及其說明》等著作，寫了近20篇關於萊布尼茨的重要論文。本書主要地就是在他的這些研究成果的基礎上寫出來的。

2. 陳修齋先生不僅在病重住院期間口授了本書的寫作提綱，而且對本書的一些重要章節（如第三章）的寫作（包括參考書）也作過一些具體指示。本書的大部分章節，尤其是1章1節、2章、3章1節、4章、5章和8章1—2節，基本上是在他的原作的基礎上略加調整、刪增後形成的，其中有些章節差不多就是他的原作。即使該書其餘的章節有許多也是在參考利用他原有研究成果的基礎上依照他的思路寫出來的。因此，如果這本小書對萊布尼茨的哲學研究有什麼價值的話，首先當歸功於陳修齋先生。

3. 我受陳修齋先生委託，為本書的執筆者。在寫作過程中，除對本書的寫作提綱提出過一些建設性意見外，主要是盡力忠實地表達本書第一作者的思想，只是對其中一些問題，依照第一作

者的思路作了較多的相對獨立的發揮，這主要體現在 1 章 2 節、
3 章 2—4 節、6 章、7 章、8 章 3 節。如果這些章節有什麼不
妥之處，當由我本人負責。

4.本書是應傅偉勳先生之約而寫的。三年來，傅先生在身
患絕症的情況下反覆寫信督促我們如期完成書稿。傅先生身患絕
症，是我們最近從他的新著《死亡的尊嚴與生命的尊嚴》中才獲
悉的。他的這種酷愛智慧、獻身哲學的無我精神，使我們深受感
動。雖然我國當代著名文學家錢鐘書先生有言在先，說「獻書」
之類是一種「精巧的不老實」，我們還是甘願冒此忌諱，把這部
小書作為奉獻給傅先生的一件「薄禮」。

5.本書在寫作過程中，曾得到我的另一位導師楊祖陶教授及
我的摯友康宏逵先生的熱情鼓勵和督促。陳修齋先生的夫人徐銑
女士及其子女（尤其是陳宣美先生和陳宣理女士）曾協助我做了
大量的具體工作，在此謹一并致謝。

段　德　智

一九九三年十二月二十六日初稿
一九九四年四月十五日定稿
於武昌珞涵屯

年　表

1646年（清順治三年）

6月21日，生於德國萊比錫城教授家庭。祖上波希米亞人，約三百年前移居來此，先後已三代人在薩克遜公國諸侯府供職。其父弗雷德里克·萊布尼茨為萊比錫大學道德哲學教授，兼營公證人業務；其母特琳娜（娘家姓為施穆克）出身於教授家庭，虔信路德新教。

1652年（順治九年），6歲

父死，身後留下豐富藏書。

1654年（順治十一年），8歲

入尼古拉學校，學習拉丁文、希臘文、修辭學、算學、邏輯學、音樂；宗教課是路德教義，聖詩。

1661年（順治十八年），15歲

3月，入萊比錫大學法律系。

夏季，聽屈恩（？～1676）教授講授歐幾里德《幾何原本》。

1663年（清康熙二年），17歲

5月，以學位論文〈論個體原則方面的形而上學爭論〉獲哲學碩士學位。

夏季，轉耶拿大學學習數學一個短時期，得到數學家雷維（1597～1669）和魏格爾（1625～1699）教授指導。

1664年（康熙三年），18歲

2月12日，母親去世。

1665年（康熙四年），19歲

於萊比錫大學參加法律博士學位論文〈論身分〉答辯，但未得學位。

1666年（康熙五年），20歲

11月轉阿爾特道夫大學。於次年2月以論文〈論法律上的一些困難問題〉(De Casibus Perplexis in Ture) 獲法學博士學位。

在紐倫堡參加祕密會社玫瑰十字架兄弟會，任祕書。

1667年（康熙六年），21歲

結識政界人物邁因茨選帝侯府首任宰相博因堡男爵約翰·克里斯蒂安（1622～1672）。

1668年（康熙七年），22歲

奉命協助選帝侯兼大主教，來因同盟首腦舍恩博恩的約翰·菲利普（1605～1673）的律師赫安·拉薩爾整頓立法。

1670年（康熙九年），24歲

7月，致函英國哲學家霍布斯（1588～1679）。

1671年（康熙十年），25歲

10月，致函荷蘭哲學家斯賓諾莎（1632～1677），請教光學問題。

1672年（康熙十一年），26歲

年初，奉命隨選帝侯之侄墨·弗里德里希赴法游說法王，三月抵達巴黎。

秋季，結識荷蘭物理學家克里斯蒂安・惠更斯（1629～1695)和法國冉森派思想家安托萬・阿爾諾(1612～1694)。

1673年（康熙十二年），27歲

1～3月，訪問倫敦，會見英國皇家學會祕書奧爾登堡。

4月，再度赴倫敦數日；成為英皇家學會會員。

1674年（康熙十三年），28歲

6月，結識已故著名數學家、思想家巴斯卡爾的家屬。

夏季，制成計算器。

1675年（康熙十四年），29歲

上半年，結識馬勒伯朗士(1638～1715)，與後者討論《真理的探求》。

10月，先後制定積分學和微分學。

1676年（康熙十五年），30歲

讀柏拉圖對話《巴門尼德篇》；譯述《斐多篇》和《泰阿泰德篇》。

10月，從巴黎啓程返漢諾威，隨後任漢諾威公爵府法律顧問兼圖書館長。

11月，返國途中繞道倫敦後前往海牙訪問斯賓諾莎，讀到《倫理學》部分手稿。

接到奧爾登堡轉來牛頓10月24日的信，說明他自己已經制定微積分。

1680年（康熙十九年），34歲

兼任不倫瑞克——沃爾芬比特爾公爵安東・烏利希（1663～1714）侯府圖書館長。

1682年（康熙二一年），36歲

與門克（？～1707）共同創辦拉丁文科學雜誌《學術紀事》(1682～1732)。

1684年（康熙二三年），38歲

10月，於《學術紀事》上發表微積分著作《關於極大和極小以及切線的新方法，亦適用於分數和無理數的情況及非異常類型的有關計算》。

11月，發表哲學著作《對於認識眞理和觀念的沉思》，捲入阿爾諾和馬勒伯朗士的爭論。

1686年（康熙二五年），40歲

3月，發表《笛卡爾等人在自然律問題上所犯嚴重錯誤簡介》。

2月，開始把《形而上學論》提要，寄黑森 —— 萊因費爾伯爵恩斯特（1623～1693）轉阿爾諾。

1687年（康熙二六年），41歲

10月，爲給不倫瑞克公爵家族編寫族譜啓程前往意大利搜集有關史料。

1688年（康熙二七年），42歲

收到牛頓的《自然哲學的數學原理》，並發表有關評論。

1689年（康熙二八年），43歲

於羅馬結識意大利耶穌會士、天主教來華傳教士閔明我（Clandio Filippo Grimaldi, 1639～1712）。

寫《動力學》批評笛卡爾的物理學，補充牛頓的假說。

1692年（康熙三一年），46歲

寫成《評笛卡爾著作哲學原理的主要部分》。

1694年（康熙三三年），48歲

發表《關於形而上學的改造和實體概念》。

1695年（康熙三四年），49歲

4月，發表《動力學實例》，把力分爲死力和活力兩種。
致函洛比達侯爵（1661～1704），首次提到單子(monad)
一詞。

6～7月，匿名發表《關於實體的本性和交通，兼論靈魂
和身體結合的新系統》。自此以「前定和諧說的提出者」
自稱。

1696年（康熙三五年），50歲

寫作並發表《新系統的說明》，答覆人們對《新系統》的
批評。

寫下對洛克《人類理智論》的看法，請人轉交著者。

1697年（康熙三六年），51歲

編輯出版《中國近況》。

1698年（康熙三七年），52歲

7月，於《學術工作史編》發表致編者巴納日的信，解釋
培爾在1697年《歷史批判辭典》第二卷羅拉留斯（1485～
1556）條目所提出的責難，培爾認爲在萊布尼茨的靈魂和
身體結合的新系統中存在難點。

寫下《略評洛克人類理解論第一卷》、《略評第二卷》，
並請人轉交著者。

1700年（康熙三九年），54歲

讀到洛克的祕書考斯特（1668～1747）所譯法文版《人類
理智論》，當卽開始撰寫《人類理智新論》。

11月，柏林科學家協會成立，擔任第一屆會員。

1702年（康熙四一年），56歲

8月，於《文壇批評史稿》發表《答覆培爾先生的批判辭典再版條目羅拉留斯對前定和諧說提出的批評》。

《致王后蘇菲婭‧夏洛蒂函論知識中的超感覺成分和自然中的非物質或分》，《致王后蘇菲婭‧夏洛蒂論述感覺和物質的獨立性》，批評英國唯物主義哲學家托蘭德（1670～1722）。

1704年（康熙四三年），58歲

7月，致函法國在華傳教耶穌會士白晉（1656～1730），要他向康熙建議建立科學院。

《人類理智新論》完稿。

1707年（康熙四六年），61歲

推薦克‧沃爾夫（1679～1754），前往哈勒大學克‧托馬秀斯（1655～1728）處任教。

發表《不倫瑞克史料集》第一卷，受到好評。

1708年（康熙四七年），62歲

寫作《對馬勒伯朗士的「我們在上帝之中看見一切事物」這一意見的評論，兼評洛克對它的考查》。

1710年（康熙四九年），64歲

《神正論，論上帝的仁慈、人的自由和惡的根源》於阿姆斯特丹出版。

1711年（康熙五十年），65歲

寫作《菲拉勒和阿里斯特對話》解釋自己的觀點和笛卡爾哲學的關係。

11月，在萊比錫的托爾高（Torgau）見到彼得大帝，受

聘爲法律顧問，有年金。

1712年（康熙五一年），66歲

前去卡爾斯巴德（Carlsbad）晉見沙皇彼得大帝。

英國皇家學會評判牛頓、萊布尼茨優先發明權的委員會，在《通訊》中指出牛頓的流數和萊布尼茨的微分是一回事，只是名稱不同而已。

12月，前往維也納，晉見聖羅馬帝國查理六世（1685~1740），受封爲男爵，擔任樞密顧問。

1714年（康熙五三年），68歲

3月，寫《以理性爲基礎的自然和神恩的原則》。

夏季，在維也納結識薩瓦親王歐根（1663~1736）。

1715年（康熙五四年），69歲

應親王之請寫作《單子論》。

11月，把對牛頓在《自然哲學的數學原理》中所闡述的空間、落體定律、無限、靈魂和身體的關係、上帝的智慧和力量等的看法寫成書面意見，經英王喬治二世的妻子卡羅琳（1683~1737），轉交給牛頓的學生薩・克拉克（1675~1729）。

11月，寫作《致德雷蒙先生的信論中國哲學》。

1716年（康熙五五年），70歲

6月，在巴特皮爾蒙特再次見到彼得大帝，積極建議在俄國創立科學院。

11月14日，以痛風和結石症逝世於漢諾威寓中。

主要參考文獻

（一）

1. 《萊布尼茨哲學著作集》，格爾哈特編，柏林，1875～1890年版。
2. 《萊布尼茨哲學著作集》，G・H・R・帕金森編，倫敦，1973年版。
3. 《單子論及其他哲學著作》，羅伯特・拉塔譯，牛津，1898年版。
4. 《形而上學論，和阿爾諾的通訊，單子論》，G・R・蒙特哥美利譯，芝加哥，1902年版。
5. 《單子論》，王太慶譯。《十六～十八世紀西歐各國哲學》，商務印書館，1975年版。
6. 《人類理智新論》，陳修齋譯，商務印書館，1982年版。
7. 《萊布尼茨與克拉克論戰書信集》，陳修齋譯，武漢大學出版社，1985年版。
8. 《萊布尼茨自然哲學著作選》，祖慶年譯，中國社會科學出版社，1985年版。

（二）

9. 《萊布尼茨哲學述評》，羅素著，劍橋，1958年版。
10. 《萊布尼茨哲學》，尼古拉・雷謝爾著，新澤西，1967年版。
11. 《萊布尼茨哲學基礎》，伊封・貝拉瓦勒著，巴黎，1975年版。
12. 《對萊布尼茨哲學的敍述、分析和批判》，費爾巴哈著，涂紀亮譯，商務印書館，1979年版。

（三）

13. 《人類理智論》，洛克著，亞・坎・弗雷塞編，牛津，1894年版。

14. 《倫理學》，斯賓諾莎著，賀麟譯，商務印書館，1981年版。

15. 《哲學史講演錄》第4卷，黑格爾著，賀麟、王太慶譯，商務印書館，1978年版。

16. 《西方哲學史》下卷，羅素著，何兆武、李約瑟譯，商務印書館，1976年版。

（四）

17. ＜費爾巴哈「對萊布尼茨哲學的敍述、分析和批判」一書摘要＞，列寧著，《哲學筆記》，人民出版社，1956年版。

18. ＜黑格爾對萊布尼茨思想中矛盾律與充足理由律二元並列問題的解決＞，陳修齋著，《武漢大學學報》1994年第1～2期。

19. ＜萊布尼茨論人的個體性和自由＞，陳修齋著，《德國哲學》第1集，北京大學出版社，1986年版。

20. ＜萊布尼茨哲學體系初探＞，陳修齋著，《哲學研究》，1981年第1期。

21. ＜論萊布尼茨的連續律＞，李海濤著，《德國哲學》第5集，北京大學出版社，1988年版。

索　引

三、術語

世界哲學家叢書(九)

書　　　　名	作　　者	出版狀況
珀　爾　斯	朱　建　民	撰　稿　中
詹　姆　斯	朱　建　民	撰　稿　中
杜　　　威	葉　新　雲	撰　稿　中
蒯　　　因	陳　　波	已　出　版
帕　特　南	張　尚　水	撰　稿　中
庫　　　恩	吳　以　義	撰　稿　中
費　耶　若　本	苑　舉　正	撰　稿　中
拉　卡　托　斯	胡　新　和	撰　稿　中
洛　爾　斯	石　元　康	已　出　版
諾　錫　克	石　元　康	撰　稿　中
海　耶　克	陳　奎　德	撰　稿　中
羅　　　蒂	范　　進	撰　稿　中
喬　姆　斯　基	韓　林　合	撰　稿　中
馬　克　弗　森	許　國　賢	已　出　版
希　　　克	劉　若　韶	撰　稿　中
尼　布　爾	卓　新　平	已　出　版
默　　　燈	李　紹　崑	撰　稿　中
馬　丁・布　伯	張　賢　勇	撰　稿　中
蒂　里　希	何　光　滬	撰　稿　中
德　日　進	陳　澤　民	撰　稿　中
朋　諤　斐　爾	卓　新　平	撰　稿　中

世界哲學家叢書(八)

書　　　　　名	作　　者	出　版　狀　況
列　　維　　納	葉　秀　山	撰　稿　中
德　　希　　達	張　正　平	撰　稿　中
呂　　格　　爾	沈　清　松	撰　稿　中
富　　　　科	于　奇　智	撰　稿　中
克　　羅　　齊	劉　綱　紀	撰　稿　中
布　拉　德　雷	張　家　龍	撰　稿　中
懷　　特　　海	陳　奎　德	已　出　版
愛　因　斯　坦	李　醒　民	撰　稿　中
玻　　　　爾	戈　　革	已　出　版
卡　　納　　普	林　正　弘	撰　稿　中
卡　爾·巴　柏	莊　文　瑞	撰　稿　中
坎　　培　　爾	冀　建　中	撰　稿　中
羅　　　　素	陳　奇　偉	撰　稿　中
穆　　　　爾	楊　樹　同	撰　稿　中
弗　　雷　　格	趙　汀　陽	撰　稿　中
石　　里　　克	韓　林　合	排　印　中
維　根　斯　坦	范　光　棣	已　出　版
愛　　耶　　爾	張　家　龍	撰　稿　中
賴　　　　爾	劉　建　榮	撰　稿　中
奧　　斯　　丁	劉　福　增	已　出　版
史　　陶　　生	謝　仲　明	撰　稿　中
赫　　　　爾	馮　耀　明	撰　稿　中
帕　爾　費　特	戴　　華	撰　稿　中
梭　　　　羅	張　祥　龍	撰　稿　中
魯　　一　　士	黃　秀　璣	已　出　版

世界哲學家叢書(七)

書　　　　名	作　　者	出 版 狀 況
阿　　德　　勒	韓 水 法	撰　稿　中
史 賓 格 勒	商 戈 令	已　出　版
布 倫 坦 諾	李　　河	撰　稿　中
韋　　　　伯	陳 忠 信	撰　稿　中
卡　　西　　勒	江 日 新	撰　稿　中
沙　　　　特	杜 小 真	撰　稿　中
雅　斯　培	黃　　藿	已　出　版
胡　塞　爾	蔡 美 麗	已　出　版
馬克斯·謝勒	江 日 新	已　出　版
海　　德　　格	項 退 結	已　出　版
漢 娜 鄂 蘭	蔡 英 文	撰　稿　中
盧　　卡　　契	謝 勝 義	撰　稿　中
阿 多 爾 諾	章 國 鋒	撰　稿　中
馬 爾 庫 斯	鄭　　湧	撰　稿　中
弗　洛　姆	姚 介 厚	撰　稿　中
哈 伯 馬 斯	李 英 明	已　出　版
榮　　　　格	劉 耀 中	撰　稿　中
柏　格　森	尚 建 新	撰　稿　中
皮　　亞　　杰	杜 麗 燕	撰　稿　中
別 爾 嘉 耶 夫	雷 永 生	撰　稿　中
索 洛 維 約 夫	徐 鳳 林	排　印　中
馬　賽　爾	陸 達 誠	已　出　版
梅露·彭廸	岑 溢 成	撰　稿　中
阿 爾 都 塞	徐 崇 溫	撰　稿　中
葛　　蘭　　西	李 超 杰	撰　稿　中

世界哲學家叢書(六)

書　　　　名	作　　者	出 版 狀 況
巴　　克　　萊	蔡　信　安	已　　出　　版
休　　　　謨	李　瑞　全	已　　出　　版
托 馬 斯・銳 德	倪　培　林	撰　　稿　　中
梅　　里　　葉	李　鳳　鳴	撰　　稿　　中
狄　　德　　羅	李　鳳　鳴	撰　　稿　　中
伏　　爾　　泰	李　鳳　鳴	排　　印　　中
孟 德 斯 鳩	侯　鴻　勳	已　　出　　版
盧　　　　梭	江　金　太	撰　　稿　　中
帕　　斯　　卡	吳　國　盛	撰　　稿　　中
達　　爾　　文	王　道　遠	撰　　稿　　中
康　　　　德	關　子　尹	撰　　稿　　中
費　　希　　特	洪　漢　鼎	撰　　稿　　中
謝　　　　林	鄧　安　慶	排　　印　　中
黑　　格　　爾	徐　文　瑞	撰　　稿　　中
祁　　克　　果	陳　俊　輝	已　　出　　版
彭　　加　　勒	李　醒　民	已　　出　　版
馬　　　　赫	李　醒　民	排　　印　　中
迪　　　　昂	李　醒　民	撰　　稿　　中
費　爾　巴　哈	周　文　彬	撰　　稿　　中
恩　　格　　斯	金　隆　德	撰　　稿　　中
馬　　克　　斯	洪　鎌　德	撰　　稿　　中
普 列 哈 諾 夫	武　雅　琴	撰　　稿　　中
約　翰　彌　爾	張　明　貴	已　　出　　版
狄　　爾　　泰	張　旺　山	已　　出　　版
弗　洛　伊　德	陳　小　文	已　　出　　版

世界哲學家叢書(五)

書　　　　名	作　　者	出　版　狀　況
吉　田　松　陰	山口宗之	已　出　版
福　澤　諭　吉	卞　崇　道	撰　稿　中
岡　倉　天　心	魏　常　海	撰　稿　中
中　江　兆　民	畢　小　輝	撰　稿　中
西　田　幾　多　郎	廖　仁　義	撰　稿　中
和　辻　哲　郎	王　中　田	撰　稿　中
三　　木　　清	卞　崇　道	撰　稿　中
柳　田　謙　十　郎	趙　乃　章	撰　稿　中
柏　　拉　　圖	傅　佩　榮	撰　稿　中
亞　里　斯　多　德	曾　仰　如	已　出　版
伊　壁　鳩　魯	楊　　適	撰　稿　中
愛　比　克　泰　德	楊　　適	撰　稿　中
柏　　羅　　丁	趙　敦　華	撰　稿　中
聖　奧　古　斯　丁	黃　維　潤	撰　稿　中
安　　瑟　　倫	趙　敦　華	撰　稿　中
安　　薩　　里	華　　濤	撰　稿　中
伊本・赫勒敦	馬　小　鶴	已　出　版
聖　多　瑪　斯	黃　美　貞	撰　稿　中
笛　　卡　　兒	孫　振　青	已　出　版
蒙　　　　田	郭　宏　安	撰　稿　中
斯　賓　諾　莎	洪　漢　鼎	已　出　版
萊　布　尼　茨	陳　修　齋	已　出　版
培　　　　根	余　麗　嫦	撰　稿　中
托馬斯・霍布斯	余　麗　嫦	排　印　中
洛　　　　克	謝　啓　武	撰　稿　中

世界哲學家叢書(四)

書　　　　　名	作　　者	出　版　狀　況
商　　羯　　羅	黃　心　川	撰　稿　中
維韋卡南達	馬　小　鶴	撰　稿　中
泰　　戈　　爾	宮　　靜	已　出　版
奧羅賓多·高士	朱　明　忠	排　印　中
甘　　　　　地	馬　小　鶴	已　出　版
尼　　赫　　魯	朱　明　忠	撰　稿　中
拉達克里希南	宮　　靜	撰　稿　中
元　　　　　曉	李　箕　永	撰　稿　中
休　　　　　靜	金　烘　泰	撰　稿　中
知　　　　　訥	韓　基　斗	撰　稿　中
李　　栗　　谷	宋　錫　球	已　出　版
李　　退　　溪	尹　絲　淳	撰　稿　中
空　　　　　海	魏　常　海	撰　稿　中
道　　　　　元	傅　偉　勳	撰　稿　中
伊　藤　仁　齋	田　原　剛	撰　稿　中
山　鹿　素　行	劉　梅　琴	已　出　版
山　崎　闇　齋	岡　田　武　彥	已　出　版
三　宅　尙　齋	海老田輝已	已　出　版
中　江　藤　樹	木　村　光　德	撰　稿　中
貝　原　益　軒	岡　田　武　彥	已　出　版
荻　生　徂　徠	劉　梅　琴	撰　稿　中
安　藤　昌　益	王　守　華	撰　稿　中
富　永　仲　基	陶　德　民	撰　稿　中
石　田　梅　岩	李　甦　平	撰　稿　中
楠　本　端　山	岡　田　武　彥	已　山　版

世界哲學家叢書（三）

書　　　　名	作　　者	出　版　狀　況
澄　　　　觀	方　立　天	撰　稿　中
宗　　　　密	冉　雲　華	已　出　版
永　明　延　壽	冉　雲　華	撰　稿　中
湛　　　　然	賴　永　海	已　出　版
知　　　　禮	釋　慧　嶽	排　印　中
大　慧　宗　杲	林　義　正	撰　稿　中
袾　　　　宏	于　君　方	撰　稿　中
憨　山　德　清	江　燦　騰	撰　稿　中
智　　　　旭	熊　　琬	撰　稿　中
康　　有　　爲	汪　榮　祖	撰　稿　中
譚　　嗣　　同	包　遵　信	撰　稿　中
章　　太　　炎	姜　義　華	已　出　版
熊　　十　　力	景　海　峰	已　出　版
梁　　漱　　溟	王　宗　昱	已　出　版
胡　　　　適	耿　雲　志	撰　稿　中
金　　岳　　霖	胡　　軍	已　出　版
張　　東　　蓀	胡　偉　希	撰　稿　中
馮　　友　　蘭	殷　　鼎	已　出　版
唐　　君　　毅	劉　國　強	撰　稿　中
宗　　白　　華	葉　　朗	撰　稿　中
湯　　用　　彤	孫　尚　揚	撰　稿　中
賀　　　　麟	張　學　智	已　出　版
龍　　　　樹	萬　金　川	撰　稿　中
無　　　　著	林　鎮　國	撰　稿　中
世　　　　親	釋　依　昱	撰　稿　中

世界哲學家叢書（二）

書　　　　　名	作　　者	出　版　狀　況
胡　　　五　　　峯	王　立　新	撰　稿　中
朱　　　　　　　熹	陳　榮　捷	已　出　版
陸　　　象　　　山	曾　春　海	已　出　版
陳　　　白　　　沙	姜　允　明	撰　稿　中
王　　　廷　　　相	葛　榮　晉	已　出　版
王　　　陽　　　明	秦　家　懿	已　出　版
李　　　卓　　　吾	劉　季　倫	撰　稿　中
方　　　以　　　智	劉　君　燦	已　出　版
朱　　　舜　　　水	李　甦　平	已　出　版
王　　　船　　　山	張　立　文	撰　稿　中
眞　　　德　　　秀	朱　榮　貴	撰　稿　中
劉　　　蕺　　　山	張　永　儁	撰　稿　中
黃　　　宗　　　羲	吳　　　光	撰　稿　中
顧　　　炎　　　武	葛　榮　晉	撰　稿　中
顏　　　　　　　元	楊　慧　傑	撰　稿　中
戴　　　　　　　震	張　立　文	已　出　版
竺　　　道　　　生	陳　沛　然	已　出　版
眞　　　　　　　諦	孫　富　支	撰　稿　中
慧　　　　　　　遠	區　結　成	已　出　版
僧　　　　　　　肇	李　潤　生	已　出　版
智　　　　　　　顗	霍　韜　晦	撰　稿　中
吉　　　　　　　藏	楊　惠　南	已　出　版
玄　　　　　　　奘	馬　少　雄	撰　稿　中
法　　　　　　　藏	方　立　天	已　出　版
惠　　　　　　　能	楊　惠　南	已　出　版